三毛传

极美岁月下的纵情绽放

常晓军 著

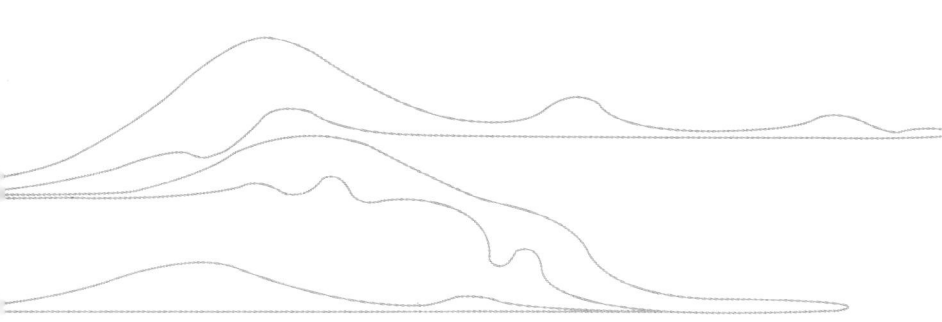

台海出版社

图书在版编目（CIP）数据

三毛传 / 常晓军著. -- 北京：台海出版社，2019.10
ISBN 978-7-5168-2408-5

Ⅰ.①三… Ⅱ.①常… Ⅲ.①三毛（1943-1991）—传记 Ⅳ.① K825.6

中国版本图书馆 CIP 数据核字（2019）第 142705 号

三毛传

著　　者：常晓军

出 版 人：蔡　旭
责任编辑：赵旭雯

出版发行：台海出版社
地　　址：北京市东城区景山东街 20 号　邮政编码：100009
电　　话：010 — 64041652（发行，邮购）
传　　真：010 — 84045799（总编室）
网　　址：www.taimeng.org.cn/thcbs/default.htm
电子邮箱：thcbs@126.com

经　　销：全国各地新华书店
印　　刷：天津旭非印刷有限公司
本书如有破损、缺页、装订错误，请与本社联系调换

开　本：880 毫米 ×1230 毫米　1/32
字　数：200 千字　　　　　　　　印　张：10
版　次：2019 年 10 月第 1 版　　　印　次：2020 年 5 月第 1 次印刷
书　号：ISBN 978-7-5168-2408-5

定　价：45.00 元

版权所有　侵权必究

至情至性的惊艳传奇（代序）

生命的质量不在于长短，而在于如何痛快地活过。就像三毛，用放荡不羁的自由行走，完成了一种浪漫的生活方式。

说起三毛，读者最先想到的是凄美。她看上去高冷的外表下，有着太多未知的痴迷和神往。确实，三毛的出现和离去，给人的感觉就像是一幅奇异的画作，让人从中解读出各种各样的内容，那其中就有着滚滚红尘中的纷繁，有着梦里花落知多少的单纯，有着一个人漂泊的足迹，有着彼岸情若尘沙的爱恋，有着故乡在远方的乡愁，有着追梦人的低声哭泣……当然，她更像一个流浪远方的梦。

岁月深处，她用独特的文字，书写着无比苍凉的传奇和记忆。为了爱情，情愿把生命低到尘埃，并于千万人之中寻找着所要遇见的那个人。不论结局如何，她敢于用她的真诚和爱心，来完成世俗而不世故的人生。

凡此种种，就如同那个千变万化的圆筒形玩具，从中反射出人生的绚丽。这些图像既是美丽真实的，也是虚幻斑斓的。其实，不管最终是海市蜃楼还是向往自由的探索都已不重要，依稀吹来的风中,能够看到的只是一个灵魂不羁的奇女子,携裹着她单薄的行李,在多情而又困惑的季节里从沙漠深处走来。她是那么的自如而婉转,又是那么的虔诚而浪漫,一头长发飘拂着,时而遮挡住了眼眸,时而撩拨着白皙脖项,勾画出了属于少女最为真挚的梦想。

快乐不就是这样么?即便是流着泪水的笑容,也要让人看到不凡的光环和坚定。

这就是三毛,一朵于尘世间自由行走的花朵,一个已经逝去了许久,却又让人无法忘却的非凡人物。她已不是单纯文字的创作者,而是代表着一个时代的符号和梦想。

"我很方便就可以用这一支笔把那个叫作三毛的女人杀掉,因为已经厌死了她,给她安排死在座谈会上好了,因为那里人多——她说着说着,突然倒了下去,麦克风嘭地撞到了地上,发出一阵巨响,接着一切都静了,那个三毛,动也不动地死了。"

与俗世的距离,始终是三毛难以言说的隐痛。三毛之所以会用这样冷冰冰的文字为自己的人生谢幕做好设计,源于内心对于死亡的幻想。这样的幻想似乎充满着美妙,始终在她周围萦绕着,看似若即若离,实际上却像生了根一样,在慢慢地长大、蔓延。

许多年以后,真不知道三毛用笔写下这段文字的时候,该是何种心情。但从那些文字的排列中,分明读出的是无情和内心的阴云密布。或许这样才是真正的解脱。可这样的文字还是让人不寒而栗。

纵观三毛一生，虽说光鲜的外表下有着不为人知的寂寞和无助，但她历经万水千山的追寻却只是为着人生的简单。"我们一生复杂，一生追求，总觉得幸福遥不可企及，不知那朵花啊，那粒小小的沙子，便在你的窗台上，你那么忙，当然看不见了……我不求深刻，只求简单。"

虽说不求深刻，但她还是穷尽一生都在营造着属于自己的世界，这个世界对她而言是安全的。

目 录 Contents

第一章　那时我们还年少

一粒沙尘 / 002

岁月静好 / 011

凡尘冷暖 / 021

不慕风物 / 030

疯牛风波 / 039

第二章　离经叛道的天才

萌生爱情 / 050

校园凌辱 / 059

长夜痛哭 / 068

点墨绘情 / 078

文字精神 / 087

第三章　春来人间草木知

尔雅风流 / 098

为情所累 / 109

寂寞灵魂 / 120

宿命相遇 / 132

烟火人间 / 144

第四章　自由不羁的流浪

花开无果 / 156

指尖流沙 / 167

红尘陌上 / 179

凡俗红颜 / 188

重返故里 / 197

第五章　落花时节的重生

异乡故人 / 210

荷西归来 / 219

拥有爱情 / 229

缔结良缘 / 239

婚后生活 / 248

第六章　一声叹息风流去

最美人间 / 258

生命孤独 / 268

滚滚红尘 / 278

最后赴约 / 289

远去雨季 / 298

第一章 那时我们还年少

一粒沙尘

浅浅海峡深深情,今朝恰似少年游。许多年后,著名作家三毛又重新回到了当年生活过的地方——重庆的黄桷垭。这个地方已有了太多变化,唯一存在的还是那些树,比之前粗壮了许多,形状也变得更加怪异,但铺天盖地依然壮观,很容易让人一下子从这样的场景中找到穿越往事的入口处。

黄桷垭老街确实十分古老了,当三毛抚摸着那沧桑的树身时,更多的只是断断续续的记忆罢了,毕竟她当时只是个不谙人事的孩子。孩子的记忆是真实而又虚幻的,但这些片段的神奇之处在于,能给予她更为丰沃的生活土壤,让这粒来到人间的尘土,能悄然扎根于这片土壤。有着江风吹拂,有着古树滋养,有来来往往的人影响,黄桷垭上万年来所形成的风土人情及神秘风貌,注定要成为一种无形的精神,深深地植入她的骨髓之中。三毛原名陈懋平,只是那个年代中出生的千千万万个幼小生命中的一个,可对于生存的强烈渴望,让她生命里从小便流淌着不为人知的激情和神秘。

第一章
那时我们还年少

如此看来，逝去的只是记忆。对于一个当时年仅三岁的孩子来说，她年幼的记忆又能留存下些什么样的美好呢？相信没有人会知道这些，可是从她出版的一本本书中，从她的文字记录中，还是可以逐渐厘清她的成长轨迹。

成长，就是更清楚自己想要什么。

三毛刻骨铭心的成长中，既有着让人黯然泪下的回望，又有着让人心怀希望的真情。

记得当初她还被人叫作陈懋平时，她就在天真中不断为自己的人生做着设计。虽然说似水流年，可以带走少时的纯真与质朴，但这样的过程更像是蚕的蜕变，其间有着太多的痛苦。

每个人的童年生活还是会留下太多述说不尽的记忆，而这些将始终铭刻在心中。无论如何，童年时期的种种经历，终究会像树的根须一般，努力地朝着地下不断延伸，悄无声息地浸入灵魂深处，最终又会影响到人的性格、成长和婚姻。

回溯三毛的成长历程，彩色的时光缓缓定格在了1943年的山城重庆。

时令才近初春，封冻了一个季节的草木先后探出头来，抖擞着毛茸茸的面孔，可爱而又单纯，仿佛不谙人事的孩童，在期待、在盼望。今年的春天似乎来得比往年要早很多，虽然江风吹在身上还带着丝丝寒意，可四周依然绿了起来，绿得那么不惧不怕。树枝还是先前光秃的模样，叶子却星星点点招展开来，江水的涟漪叠映着、交错着，把逐渐变暖的阳光分成了形状不一的光斑，然后又巧妙而不动声色地投射在这些穿梭在各角落的街巷。

确实，这里的每一条街巷看起来都十分古老。两边斑驳陆离的山墙不说，仅从地面变得高高低低的石板上就可以看出，这斑斑驳驳是岁月流淌而过的痕迹。每每有人说笑着从这些泛着银光的街巷走过，俨然觉着它们要从这里延展到天际。偶尔会有一两声弱弱的猫叫从陈旧的门后传出来，不经意便打破了这悠长而又清凉的寂静。或者有一两只狗耷拉着脑袋，一前一后从远处跑过来，然后若无其事地从行人身边过去，就像是什么也不曾发生过。

繁华落尽三千色，清风逐水烟里波。远处是碧水翻滚的长江，看去恍若明亮耀眼的丝带，有意无意搭在高高矮矮的房屋周围。这些林立的房屋是有特色的，沿袭着山势依次排布开来，黄葛树一样在这片土地上扎下根来。供人行走的街巷，便在树荫下变幻成为深深的渴望，古朴得像童年、像爱情，充满着浓浓的乡土气息。

如果说用一秒钟可以转身离开，那么则需要用一辈子来忘记。这便是黄桷垭给人的第一印象。

黄桷垭地方不大，历史却颇为悠久。弯弯曲曲的山路上，每一处都生长着特别的故事和内涵。自古以来，这里就是重庆通往贵州的必经之道，早在南宋时就有诗人以"黄葛晚渡"来形容黄桷渡的繁华景象。到了清末，这条以遍植黄葛树出名的黄桷垭更是人来人往，成为人们休闲游玩的好去处，不经意间便随着季节的变幻融入游人的灵魂深处。于是，黄桷垭和梦一样，几乎让重庆人难以割舍。

重庆南山岸遍布这种树。熟悉黄葛树的人都知道，它茎干特别粗壮，形状看起来十分奇特，繁茂的枝叶中经常会透出来别样的盎然和古态。因为长寿、耐寒、耐旱,黄葛树在佛经中又被称为菩提树。这里或许是因树而生出诗意,也或许是因树而倍添异美。只是随着第二次世界大战进入白热化状态,美日两个阵营的相持,顿时让世界局势变得更加扑朔迷离。中国的抗战也因为盟国的加入,逐渐从战略防御阶段开始变成了反攻。因为战争,已经少有人来欣赏这烟雾缭绕的景致,甚至连鸟雀也不知躲到了何处。江面上的轮船似乎多起来,刺耳的鸣笛声时不时伴随着防空警报撕心裂肺地喊叫。黄桷垭老街上,每天总有着各色的人流拖家带口,仓皇失措地从船上下来,瞬间就消失在各个巷道中。这个时候,黄桷垭最高处的老君洞道观,一众僧人们在氤氲的香烟中开始了祈求和平的法会。

众所周知,历史从来都是用来记录大人物、大事件的。

这天,从遥远的嘉陵江面上,乘着轮船来了一位极不起眼的小人物,他风尘仆仆地从上海来到了黄桷垭。

黄桷树,黄桷垭,

黄桷树下是我家。

我家有个好姐姐,

名字叫作马兰花。

……

人还未到,声声清脆入耳的童谣已经将他包围,江风的吹拂,勾起他思乡的念头。他环顾四周,前面是山,后面是江,一个人渺小得微不足道,甚至连尘土也不如。这位始终沉默着的青年叫陈嗣庆,是位受人羡慕的律师。据家谱《东氏永春堂宗谱》记载,其先祖本为河南人，后来迁往浙江定海一带居住。迁到定海后，虽然芸芸众生相的社会中有着太多的龌龊不堪，而且每天还都在上演着各种悲惨凄凉，过去漫长的岁月里，他只有默默地接受着，习惯着。他或许受到了海派饮食文化习惯影响，人长得白白净净，一表人才。

透过历史的滚滚红尘来看，上海无论如何都是一道绕不过去的印记。自然，有无数的人都喜欢上海，更多还是因为它的繁华景致，始终春天一样充满着新鲜的感觉，尤其是那种时尚的跃动，更是让每一位身处其间的人，都能从中领略到无与伦比的奢华。即便陈嗣庆年逾古稀之际想起这座大都市时髦与摩登的生活，依然为自己能够出生在大上海而兴奋。

其实，城市和人在某种意义上是相同的。如果不去深入了解，根本就不会明白它的想法是什么。

是啊，当他选择别离妻女，孤身一人来到这里时，谁会知道他的内心又有着怎样的痛苦？一路跋山涉水，自然不是为了感受黄桷垭不同的人文风光。应该不是，尤其是那俊雅的面容，似乎饱含着让人猜不透的心思，以至于疲惫的身体一直靠在船舷上。他在想着什么？那感觉完全就像雕塑一样，根本不在乎扑面而来的江风，哪里又有心思来领略这山高水长的景致。周围的人却是不停地说说笑笑，那模样压根就看不出来在逃难，更有着举家外出旅游的幸福。对比之下，陈嗣庆却有着完全说不出口的压抑，尤其是他那副没有丝毫表情的面容。没办法，之前他可以西装革履出入各种各样的场合，可以一心做着自己的律师事业，可以随意变化自己的表情,但现在不行了,因为日本的侵入,他的身份已经变成了亡国奴。虽然可以和以前一样赚着丰厚的薪水,可他实在无法忍受被日本人欺辱的悲惨生活。

许多年以后,陈嗣庆想起自己的选择时,眼前还像在放电影。谁愿意成天对着这些侵略者点头哈腰,还要做出毕恭毕敬的模样。至少,他是不愿意这样作践自己的。经过深思熟虑之后,他决定告别妻女来到大后方重庆。

当时,年幼的女儿尚不满三岁,他心里纵是千万个不舍,纵是执手相看泪眼,决定的事情任千万匹马也拉不回来了。临走的那天晚上,他说什么也睡不着,除了不愿屈服于自己之外,又根本找不到一句安慰妻子的话。女儿睡得很熟,脸上洋溢着浅浅的笑意,而妻子只是依偎在他的怀里,紧紧地抱着他什么也不说。那夜出乎意料地静,静得让人有些惧怕,这大概也是一种爱的表达方式吧?

这一夜,自然又是无法入睡,而这样的日子也不知道持续了多少天。他知道,妻子听到这消息后没有大吵大闹,他也在无比的烦恼中学着习惯,又从习惯变成向往,全都是因为一切都是在真实发生着,虽然只是用静悄悄的方式呈现着。

悄悄是别离的笙箫,但分外的沉默却让陈嗣庆想起了很多往事。那年从复旦大学法律系毕业后,其实他最大的梦想并非立即奉命结婚成家,而是打心眼里想成为一名身强体健的运动选手,在千万人的瞩目中不断地挑战自己。可命运之神并没有眷顾他,而是让他依照父母的想法成了一名有尊严的律师。体面的工作,其实更多是中规中矩的条条框框约束，陈嗣庆不喜欢也没有别的办法，唯一欣慰的是工作强度不算大，他还能继续坚持自己的爱好。

只是这样惬意的单身生活还没有好好享受，家人就给他介绍了一位叫缪进兰的高中女生。本以为只是一种象征性的见面，结果一见面他便愣住了。缪女士一身浅蓝色的袄与裙，感觉衣服十分贴身，还略微带着腰翘，下摆微微呈弧形，女生的青春活力完美体现。衣袖不长，恰好过肘，露出来白白的莲藕状的胳膊，不胖不瘦，让人看着不禁心慌意乱；裙无皱褶，自然下垂至膝盖下，给人以清纯娇美的独特感觉。陈嗣庆恍若见到了天仙，反正那一刻他是呆住了。接下来，他们便"开始了一种半文明式的交往"。

大上海的战乱，丝毫没有影响到两个人的亲密交往。由于都接受过新式的教育，一个散发着少女的智慧和温柔，一个有着成熟男人的魅力和干练。接触没多久便很快熟络起来，尤其是谈及文化、生活时更是十分合拍，以至于在没有人的深夜，陈嗣庆还会傻傻地对着镜子问自己，这一切是不是真的，自己是不是爱上了这位女学生？

陈嗣庆决心不放过这个机会，而缪进兰也对眼前这位示好的男人有了特别的好感。

一个阳光明媚的日子，陈嗣庆一袭西装，手捧着鲜花出现在缪进兰面前，郑重地表达出了内心积蓄许久的想法。

"嫁给我吧，见到你的那一刻，我就被你的眼神融化了。"

第一章
那时我们还年少

陈嗣庆说这些话时是真诚的，他眼神中透露出的完全是不容置疑的坚毅。

"婚姻是世界上最好的事情，对男孩女孩都一样。"但年仅十九岁的高中生缪进兰还是吃了一惊，虽然在无数个夜色里期盼着爱情，可没有想到幸福来得如此快。单纯而又认真的她简直要陶醉了，真想此时就扑倒在对方的怀抱中，享受那无与伦比的美妙。都说女人一谈恋爱智商就为零，可缪进兰心里还是有件事搁不下，那就是她才收到了上海沪江大学新闻系的录取通知书。

胸无城府人如玉，腹有诗书气自华。民国时期，家庭条件优越的女子都会选择入校读书。读书无疑是一种众人渴求的时尚。在缪进兰看来，要想人生之路高雅光彩，除嫁个好夫婿之外，读书自然是人生的最好选择。婚姻和读书之间的选择，让她突然变得纠结起来。

人生没有太多的大道理，但总是充满着太多无奈与纠结。既然做不到"独坐停云"，也不能"水声山色"，那就愉快地接受吧？不论这之中有着何样的无法回避和孤独，有着何样的感悟和困扰，只有尽力去经历未知的生活，才会在最好的选择中面对和承担。说不清楚到底是谁打动了谁，说不明白是谁先爱上了谁，最终，接触不足一年的两人步入了婚姻的殿堂。

结婚的念头就像破茧的蝴蝶，从两个人的心里径直飞了出来，任何人都阻挡不住。看似简单的婚姻就这样平淡地开始了，有烟花绽放，也有繁华悲凉。随着第一个孩子的降临，有质量的家庭生活发生了蜕变，所有的翻天覆地都从一个新的起点开始了。

等到有第二个孩子时，陈嗣庆根本就不知道，他当时正为自己的事业努力着。单身生活是自由的，自从搬入这座带花园的小院落后，他便忘记了世外的战乱和逃亡。他记得有人说过：如果能给我一束阳光，我就是这个季节最幸福的人。确实，当他享受着轻音乐一般流淌的春日暖阳时，心中又何尝不是这样的感觉呢？总之，不能辜负时光。

当然，除了在战乱中能够偷闲外，这位年轻的律师也不是个冷酷无情的人。当他从信中知道妻子又怀了孩子时，也不在乎是男是女，激动得就差邀朋友来庆祝了。这个俗世，生活虽然不易，但他还是真心希望再要几个孩子，同时再结束掉两地分居的尴尬。而缪进兰却屡屡不愿动身。到后来实在挨不过父母的数次催促，身怀六甲的缪进兰才抱着大女儿开始了长途跋涉。一路上的艰辛自是不在话下，各种各样的问题也是层出不穷。面对这些坎坷，她始终咬牙忍着，只为着那久别重逢的激动。

对陈嗣庆来说，这一切都是无法想象的。在这个世界上，他更像一粒微不足道的尘埃，惊不起浪花，挡不住风雨。

这个让人失望的社会，甚至连情绪也在失意。每一个夜晚，他都期待能接她们母女过来生活，体味黄桷垭这个简陋而又安全的精神天堂。就算是世事纷乱，总归在一起是有依靠的幸福。千盼万盼，现在总算是圆了这个梦。

第一章
那时我们还年少

岁月静好

国难当头，夫妻被迫分离，无论怎么说也是件残酷的事。所以夫妻俩一见面，不经意间都红了眼，尤其陈嗣庆心中更是内疚，自己竟然狠心将一个手无缚鸡之力的弱女子，留在了日本人统治下的沦陷区。想到这里，他只是紧紧地拥抱着母女久久不愿意放开。女儿被夹在中间却也不害怕，反而很享受这无比沉默的场景。

执子之手，与子偕老。历经坎坷后的团聚是幸福的，也是对于爱情的演绎。一路上，陈嗣庆疼爱地抱着女儿，还要搀扶行动不便的妻子。一家人行走在这崎岖不平的黄葛古道上。黄葛树相互交错着，映照着散发着历史韵味的石板路。一块一块的石板拼接着，或残缺，或错落，镜子一样光滑地向远方延伸，仿佛一条通向天际的"丝绸之路"。人走在其中，俨然构成了一幅漫然有趣的图画，恍若生活在无比美好的童话世界中。

位于黄桷垭小巷中的陈家小院因此有了生机，而陈嗣庆的言谈举止中也是喜不自胜。

岁月静好，现世安稳。

所有这一切更像是回忆，因为彼此相爱才变得更迷人。而所有的沉静与温暖，似乎只是为着这名叫陈懋平的新生儿准备着。现在看来已经是万事俱备，只是等着一声响亮的啼哭了。

1943年3月26日，陈嗣庆终于迎来了二女儿的降临，他已经等得有些迫不及待了。女儿的出生，为这个颠沛流离的家庭增添了无比的欣喜和述之不尽的话题。

众所周知，每个人来到这世上，其实都肩负着特别的使命。正如陈懋平的出生，虽然谁也不知道她的未来会是什么样，可种种迹象却似命中注定一般，以至于好多年之后，人们仍能够从她的文字中清晰地读出与其相关的身世、经历等，这些都或多或少地沾染着与黄桷垭有关的神秘。这样的气息自然也与黄葛树有关，其中不乏对生命的强烈渴望。

不足月的陈懋平总算是平安降生，而陈家小院顿时就因一位小生命的诞生，全然沉浸在特别的喜悦与温馨中，似乎就连周围的草木也多了几许风情。这时候，陈嗣庆的大哥陈汉清也携家带口搬了过来。能在这样的乱世中相互依靠着生活，自然又是另一种无法言说的幸福。

孩子长得很快，只是怎么喂养都长不胖。其实当她被抱在怀里时，就已经喜欢睁大眼睛四处张望，把所有的精力都用在了对外界的关注上。好在一大家人又可以重新在一起，在这个陌生环境中开始最为平淡的生活，每一天也便充满着欢笑。大人们喜欢操心生计，孩子们只满足于吃喝后的天真烂漫，然后就是互相追逐，仿佛根本就不愿意长大。不论在哪里，他们的欢声笑语总是

第一章
那时我们还年少

给这个家带来开心和欣慰。不知不觉，陈懋平马上就要过三岁的生日了。

这三年来，日本的飞机几乎是天天来重庆轰炸，示威中带着嚣张。当时的重庆政府软弱无能，老百姓们也是敢怒不敢言。然而奇怪的是黄桷垭老街附近的房屋却是日渐增多，经常见到有人跑到此处避难。据说连蒋介石、孔祥熙、于右任等人也都在此地居住过。从时光的记忆来看，这座丝毫不起眼的陈家院子，却因为陈懋平短暂的童年，始终存活在人们的记忆中。

陈家老二陈懋平长相甜美，虽说不是美人坯子，但留给人的感觉却颇为精明，做起事情来也是很有个性，最大的特点还是倔强。在母亲眼里，她"是个纯真的人，在她的世界里，不能忍受虚假，就是这点求真的个性，使她踏踏实实地活着"。自开始懂事以来，她便在父亲的谆谆教导下开始学习。突然有一天，性格倔强的她无端地发起脾气来。小孩子吵闹本是很平常的事情，按理说很快就会恢复正常，然而那天下午，她却不停地把书桌上的纸张往地上扔。母亲起先没有在意，她也知道这孩子出生时不足月，有时候会表现得很任性，可随着笔墨纸砚依次往地上扔去，母亲才发现事情并没有往常想的那么简单。

"怎么了，宝贝？"紧接着母亲便把身体凑上前去。

"我不要这……这个……名字。"她一边抽噎着一边说，泪水顺着脸颊无声地流下来，很快就和清黄的鼻涕混合在一起，而后又流到嘴里。她也顾不得擦去，就稀里糊涂地吃进嘴里，再用袖子使劲地往脸上抹。

"宝贝，名字怎么了？"妈妈不解，只是想尽快让她开心起来。

"不要这……名字，难……写。"陈懋平抽抽搭搭地止住了哭泣，抬头望着妈妈。她一直喜欢用这样的方式来解决问题，似乎她明白眼神的重要性。

"难写吗？这可是爸爸用心起的，希望你勤勉乐观。"妈妈认真地对着陈懋平说。

"不要写那个……丑八怪字。"

"丑八怪字？没有啊。"母亲弓腰从地上捡起凌乱不堪的纸，上面写着各种缺胳膊少腿的"懋"字。看到这里，她顿时明白了女儿的烦恼和用意。

二女儿的要求，很快就让父亲知道了，他并没有立即去满足她，而是细心观察了一段时间。他觉着孩子还是人生的开始阶段，需要面对好多想不到的困难。至于这个难写的字呢，实在是太不起眼的问题了。他试着开导了她几次，又让大女儿从侧面进行帮助。二女儿也听话，在学习书写的过程中再也不乱扔纸了，但每次在写名字时，都会自作主张对中间的"懋"字视而不见。大人们何尝不懂得这样的小心思，便时不时提醒着她。但是身体瘦弱的二女儿很少露出笑容，她开始用冰冷的态度面对眼前的一切，让大家根本就不知道她的心里在想什么。

由于没有依照她的意愿，没几天后，她在书写名字时又开始出现新状况，不是把"陈"字左边的耳朵移到右边，就是把"平"字写成了"来""夹"等字惹人发笑，而她却始终不改自己的想

第一章
那时我们还年少

法，让内心的执拗表现得更加鲜明。一群孩子只会借此来开玩笑，陈懋平也不在乎，通常是你笑你的，我写我的，一副天马行空、我行我素的模样，任谁也没有办法。到了最后，做父母的认输了，也不去考虑家谱上的排行，答应把"懋"字去掉，只想让她的童年没太多不开心。

原以为事情就会这样结束，却没想到还没舒心上几天，刚改过名的陈平又开始了不满，这次她可没有大哭大闹，而是怂恿着家里的孩子们一起把"懋"字去掉。姐姐和大伯家的孩子自然不会听从她，而她则是特别叛逆，不顺心就会用笔把他们名字中的那个"丑八怪"给涂抹掉，要不就偷偷地把书本给藏起来，任你怎么询问就是装着不知道，或者在一旁心平气和地读着书，对所有发生的事情不闻不问。几次之后，大家都知道这是小妹妹的恶作剧，但又不能去批评她、去打她，只好敬而远之提防着她。

从小小的事情中便可以看出，陈平独立的性格是天生的。她虽然极端敏感，但做事情终究还是有着自己的主见，这些所作所为并非全是没有来由的捣乱，而是她早就已经认定的，有些事情要学会坚持。就像家门口那一棵棵的黄葛树，虽外表看起来很丑陋，但根须却始终在坚持着向地下延展，否则就不会有现在的枝叶繁茂了。陈平不同的地方是，其他小朋友关注的是外在的变化，而她用各种办法深入内部了解，直到自己搞明白才会罢手。这感觉似乎不像三岁孩子的做法，但她碰到问题就是喜欢不停地问，有时问得大人也不知如何回答才好。反正改名的事到了最后，还是大人们屈服了，答应把孩子们的"懋"字全部去掉。

改名风波在陈家院子里带来了不少的议论。孩子们只顾及吃穿，想不到那么多，而做父母、做伯父伯母的则思虑到陈平的淘气、好动和那让人又恨却又无法恨起来的乖戾。但陈平就是陈平，她从来不在意任何人的情绪，除了读书时特别安静外，其余时间就是无休止地闯着各种各样的祸。这些事情说起来也不大，但有些真的让大家是百思不得其解。

陈平从牙牙学语开始，就特别喜欢书。抓周时也是毫不犹豫地选择了一本厚厚的大书。起先大家还不太在意，后来发现每次大哭大闹时只要给她扔本书，她很快就会变得安静下来，并露出会心的笑容。按常理说，小女孩家都特别喜欢玩洋娃娃，谁家里都会有十几个，可她除了喜欢书，还喜欢玩泥巴，玩起来就乐此不疲，常常搞得自己满身是泥，家人连衣服都给她换不及，仿佛生活在泥水里一样。更让人不理解的是，她还喜欢一个人去附近的荒坟地里玩，说是那里安静，没有人来争抢她手中的泥巴。别的小孩子知道那是埋死人的坟地后，便躲得远远的看陈平开心地玩，生怕从中跳出个三头六臂的怪物来。

黄葛树树荫下的美好童年，每一天总是那么迟缓而又温暖。孩子们渐渐长大，她们没完没了地编织美丽的故事充实着自己。他们也可以在树下捡拾果实，可以捉弄小蚂蚁，可以分抢一个玩具而不相让。每每这时，瘦弱的陈平总会主动发声要求大家，玩耍不可以弄死任何一只蚂蚁。倘若真的有蚂蚁被弄死了，她就会

第一章
那时我们还年少

急得恨不得上去同对方打上一架。谁都不明白她为何对一只只蚂蚁的生死如此关心，而她从来也不说，或许是根本就说不清楚。这时候的结局只能是不欢而散，各回各家。

从对待一只蚂蚁的态度来看，陈平内心是多情且柔软的，至少在她人性深处是敬重着生命的。没错，对于蚂蚁都这般呵护，对宰杀牲畜自然也应该大加反对才是。可恰恰相反的是，陈平最大的爱好竟然是看宰杀牲畜，那恐怖的场景，就是成年人也会心悚，更何况是心智尚未健全的孩子呢？可陈平就是陈平，从来就是说一不二，她可以不吃不喝在旁边蹲上老半天，非要从头到尾看完，那真是看得津津有味，看得兴奋不已。

有几次，血直直地流向足底，她竟然不在乎，起身换了个地方再继续接着看。当牲畜们捆绑着被刀捅后，整个身体就会紧张地抽搐，恍若要爆炸开来，即刻发出绝望而刺耳的叫声，而散发着腥味的血也会立即随着叫声射出来，顺着刀柄在空中烟花一样盛开来。其他孩子早就吓得跑回了家，或是躲在父母的身后偷偷看。陈平并不被眼前的恐怖所动，还会笑着向屠宰师问东问西，尽是些不着边际的问题。在小小的她看来，这样的屠宰不但能解除动物的痛苦，还可以让它们去往极乐世界。正如人总归要死一样，只是宿命。

这样说来，陈平确实胆子不小。确实，从她童年成长的诸种经历来看，这些"出格"的事情似乎总是不少，而且每次都是意外不断，常常会让人担忧不已。

这年的秋天，黄葛树上的叶子也渐渐变得苍翠起来，风一吹，枝叶便开始了碰撞，几乎要响成一片风铃。朝着树上望去，只感觉碧空下，这树的每一处空间中都饱含着传说与故事。

有天下午没事，陈平又开始跑到父亲书房里乱翻起来，她一会儿看这本，一会儿看那本，一本一本的书很快就被打开，她心不在焉地也不知道找寻着什么。母亲知道这孩子从小就喜欢书，只要待在书房就不会四处乱跑。相较于其他孩子来说，她虽然有很多不为人知的缺点，但还是非常好带。透过窗玻璃看到这儿，母亲便想着收拾完家务再过来，不料想半顿饭的工夫还不到，却在书房里找不见陈平的踪影了。她找了几个地方都没有，想都没想就朝着院门冲了出去。倒是有几个小孩在树下玩过家家，只是大家都说没有见到过陈平。其中还有个孩子笑着说："阿姨，陈平是不是又去看杀猪宰羊了？"陈母也来不及生气，只能一边小跑，一边大声喊着女儿的名字，无头苍蝇一样在大街小巷找寻起来。汗水很快就湿透了她的衣衫，她根本无暇顾及，泪水早就在眼眶里打转了，却不敢让泪水流下来。依旧丝毫见不着孩子的人影，她越想越怕，脑海里已经浮现出一幕幕与不幸相关的事情来。

做母亲的心都在子女身上。陈母一身疲惫地回到院子，还来不及坐下喘气休息，一望到空荡荡的院子，慌乱的心情便变得更为紧张起来，只得准备折返再四处找陈平。就在这个时候，厨房里却传来了一阵阵拍打水的声音，忽大忽小的声音仿佛江水拍打着岸边。陈母都要神经质了，但还是朝着厨房快步走过去。

陈母首先想到的是老鼠又来捣乱了。经过这几年的战争，人已经是生活不堪，可可恶的老鼠却变得多不胜数，不断地

第一章
那时我们还年少

出来与人抢食物吃，没有任何对付它们的好办法。陈母顺手便提了个扫把，想狠狠地把这些没眼色的害人精好好教训教训。

走进厨房的第一眼，她并没有看到老鼠，而是看到了在水里上下挣扎的陈平。她用小手不停地拍打水面，想努力漂浮在水面上。陈母被这个情形吓坏了，她三步并作两步就来到了水缸边，伸手把她从水里拎了出来。可怜的陈平全身都湿透了，水像下雨一样从衣服上面往下落，地上很快就变湿了。但她并没有被这情形吓哭，而是意味深长地学着母亲的腔调说："感谢耶稣基督。"

听到这话，母亲的眼泪忽地就涌了出来，如果晚来一步，孩子真的就离开这个世界了。她紧紧地抱着陈平一动不动。以后的好多年，只要想起这件事情来，陈母就会不由自主地感到心慌。而陈平却很淡定，表现得完全就不像是个孩子。

生死只是一瞬间的事，等陈母急匆匆为女儿换好衣服，还在考虑要不要带她去医院检查，她却轻快地跑远了。母亲哭笑不得，尤其是想到女儿问的那些怪异问题，更是对二女儿莫名地担心。

"妈妈，你说苹果挂在树上疼不？"陈母无语，不知道如何回答是好。

"妈妈，蚂蚁被捏死后会变成什么？"陈母听后更是摸不着头脑。一连串的问题冷不丁就袭击过来，她也发现这孩子在思考问题方面不同于旁人，而且喜欢独立地想些事情，虽然有担忧，却没有想到会在以后的日子里，成了家人的伤痛。

新的一年就要来了，陈家小院其乐融融。除了购置年货，各式新衣服最让小孩子们盼望了，只是没想到陈平却特别坚决地拒绝了。陈平喜欢各式的旧衣服，并不自惭形秽，常常在院子里跑来跑去，根本就看不出任何的不愉快。

起先，妈妈还觉着她的说法特有趣，还四处给朋友们讲，可到最后就有了莫名的担忧。私下里，她也会对着丈夫诉苦，害怕孩子的审美能力出了问题，她的种种表现，着实让人匪夷所思。奇怪的举止，让父母格外担心起这个与众不同的孩子来。这时就有邻居对缪进兰开玩笑说："你家的宝贝可是来向你讨债的，她是你前世的债主。"

陈母听后只有哭笑不得地应对。可她明白只有母亲才会真正懂得孩子。好在夫妻两人都接受过新知识的教育，在处理孩子的问题上表现得十分开明，最后还是决定顺应着孩子的天性发展。

当叶子从高处缓缓地飘落下来，闪烁出时光所有的优雅与柔美，所有琐碎的生活细节，也都一漾一漾地映着不同的故事与记忆，遍布在这座小院。

现在来看，陈平不仅仅为陈家小院带来了欢声笑语，也以我行我素的个性，为她的童年争取到了许多权利。现在就要走了，回望这个熟悉的小院时，心中真有着说不出的意味。虽然才三四岁的年龄，可她对这里的一草一木毕竟有着深切而又熟悉的感情。

生活在这个战乱的年代，真不知道何年何月还能够回来？当然，这也是离去者必不可少的伤感情绪。

第一章
那时我们还年少

凡尘冷暖

一直在想,如果一个地方待得久了,是不是就会感到分外熟悉,以至于难以忘怀。

至少陈平是这样想的。不得不说,这是一种发乎内心的情结。虽然年纪尚幼,可陈平明白,她喜欢这个到处是树,到处都与黄桷垭相关联的地方。所以谈及举家要去南京生活时,她的眉宇间就有了诸多不解。夜深人静的时候,她甚至流过泪,想着无论如何都要回到此前生活的地方,只因为太爱,所以不愿意离开。

至于为什么要离开重庆去南京,陈平是不懂的。她只是突然感觉父母脸上每天都是开心的表情,而之前愁眉紧锁的模样,就仿佛被江水冲走了一样。她很奇怪这些变化,也只是从大人们断断续续的言谈中,才依稀听到了日本人无条件投降的话题。

无论如何,重庆往事是要埋在记忆深处了,而即将面对的古城南京又让她满怀欣喜。两座不同的城市,让这个孩子心中有着惧怕,又有着更多的期盼。不懂就不会在乎。陈平虽然觉着一切都合乎情理,但她更感兴趣的还是树下的谈天说地,江边的追逐打闹，以及怎么唱都不厌烦的童谣。每天的时光很美，她实在不愿意放下这些去一个陌生的地方。陈平一直就这样简单地想问题，享受着快乐。她也知道，"真正的快乐，不是狂喜，亦不是苦痛，在我很主观地来说，它是细水长流，碧海无波，在芸芸众生里做一个普通的人"。或者说，陈平那 B 型血的敏感中，更有着与祖父相同的气质，她喜欢在幽静的时空中，去找寻属于自己的乐趣。陈平生前好友曾经真诚而实际地评价过她："她本是陈伯伯、陈妈妈的混世魔王，前辈子欠的……"短短的一句话，虽然说出了陈平不同于人的个性特点，却也真实地还原出属于她的幸福时光。

战火一直在燃烧着，却没有给陈平的世界留下太深的烙印。在向往自由的她看来，炮火连天的乱世，更像是人世的惊艳色彩，虽然有来回的奔波，有迁徙流亡的悲切，有辛酸凄苦的思念，但随着 1945 年 8 月 15 日这个特别日子的到来，一切都似乎要烟消云散了。哭喊声、笑闹声、各种声音都聚集在了一起，让平时安静的广场上出现了成千上万的人。大家扯着横幅，喊着口号，举着纸糊的日本兵，浩浩荡荡一路走过去。

陈嗣庆向来不懂得政治，可他还是开心地夹杂在拥挤的人群中，满怀激动地向前走着。抗战期间，中国军民曾为着生存而战，不知道牺牲了多少有志之士。曾经有多少个不眠之夜，陈嗣庆都在盼望着云散日出，正如孙中山先生所说："世界潮流浩浩荡荡，顺之则昌，逆之则亡。"现在终于等来了这一天。

日本宣布无条件投降，330 万日本军人放下了沾满鲜血的武器。战火逐渐平息，平静重新恢复，"最为惨烈的死亡与毁灭的

第一章
那时我们还年少

汇集"终于结束了。战争所带来的记忆是沉痛的,注定要成为一段无法忘却的历史。而陈平难以释怀的却是要离开这里。

在这纷乱的战火硝烟中,能够生存下来本已是一种幸福,更何况还可以从一座城市到另一座城市呢?总之,离去是对于往事的告别,也是对于新事物的期盼,只是谁也不知道,陈平的骨子里已经暗下决心,要用爱与流浪,来唤醒灵魂对自由行走的渴望。

1946年4月30日,国民政府最高统帅发布了"还都令",决定于5月5日迁都南京。日本人统治了那么久,终于被赶走了,陈嗣庆全家又重新搬到南京,居住在市中心的鼓楼岗附近。自古以来,鼓楼就与钟楼相峙而立,既是一座城市的报时中心,也是一座城市的地标。从远处看过去,虽然外观有些破旧,却也不失历史的那份厚重。尤其是从那庄严、威仪的外观中,更能读出千年文化的积淀。一丛丛杂草在四处蔓延着,而那些灿烂的木槿、紫藤,以最美好的姿态点缀着一个季节,也映衬着一座座古老的建筑。现在看来,这全然不是景点,也并非单纯的建筑,而是一处处能够供人居住的地方。从那里面流出的是浓烈的烟火气息,是欢声笑语的童年。

作为旅游胜地,南京的风景自然与重庆有着很大不同,就连住房的风格和面积也都不同。虽然再也看不到漫天的黄葛树了,但那些房前屋后的梧桐树、桑树以及其他一些叫不上名字的树都葳蕤翠绿,任院子里充满花草的清香。鸟雀的鸣叫缭绕其中,让人只想在这样的环境中进入梦乡。"那个房子是独幢的,成为一个回字形。有围墙,不算太高。如果我爬上假山,站在假山的顶上就可以看到外面的街道。如果我不爬假山只站在院子里，我能看见鼓楼那幢建筑以及在空中飘扬的英国旗子和苏联的国旗，英国人和俄国人是我们的邻居。"

院子里的春秋自然是漫长的。每年夏天一到，烦躁的蝉鸣和着墙外不间断的冰棒叫卖声，始终牵挂着陈平的心。那时高时低的吆喝声真的是太熟悉了，就像是母亲无比亲近的抚摸，不断地诱惑着那颗少不更事的心。

南京几经风雨，旅游事业却是越发繁荣。据1946年出版的《旅行》杂志刊载：一路烟雨蒙蒙，杏花如锦，远山近林，尽入画面。大小吉普车，多得几乎无法估计，在漫长的中山路上，喇叭的声音此起彼应，没有一刻宁息。寥寥几笔，便记录下了南京城中的胜景，让人顿生留恋和好奇。

南京的日子注定是美好而欢乐的。抗战取得了胜利，人们每日都在庆祝着，孩子们最容易让这样的情绪感染，也最容易用心记下无比美妙的时光。这个时候，父亲和伯父又开了一家律师事务所，生意也是特别红火。大人们没时间管束她，陈平就自己找乐子玩，不是在院子里找寻小虫子，就是用竹棍抽赶着鸡鸭跑，反正不让自己有时间歇息。

随着陈平一天天长大，做母亲的心里考虑更多的是如何教育。有一天，陈家大院看门的下人找到了缪进兰，恳求她能够收留自己的一位远房亲戚。善良的她几乎不假思索就答应了。女仆兰瑛迫于生计，来时还带着小儿"马蹄子"。他与陈平的年龄相仿，头上却长满着癞痢，一片一片的光秃秃，看上去特别恶心。他本就不在乎这些，很快就和陈平熟络起来。

陈平虽说给人感觉古怪精灵，也特别地喜欢玩，可她怎么也不喜欢"马蹄子"这个小玩伴。每每兰瑛在一边做活儿的时候，她都会找各种理由拒绝同爱哭的他在一起玩，有时还会找借口把所有玩具都给他，自己则偷偷去藏书的阁楼上读书。

在这样无知的年龄，读书给了陈平太多的想象空间，这个习惯也伴随了她以后的人生。阳光从窗外射进来，一道道光束静静地铺陈在地上，光鲜而又明亮。四周寂静，只有成千上万的浮尘在翻滚着。看书累了，看这些尘土也特别有趣，有时用手去抓，却像猴子捞月亮一样，什么也抓不住。但孩子们喜欢的就是这样的乐趣，陈平喜欢的就是书香萦绕的环境。

为了让孩子们喜欢上读书，陈嗣庆也是用心良苦，专门在家里开辟了一处藏书的区域，供家里的孩子们随时来翻阅。当然，最喜欢享受这种安静淡然的莫过于陈平了，或许她本就读不懂这些厚厚的书，但没有人可以阻止她醉心地投入。好多次家人找不到她急得团团转时，她却一脸春风地从书的海洋里走出来，即便当家里众人数落她时，她还沉浸在书中，想的是漫漫思路，想的是人与人之间的真情。在这样生动安谧的图景中，她有着梦想，有着向往，尽情享受着暖阳的抚摸。

如果要问书带给她最大的欣慰是什么，她一定会说书其实就是个神奇的魔术师，能让人在各种有趣的故事中经历太多的未知。确实，一旦灵魂与书本紧紧拥抱，对于一个人来说，就有了莫大的幸福和满足。没错，当她被人生的第一本书深深吸引时，可以说那已完全不是一本书了,而是活生生的社会现实。"记得我生平第一本看的书,是没有字的,可我知道它叫《三毛流浪记》,后来,又多了一本,叫《三毛从军记》,作者是张乐平。"说到读书,如果要用废寝忘食来形容陈平的专注,其实一点也不为过。当她会心地看着一幅幅特别搞笑的图画时,无形中便生出了喜欢和不解。"我非常喜欢这两本书,虽然它的意思可能很深,可是我也可以从浅的地方去看它。"天生的灵性,让小陈平具有别样的思维方式。

"妈妈,这孩子为什么要叫三毛啊?"陈平脸上满是疑惑。

妈妈笑着说:"妹妹,因为他头上只有三根头发啊。"说罢还用手一指。

"那我也想叫三毛,虽然我有这么多的头发。"陈平任性而又带着撒娇的口吻。

"谁都可以叫的,这只是个名字,说不定就是写书的作者虚构的人物呢。"

"妈妈,我好像在街上见过这样的人,他的脸色和三毛一样,应该穷得吃不起饭了。"听到这里,缪进兰心里豁然开朗,她为女儿的这种解释感到欣慰。好多年后,陈平选用"三毛"这个笔名发表作品时,才知道自己内心深处始终有个让她放不下的人,这或是缘分,或是偶然,总之命运在这个时候,已经为她的人生发展轨迹埋下了伏笔。

院里的大孩子们都去上学了,陈平常常会对着背书包的背影发呆,然后又开始去找书看。自然,《三毛流浪记》便成为她每日里必翻的书。她实在太喜欢那个带着委屈,却又非常可爱的漫画形象。到了后来,她在父母的引导下,又陆续读了许多的儿童绘本,以至于凡是有插图的书她都会读,不经意中为自己的世界增添着无比丰富的色彩。

从这个时候起,陈平便表现出了并不属于她这个年龄的爱好,书也就以朋友的身份,悄无声息地将她带入了一个奇妙的境地。

大家都对陈平的用功和认真感到吃惊,更多的还是欣赏她的专注。"那时候,看了图画、封面和字的形状,我就拿了去问哥哥姐姐们,这本书叫什么名字,这小孩为什么画他哭,书里说些什么事情,问来问去,便都记住了。"这样的好学,让手里可以阅读的绘本都成了她的精神食粮。

读书不断丰富着陈平的知识。当家中的藏书渐然满足不了她时,她的眼光便开始瞄向了院外的世界,尤其喜欢逛旧书摊。没事的时候,她就央求妈妈或女佣兰瑛带自己出去玩,其实也就是十分委婉地表达想去旧书摊的愿望。在这个启蒙时期,这已经成了一种无法言说的乐趣,吸引着她连梦里面也在旧书摊前徘徊。真不知道旧书摊对她到底有着何样的魔力,但这个小孩子每次只要碰到旧书,她的腿脚就像灌了铅一样重,重得根本就无法移动。旧书摊让她着了迷,而"这些本无聊的故事简直看疯了我"。这个习惯陪伴了她很久,后来只要口袋里有零花钱,她就忍不住想去旧书摊走走、转转。

生活不就是这样么?可以没有太多的物质需求,但一定要有精神上的爱好。就像聪慧早熟的陈平,在自己无知无畏的童年时光中，只是傻傻地痴情于书本，然后又在故事的感染中哭笑叹息着。这是一份对于快乐的期许，也是对于未知生活的渴望。可以想象，一个人纵情绽放在书堆中的情形，该是如何温暖美好，就如同春日的阳光。

时光很美，时光里的一切都很美。不论是绚丽多姿，还是孤芳自赏，所幸的是，我们不会轻易地辜负自己。在人生的路口，谁都不清楚自己会撞见什么。

是啊，谁都以为陈平会在书堆中度过美好的童年，却没有想到1948年12月16日发生了一件惊天的大事，几名弃暗投明的国民党起义人员，驾驶战机从高空投弹，差些炸毁了位于黄埔路的总统府。本来毫无关联的事情，却让陈嗣庆敏感地觉察到了时局的变动。一大家人经过商议，决定从南京迁到台湾去。

短暂的南京生活，分明让陈平从丝丝刻骨浸心的雨水中，感受到了不同于重庆的乡愁。这种境况下，无论她是如何不愿意，也只能去面对现实，一步一步走上随着海水来回颠簸的轮船。

这样的大船，陈平早在重庆时就见过不少，但真正要自己乘坐时感受就大为不同。中兴轮上视线十分开阔，可背井离乡的感觉却让人无法忍受。没有人知道海的对面是什么，也没有人知道那陌生的土地上能否生存。在陈平幼小无知的记忆中，那次母亲在船上只是不停地呕吐，似乎要把身体内所有的器官吐出来。她整个人趴在栏杆上，根本就无法起身。蓝天白云下，看过去一切都是那么的微不足道和渺小，只有海鸥在无忧无虑地绕着船盘旋，对这样的痛苦视而不见。这样的情景，把陈平的小脸吓得苍白，她不顾其他人的劝说，只是紧紧地拉着妈妈的衣襟放声大哭。

海水汹涌着，给了每一个人不同的梦想。有些人向往远方，有些人在意安宁。而陈平却从那刻开始，坚定了她独自流浪的人生选择——踏遍万水千山，只为安抚今生不安的灵魂。

不慕风物

船上空间特别有限，游客一窝蜂地堆在一起，你挤着我，我靠着你，那感觉就像是在插葱，任各种混浊的气息交织在一起，又热又晕，让人恨不得直接从高处跳到海里去。这时候，大家口中的高山、断崖、瀑布、河流之美，完全都成了天马行空的想象，有种望梅止渴的感觉。至于说什么"绿岛阳明山，花坛景美；秀水日月潭，莺歌爱河"的景致，此时也只能被视为长途跋涉中的向往。

人生就是这样，没有选择的时候，也顾不得前面是如何的境况，所以说这样的出行更像是一种逃亡。所有人都愿意放弃大包小包的行李，只随身带些细软，是因为这某种程度上又是极其难得的待遇。

记得上船时，前来送别的人很多，大家不断地挥着手，大声地喊叫着，然后又一个个相互簇拥着，让人感觉不小心就会从码头上掉下去。或许是大家临行前已经流过太多的泪，现在反而都特别矜持，还硬生生地从脸上堆出笑容来。

第一章
那时我们还年少

夹杂在人群中的陈平没有笑,也没有特别地哭,她只是从高处观察着人生的种种别离,这场景似乎很平常,人们却又特别地难舍。陈平离开那座宅院时,自觉地留下了各样的玩具和布娃娃,只是含泪带上了那本翻得已经卷页的《三毛流浪记》。从重庆到南京,现在又要去台湾,她内心有着太多的不舍。对之前熟悉的草木、动物,甚至连院子里最平常的水缸,都生出恋恋不舍的情怀来。得知要走的消息后,她并没有像其他孩子一样表现出自己的情绪,而是将这些个熟悉的什物一个个都用心抚摸,似乎知道这一去将是经年累月。

这年,陈平五岁。她对于社会的繁复变化一知半解,但从清纯的眼睛中透出的是真实,是不断游走在心间的搬家经历。

历经艰辛,终于到了台湾,一家人就住在了台北的建国北路。这是一幢日式的房子,面积不大,还不附带花园。陈平没有说一句话,却很快地喜欢上了地上铺设的榻榻米。她先是轻轻地跳,让身体在此起彼伏中感受喜悦,而后又脱掉鞋袜光着脚丫使劲跳起来,其他孩子开始还不好意思,最终还是像一群疯子一样错落着蹦起来,小小的屋子里顿时就有了欢笑,而路上所有的不快和抑郁都随风而去。"当我从中兴轮上下来……"一时间,本就荒芜的地方,便因这家人的到来,充满着自由和快活。"到了台湾,大人们背井离乡,在离乱的大时代里,丢弃了故乡一切的一切,想来在他们的内心是感触极深的。"

在孩子们的眼里,一切都是纯真的。那些不时在身边响起的炮火硝烟,至多就是些坎坷,也根本不用放在心上。陈平又在平淡的生活中发现了一处读书的地方，这个地方就是家中的榻榻米。每每趴在柔软而不呆板的床垫上读书，真的有种说不出的快活。这样的快活是自由的，没有任何人的约束。

大人们为着生计来回奔波，孩子们为着功课用功，只有陈平巧妙地运用了这个空当，安安静静地读着一本又一本的书。"我从来没有妄想在书本里求功名，以至于看起书来，更是如鱼得水，'游于艺'是最高的境界，在那儿，我的确得到了想象不出的愉快时光，至于顿悟和启示，那都是混在念书的欢乐里一起来的，没有丝毫强求。"除了读书，这个对物质没有任何需求，想象力特别丰富的孩子，又延续了在南京时的好习惯，不时地出现在各样的旧书摊前。那种快乐是不为人所知的，只有自己才能体味到，它会拂去初到台湾的生疏感。

新生活就这样开始了，让人感觉只是换了个不同的地域罢了。要说环境，这偏僻地处的台湾似乎还要胜于重庆和南京。属于这座城市的柔软与风情，就像是一本线装的书，让人慢慢地融入。反正，就算是生活再艰辛，有书读就是快乐的。

陈家搬到台湾后，生活条件大不如前，大家都有些懊悔这个决定，但岛上实行了戒严令，一时半会又无法离开，只能硬着头皮来安慰自己。随身带来的细软大多都换成了岛上通用的金圆券，结果这个货币每天都在贬值，到后来一捆连张纸都买不来。一大家人的生活水平逐渐在下降，而各种各样的开支却源源不断，让大人们每天都在犯着愁。为了能更好地生活下去，家人们常常要聚在一起，边唉声叹气，边想着如何改善家庭生活。

第一章
那时我们还年少

时运不济,陈嗣庆的律师事务所也不见起色,这个时候,远去的一切便成了大家津津乐道的回忆。只有不谙世事的陈平,却觉着世界之大,每个地方都有着太多不同,尤其是以前的江河湖泊,和当下的海洋比起来,简直就是小巫见大巫。台湾岛虽然远离大陆,可这里的生活条件和文化氛围并不落后,又有着海水环绕,大有着远离尘世的意味。所有这些美好,都让陈平越来越喜欢。

这几年间的辗转搬迁,让陈平总觉得在每一个地方都无法长久地待下去。这样仓皇的感觉,也始终让她觉得人生分明就是跌宕的旅途,流浪则是每个人的宿命和修行。烦忧尘世,心有美好,便是对自己最好的安慰。

建国路上很快就热闹起来,还开通了公交线路。宽大的车来来往往,载着各种各样的欢笑。路边的商铺和高楼也渐次多了起来,就像是雨后春笋。现实的生活条件一时间无法改观,可母亲天生乐观,她还是会不时地带陈平出来逛街。几次之后,眼尖的陈平就发现了一家新开的书店。书店不大,但很有特色,如同一处美丽的文化风景,让来这里的人总是流连忘返。陈平也是发乎内心地喜欢,将这里视为最让她开心的福地,以至于每次去那里都不愿意离开,总是要想办法去翻翻书才算过了瘾。母亲知道她喜欢读书,总会挤出些生活费用买书让女儿开心。由于好多书的印制成本特别低,便很好地满足了口袋不是那么殷实的读书一族。

尘世有着烦忧,也有着快乐。一旦活得简单,时光便如此美好。

与阅读结下深厚的缘分后，书便成了陈平的知音，始终陪伴着她的人生。为了能去书店买书读，陈平可谓想尽了办法，有时也会顺手牵羊拿父母的钱物。那时她还没有入学，午间休息起床后就在屋子里乱转，有一次也不知道怎么就看见了五斗柜上有一张五元大钞，她突然变得忐忑不安起来。最终还是没有忍住，抓起钱就去了书店。一路上的快乐自不可言，她兴奋地在书堆间看来看去，用心挑着最喜欢的书，可突然又有些害怕，于是赶紧回家把钱放在原地。

　　台湾发布"戒严令"后，岛上随即便开始了声势浩大的禁书运动。从此之后的几十年中，各种各样审查不过的书便有了共同的命运——烧掉。

　　对于爱书的陈平来说，且不理论书中的内容如何，仅是烧书这事她便非常不解。街巷院落中每天都有人在烧书，浓烈的火光面目狰狞。当一本本散发着油墨味的书投入火中时，有的人在大笑，有的人却在流泪。一本本看似没有生命的书，其中却潜藏着太多智慧和灵动。

　　每每当她带着求助的眼神问及父母亲时，大人们总会赶紧用手将她的嘴巴捂住，生怕人听到似的，然后再转头看看，确定四周无人后，板着脸低声告诫她以后不要乱问这样的事。在那个充满禁忌的年代里，马克思、列宁等人的作品都被投入了漫天大火之中，甚至连马姓的作者都跟着遭殃。至于鲁迅、李敖、罗曼·罗兰、金庸等人的作品也都列入禁止出版的行列。

　　那样的文化氛围中，谁也说不清楚选择来台湾到底是错还是

第一章
那时我们还年少

对，只知道四处弥漫的白色恐怖，正让人与人之间的关系变得谨慎、疏远，即便在一起也不敢谈与政府有关联的言论。"很多残酷，来自不安。"当时的资料称：先后迁到台湾的约有二百万军、公、教人员，其中竟有四千余人被视为"匪谍"予以处死。整个社会关系特别紧张，就连有人读本"左翼"作家的书，都会被长期关押在火烧岛备受折磨。

时局动荡不安，所有的人突然都陷入无边的恐惧中。

突然间就有了许多禁忌，人们不但在外面，就连在家里说话都变得小心翼翼。自从来台后，父母的笑容本就少了许多，现在更是要随着环境的变化，无端地生出许多失落。这样的沧桑感觉，让敏感的陈平心中有了怅惘，没人的时候，也会独自对着镜子感叹：长大真的不好玩。

陈平曾说："我笑，便面如春花，定是能感动人的，任他是谁。"话虽然坦荡直爽，但刚到台的那段日子里，她还是深切地感受到了无形的压力在不断地袭向自己，让她没有任何办法反抗。

没有书读，至少还可以玩。可现在玩也有人给立规矩，完全不同于重庆的生活随便，从而也让她明白有些话绝对不能乱说。记得有天下午，几个小孩子正在屋子里乱蹦跳着玩，那榻榻米软软的感觉让人生出了诸多快感，难得旁边没有大人管束，结果不知谁先喊出了一句"解放"来，孩子们都争先恐后地跟着喊起来，闻声跑过来的陈母吓得赶紧捂住女儿的嘴巴，又在她屁股上猛抽了几下。

大家一见这情景，谁也不敢哭，顿时如树倒之猢狲向四处迅速地散去。陈母在后面大声地嚷着，耳红脖子粗地要求大家不能再说此类的话。很平常的两个字，却让母亲如临大敌，这是陈平没有想到的，但从此开始，她再也没有提及过，因为她不想让母亲变得特别"凶恶"。

书被烧了，话又不让说，这样的生活实在没有太多乐趣。夸张的还在后面，由于物价飞涨，物质匮乏，孩子们的玩具都变成了花花绿绿的金圆券，每个人手里都捧着厚厚一大沓。可以玩拍纸片，可以玩折纸，可以用来贴墙壁，等等。与此相关的游戏玩得久了，却感觉还不如捉蚂蚁玩得快乐。所有这一切，都在压抑着陈平的性情，让她在不断寻求释放的同时，又在努力酝酿着性格上的反叛。因为她实在不明白，眼前到底发生了什么。

陈平的足迹所到之处，都陆续生出不同的喜怒哀乐。可能是感到无知懵懂的童年时代要结束了，陈平的抱怨突然间变少了，她时而变得沉默寡言，时而变得喜欢沉思。

家人见状，便商量着要安排才六岁的她到家附近的"中正国民小学"就读。由于还不够入学年龄，陈家想尽办法费尽口舌，才算打动了老师，让个性独特的陈平入学就读。

对于陈平而言，去学校读书的感觉，完全就像在搬家，她只需要尽快地熟悉这个生活的环境即可。同学们都很热情，而她也没有任何压力，只是把那些课本粗略地翻了一遍，就差不多全会了。所有的新鲜感即刻消失了，她又在百无聊赖中想起了其他书。不管怎么说，那闪烁着纯真笑容的脸上，始终还有着对于未知的渴望和期盼。

第一章
那时我们还年少

　　人生的每一个阶段都是不同的。成了背着书包上学的学生后，陈平也改变了之前那副小娃娃的打扮，而是让妈妈帮她把头发收拾得清清爽爽。齐眉刘海透出乖巧，稍稍有些弯曲的头发梳在后面，秀出了小孩子的时尚和天真来。她的一双大眼睛十分明澈，迷人的五官像花朵一样绽放着可爱、机灵。这样的改变，让陈平很快就忘记了所有不快。或许对读书有着太多兴趣，她每日里都会按时起床上学，从来不会无故吵闹。每每那娇小的身影穿梭在人群中时，陈母的心中总是充满着爱意。对于这个孩子，她倾注了太多精力，只希望她能够平平安安长大。

　　有好几次，缪进兰站在校门口看着渐渐远去的女儿，觉得她好似一朵随风而起、风静而安的蒲公英，虽然很柔弱，却没有表现出任何的牵挂和欲求。看着看着，她的眼角就会不由自主地溢出滴滴泪花来。街道上人来人往的声音包围着她，耳边有时还会传来轻盈的歌曲：小小的蒲公英，不分南北和东西，轻风吹起就整装出发，迎向那理想的远方，随风飘飞无所畏惧……

　　陈平的梦想很简单。刚入学之际，她最感兴趣的除了功课，还有着让人不可思议的捡拾垃圾的爱好。不论走到哪里，那些遭人丢弃的垃圾在她眼里都是不可多得的宝贝。同学劝说，不听；家人劝说，不听。几乎没有人能够去改变她。她常常会为着一颗弹珠开心几天，为着一个漂亮的瓶子来回炫耀。无论是曲别针还是烟盒，陈平都会从中发现与众不同的可爱与美。这些东西带回家里后，她会精心收拾，安放好或者加以利用，似乎这些东西天生就是等待着她来发现的。班上的同学不解地望着她，但她根本就不会在乎，依然我行我素，陶醉在自己的世界中。

有了捡拾垃圾的技巧和心得，陈平上学路上便多了不可言说的乐趣，她还特地把自己称为"拾荒人"。"拾荒人眼底的垃圾场是一块世界上最妩媚的花园，垃圾虽是一样的垃圾，可是因为面对它的人在经验和艺术的修养上不同，它也会有不同的反应和回报。"

第一章
那时我们还年少

疯牛风波

陈平因捡拾垃圾成痴,便不在乎这臭气熏天中的肮脏了,以至于把自己的开心全部写进了作文中。"拾破烂,不但可以呼吸新鲜的空气,同时又可以大街小巷地游走玩耍,一面工作一面游戏,自由快乐得如同天上的飞鸟。"老师读后是哭笑不得,直接在本子上面重重批下一行字:要拾破烂,现在就可以滚,不必再念书。并要求她重新去写。

陈平看后,内心中顿时生出酸楚,怎么就不可以捡拾垃圾?看来老师真不知道拾破烂人的快乐,于是她又写道:"拾破烂的人愉快的时刻,就是将这些蒙尘的好东西再度发掘出来。"

老师又是一顿光火,再次让她重新去写。

陈平听话地又趴在桌前,用心地写下:"我有一天长大了,希望做一个夏天卖冰棒,冬天卖红薯的街头小贩……一面可以顺便看看,沿街的垃圾箱里,有没有被人丢弃的好东西。"理想可以各不相同,但老师一看到垃圾两个字,便顺手把手中的本子给扔得远远的。他真想把陈平再叫到跟前好好批评,但从一次次的修改中看得出，即便再改，也逃不出垃圾的圈子，他只好叹着气，不解地原谅了这位一直执着于拾垃圾的学生。其实，他也知道自己的能力无法去改变一个人的梦想。

说归说，陈平只要从学校回到家，立即就会沉浸在五花八门的宝贝中。

与同龄人大相径庭的童年，就这么演绎着陈平平淡而神奇的人生故事，让她在懵懂中逐渐增长着对于生命的各种认知。或许那些被人扔弃的各种垃圾，就像是通往这个世界的一个个窗口，她正通过这逐步升级的快乐，来写就属于自己的不寻常故事。

一边拾垃圾一边读书的生活自然有趣，但已经不再局限于看图的陈平，正朝着各种大部头开始进军。随着写作才能的显现，有时她也会天真地问老师，学校教育为何要用如此浅显的知识来骗学生？老师不知道该如何回答。

以书为梦，以梦为马。陈平的学校生活越发有趣起来。但与此同时，还有着太多的意外。

有天她去上学，突然从别处跑出来一头大水牛，径直就朝着陈平冲了过来，孩子们吓得四散开来，一个个抱头鼠窜，恨不得找个地缝立即钻进去。陈平使出吃奶的劲往学校跑，她认为只要到学校就安全了，没想到那牛跟了过来，连校卫们也挡不住。以往平静的学校里突然炸开了锅，所有人都像逃难一样。大家实在不懂陈平如何惹怒了这头疯牛，以至于它拼着性命要追赶到学校。绝望的陈平死的心都有了，因为她实在太害怕，只想立即躲到教室里喘口气。陈平声音嘶哑着只能往前奔，至于书包、便当什么

第一章
那时我们还年少

时候丢的也不知道。"它只盯住我锲而不舍地追,哭都来不及,只是没命地跑,那四只蹄子奔腾着咄咄地拿角来顶——总是在我裙子后面的一点点距离。"好不容易到了教室,随着大门重重地关上,牛被挡在了外面,只留下一声声粗犷的撞击。一想起那情形,陈平就感到后怕。

学校的大广播里也反复在播放着通知,告诫各班要管理好学生,不可以走出教室,更不许来回乱跑。大家面对这头强大的疯牛,唯一能做的就是把门窗死死地关好。

原以为疯牛离开教室,事情就会结束。可没想到那天轮到陈平值日,大家虽然无比害怕,但还是有人发现了教室后面的大水壶是空的,便怂恿着她去水房打开水。无助的陈平神魂不定,在去与不去之间无比纠结。同学们见她站立着纹丝不动,就疯狂地敲着桌子起哄,悲观透顶的情绪让陈平不知所措,然而她又不敢放声哭出来,无奈之下只好蹑手蹑脚走出门去。

长廊上没有一个人,大家只是惊恐地从窗户往外看,都好奇陈平此时要去做什么。陈平也管不了这些,走着走着就拼命朝着厨房跑起来。

这次经历谁也不知道,她是打死也不愿意提起。这个阴影一直在她内心深处,让她不断地害怕、苦恼、黯然神伤。陈平来不及打好热水,就想着赶紧回到教室去。可是空荡荡的楼道安静极了,她本就恐惧不已的心跳得更快,害怕得泪水都流了下来,也不敢用手去擦拭。学校里谁能不怕这头疯牛,连老师都吓得躲在办公室里不敢出来。

都说人之所以悲伤,是因为我们留不住岁月。其实,悲伤是因为我们笑着,却不愿意遗忘无法磨灭的伤害。

校园里静悄悄的,如同以往。其实疯牛已经被驻校的士兵赶到田地里,只是校方并不知道,大家都可怜地躲藏着。所以当陈平起身返回教室时,这静就让她生出了许多担忧。

真是说什么就有什么,陈平越是担心,事情就来得越快。当她提着滚烫的开水走到距离教室不远的地方时,突然听到脑后传来了粗粗的喘气声。"不会是那头牛又跟过来了吧?"她在心里想着,脚步却不由得加快起来。她只感觉路越来越长,似乎永远也走不到尽头,吓得她只得蹲在地上,一只手捂着眼睛,一只手还紧攥着壶不放。

她只感觉有东西在拍她的肩膀,她更是不敢睁眼来看,只是发了疯地大叫着,腿部却没有丝毫的力量。等她偷偷睁开眼睛时,却发现站在面前的不是牛,而是一位和蔼可亲的士兵。"乍一看去透着股蛮牛气,再一看,眼光柔和得明明是个孩童。"

"你要干什么?"陈平问道。

对方却不言语,只是用手比画着。陈平不解,但还是很快用袖子擦去泪水,脸上红一道白一道,花得如同台上唱戏的戏子。

"你是谁?"

那当兵的还是不说话,只是放下身上的水桶,弯腰提起了陈平的水壶,然后又咧开嘴笑着让她走在前面。那一刻她突然明白了,原来他是要帮助自己提水。陈平瞬间就没有了害怕,反而有些开心地起身走到他前面。

第一章
那时我们还年少

其实这些士兵们早早就从南方过来，为了参加每年国庆的阅兵，便分散驻扎在各个学校的教室。最开心的莫过于这些小孩子们，成天跟屁虫一样看军人唱歌比赛、支锅做饭。当兵的经常走南闯北，对小孩子们也是十分喜欢，不时地逗弄他们。刚才冲进校园的那头疯牛，若不是士兵们出手赶走，校园里乱成了一锅粥也说不定。现在有士兵给陈平保驾护航，她心里早就美成了一朵花，故意放慢了走路的步伐，边走边看，不停地炫耀着。当陈平骄傲地走进教室，大家都感到不可思议，尤其是之前让陈平打水的同学，心里简直就是十五个吊桶——七上八下。

后来陈平才知道这位伙夫兵是个哑巴。可她并没有嫌弃，而是十分珍惜人生中这难得的缘分，把他当作自己的好朋友。

没多久后，家里便发现了陈平每天上学去得很早，放学回来特别晚。陈母便暗中去了几回学校，发现了女儿与这位士兵玩得很好。慢慢地，也从女儿嘴中听到了关于这位士兵的消息，她那开心的眸光中，荡漾着无比的温暖与激动。这个年龄的孩子，总会对未知事物充满着好奇，因为无意中结识了哑巴士兵，陈平整个人都在发生着变化，毫不遮掩的热情，几乎让人不敢相信，她就是那冷漠成习惯的陈平。

在哑巴士兵面前，她完全可以施展孩子的天性，又可以用心感受着宠溺。这样的友谊，有时比朋友还要好，比父女还要亲昵。陈平会不时给他带些好吃的，有时还教他写字。他则负责每天的卫生打扫和提水，有时也会送些自己手工制作的玩具。而陈平最享受的莫过于被跷跷板弹在半空的感觉，不仅吸引着其他孩子前来围观，而且哑巴士兵的偏爱让她心中全是骄傲。

这是一段最为开心的时光，无忧无虑，单纯而又美好。那感觉就像是用友情浇灌出的花朵，清香四溢。

接触久了才知道，当年哑巴士兵被抓壮丁时，他的孩子马上就要出生。他当时走在买药回家的路上还想着以后如何如何，却不料被迫来到台湾。他无数次梦中哭泣，却始终无法回到亲人身边。当他看到伶俐聪慧的陈平时，自然而然地起了思乡之情。成为朋友后，他脸上永远都是孩子般的笑容，绝对看不出一丝不快。敏感的陈平又何尝不明白，这样的真诚中有一种毫无保留的热情，与周围的人大为不同。

彼此的交往是开心的，也是快乐的。有天，哑巴士兵送给陈平一枚金戒指。年幼无知的孩子不懂礼物的价格，只是觉着好玩，然而却遭到了老师的反对，他们当面训斥陈平，并让她离哑巴士兵远远的。陈平怎么也不听，结果老师们又找到家长，说士兵一定是另有企图，并把俩人的交往说得不堪入耳。最后只扔下一句狠话，要是发现他们再接触就给记大过。

不是所有的鱼，都生活在同一片海洋。然而老师说出的话，对孩子来说却是一道无法抗拒的圣旨。陈平不解，人和人之间的正常交往，为何会惹得老师们如此大怒？迫于无奈，她只能向世俗低下自己原本高傲的头。那一刻的庸俗，也只有自己明白，她没有一丁点办法。

哑巴士兵很快就感知到这一切，从此便远远地观望着陈平，他脸上没有了笑容，满满的全是落寞。陈平何尝不知道，胆小的

第一章
那时我们还年少

她还得装着视而不见。不是吗？人从来都是这样，对于喜欢的从来不知珍惜，失去后才知道它的可贵。过了没多久，驻在学校里的部队要撤离了。

听到这个消息时，陈平心中顿时变得空荡荡的，不知道如何形容自己的心情。她不停地去以前玩耍过的地方，想要撞见哑巴士兵，可是没有。一次又一次的未果，让陈平变得有些狂躁不安，伤心得只想痛哭一场。

原以为再也不会见到他了，结果却又出乎意料。队伍开拔离开那天，响亮的番号声从操场传到教室。陈平和同学们都不约而同地趴在窗户往外看，外面已经围了一大群人，她不想错过最后的机会，径直拉开门就跑了出去。

她想，一定要和哑巴士兵道别，自己虽然很胆小、很懦弱，但也要让他离开时感到开心。见面的那一刻，真是太多说不出的兴奋，队伍中的哑巴士兵终于笑了，还递给她一包牛肉干和一张写着通信地址的纸条。可是还不待队伍离开，老师就从手中抢走了这些东西，牛肉干被毫不犹豫地扔在一只狗面前，它麻利地用爪子刨开那些食物，没有顾忌地享用起来，尾巴一摇一摆。同时出现在陈平眼前的还有飘散的碎纸条。

"那种不义的羞耻没法跟老师的权威去对抗，那是一种无关任何生活学业的被迫无情。而我，没有办法。"陈平又一次害怕了，她孤独无助地站在操场上，直到见不到一个人。地上全是各种垃圾，在风中肆意翻飞着。没有了阳光的温暖，扑面而来的便全是伤心。陈平的眼泪在眼眶里不停地打着转，好像这个世界本来就这般狂乱。"而这件伤人的事情，积压在内心一生。每每想起，总是难以释然，深责自己当时的懦弱，而且悲不自禁。"

哑巴士兵憨厚的背影远去了，留下的只有无法言说的哀叹。老师的做法，无形中伤及一位孩子的内心，也让她对这个世界有了防范。难道交个朋友也不可以吗？父母是懂她的，却又不知道如何去抚慰她。老师始终沾沾自喜着，还以为用自己的火眼金睛挽救了这个孩子的未来。以至于许多年之后，陈平还在为这件事情耿耿于怀。那位哑巴士兵早已不知去向，她也只能希望他在有生之年能够幸福。

人间的种种美好，就这样被无情地打碎了，就像是洒在地上的颜料盘，永远都在情绪中凌乱。对陈平而言，怀念成了生命中最无能为力的事，让人无法勇敢面对，而必须要面对的上学，却从此成了一种痛。从那时开始，她变得喜欢独处。尤其是每天午饭后，大家都去休息了，而她还会坐在跷跷板上出神。

没有人知道陈平在想什么，反正她少了之前上学时的开心。隐约中她也向母亲提到过不愿上学的话题，说自己每天只要想到出门，就有一种即将死去的感觉。或许是逐渐长大的缘故吧，她用自己的方式在寻求解脱，只是看上去如此漫长而痛苦。

人的一切痛苦，都是源于对自己无能的愤怒。

虽然往事不堪回首，但陈平还是在生活中学着感悟生活。她无法释放内心的压抑，只能将心思全部转移到课外书上。

于是，读书成了逃脱课堂束缚的最好方式，她也开始涉猎起各种读物来，而且永远是那么认真和执着。世俗的固执与无情，

第一章
那时我们还年少

深深地伤害着她,而独特的灵魂却始终在飞翔。这个从三岁开始就喜欢读书的孩子,现在不仅在同学中间是识字最多的人,而且也是同学口中最不可思议的人。

陈平怎么也搞不明白,之前认为的那些简单课程,怎么突然间就变得复杂起来,尤其是数学,永远都是长得稀奇古怪,让人一看就头痛不已。而自己的学习天分,似乎都被语文占有了,只要看到那些词语,她内心就会不由自主地喜欢,不想沉浸其中都不行。每次考试,她也总是喜忧参半,虽然这样的情况影响着陈平的心情,可她还是在同学们的不解中照样看着闲书。

无论如何,读书都是有用的,至少可以从中去明白芸芸众生相,可以满足永远吃不饱的灵魂。读书容易成痴,陈平虽不至于如此,但读起书就会长时间呆坐着不动,连出身于书香门第的父亲也看不惯了,屡次说她:"你这么啃书啃书,将来要做什么?不如去学一技之长。"

说归说,读归读。在陈平看来,能读书也是一技之长。读书,让她与同学的距离越发疏远,让她和生活的距离也越来越远。有时她会为逃避数学教师的眼神而故意逃学。当她躺在舒适的阳光下,悠然读着书中的故事时,才会忘记身边的一切不快。"这就是一切了,这就是一切了。"

书就是陈平的魂魄。读书让陈平感到了满足。

第二章 离经叛道的天才

萌生爱情

学校的生活十分枯燥无味。不喜欢刻板生活的陈平，便始终想着要做些什么事情来满足自己，比如萌芽的爱情。

从某种意义上来说，陈平懵懂的内心是早熟的。那感觉应当等同于蕴藏着快乐和宝藏的垃圾。因为若没有一双慧眼，定然识不得明珠。

早熟，让年幼的她越发喜欢幻想，对男女性别也十分敏感。这一切就像是从泥土中慢慢长出的芽苞，渐渐滋生出孩子们眼中的无比爱恋。

爱恋是有诱惑的。陈平所在的班上有七个如花似玉的女同学，私下里结成了所谓的"七姐妹"组合，常常在一起谈些身边和书中的事，偶尔也会谈及身体的发育。有时也会模仿着大人，说些故作成熟的话题。她最小，便经常在一旁静听。千奇百怪的话题，听得人脸红发烧、心惊胆战。如男女生拉手会不会生小孩？小孩子从石头中怎么出来？

七姐妹在班上玩得很好，让周围的同学很羡慕。这天下午，

第二章
离经叛道的天才

其中的一个姐妹突然收到一张小纸条,而且还不知道是谁夹在书中的。那个时节,纸条是同学间最为直接的联络工具,其中的内容也经常是五花八门,有问讯、有关怀、有鼓励、有探讨,总之不方便当面表达的内容,只需要写在纸条上,折叠或者揉成团,递送到对方手上即可。

起先,收到纸条的那个姐妹还不敢看,生怕有人恶作剧包裹了小虫子,可最后还是没有忍耐住好奇心。当她打开后,脸上顿时忍不住露出笑容。

一笔一画的字迹,整齐地展现在纸条上,让人从中感觉到了对方的用心,感觉到诉之不尽的情愫。

"风沙迷住了我们的双眼,于是我们用心寻找对方。放学后,我们七兄弟在校外池塘边约你们七姐妹,不见不散。"孩子们不厌其烦的游戏,就这样点缀着平淡无奇的生活。那姐妹读了几遍后,带着特有的兴奋,把纸条传给大家看。

"怎么办?"大家几乎不约而同地问道。

几个人私下里七嘴八舌,说到最后总算决定见面。就连素日冷漠的陈平也有了兴趣,她对于见面也充满着好奇和期待。

那天下午的课似乎很漫长,七姐妹都表现得心不在焉,只是盼望着快点放学。终于听到了铃声,几个人便扎堆向校外说笑着奔去。快接近池塘时,大家的脚步却又突然慢了下来,一副不好意思的模样。

池塘被金黄色的秋意包裹着,闪烁出淡而细腻的波纹。水清得可以见底,像一面平镜,似乎要把秀丽的美和无法描摹出的天光云影，全都倒映在其中。水中有鱼虾，时不时地跃出水面，荡起一串串的波光，像是在欢迎这群开心的同学。周围静悄悄的，只有一朵朵绽放的花朵和阵阵蛙鸣。

所有的好心情都因着等待，而所有的坏心情也因着这等待。等待之后却是无尽的失望。所谓的七兄弟根本就没见到，也就是说，原本以为很奇妙的约会失败了。大家垂头丧气，满腹不快，只好怅然回家。

好在时间会把一切抹平，会将一切擦拭如新。七姐妹被扰乱的心虽说做不到从容，但还是很快将这事抛在了脑后。可陈平念念不忘的却是这个过程，毕竟这是一个极其美妙的体验。

学校的生活就是这样千姿百态，既有着快乐，也有着失落；既有着奇妙，也有着迷茫。当人们都向往校园生活的美好时，却常常会忽略掉那些不愿示人的伤心。陈平认为，开心只是暂时的，那些让人头痛的功课却真心让人不快活。她根本不慕世间的风物情长，也不争凡尘的冷暖朝夕。

一个不惧人生悲喜，活着就要纵情的女子，平时却寡言少语，觉得自己永远都不会活到20岁，以至于没有机会穿上丝袜和高跟鞋来秀秀美。这样的沮丧心情，一直在内心澎湃着，尤其是当她见到身边漂亮的女老师飘逸而过时，更是充满强烈的渴望。

这样的忧郁也是一种美，既有着对粉红色诱惑的向往，也有着对女性特有娇媚的畏避。她渴望自己能够变得优秀，拥有不凡的颜值，只是这些都落在了姐姐身上。在她夺目耀眼的光环下，陈平只觉得自己就是一株不起眼的小草，就那么努力地生长着。

第二章
离经叛道的天才

姐姐一直以来学习成绩都很优异,又喜欢表演,最主要的是长相甜美,那双眼睛中饱含纯美,让人一眼看过去就喜欢,所以她向来在学校受人推崇,被称为"白雪公主"。

说实话,能有人这样称呼姐姐,她打心眼里是快乐的,但快乐中又透着说不清楚的酸楚。每个女孩子在这样的年龄段,都会喜欢漂亮的衣裙,喜欢卷卷的秀发,喜欢在人前舒心地表演。陈平自然也是,可她总会因容貌平凡被人遗忘在不起眼的角落。

很快,备受师生欢迎的"校际同乐会"就来到了。大家踊跃报名表演歌舞、话剧等节目,想在舞台上一展身姿,赢得关注。姐姐自是不用担心,老师早就推选她女扮男装,主演《吴凤传》中的吴凤。剧目的主角,自有人群簇拥,陈平几次鼓起勇气也想去报名,可最后都在纠结中无奈放弃。

确实,她怎么也搞不清楚,自己对同学们的眼光为何会如此顾忌,感觉那分明就是一声声嘲笑,一支支利箭,让自己始终痛不欲生。她极不情愿地放弃梦想,旋而又想躲在无人处去读书。这时候,书好似人生的避风港,让受伤的身心得以慢慢痊愈。

姐姐可能是看出了她的难受,就主动推荐妹妹上台去演出。那一刻的心情真是无法形容,她觉得自己就是天底下最幸福的人,排练时,老师并没有给她安排角色,只让她扶着个比自己高许多的道具。道具上面,画着一棵亭亭玉立的树。即便这样,陈平也感到非常高兴,至少实现了自己的梦想。学校的大礼堂里全是高高低低的人头,从台上下来的时候,那种感觉真是妙不可言,连走路都似脚下生了风。说实话,她特别感激姐姐的推荐,能在台上站成一棵树也是别有情趣的。

一棵树就让陈平无端地交了好运,在接下来的《牛伯伯打游击》的排练中,她便愉快地做起了忠实的观众,一边吃着零食,一边看姐姐在台上用心表演,喜悦依然掩盖不住。"牛伯伯"的戏排练得太简单,似乎没有可看的地方,这时台下便会发出阵阵怪异的笑声。她有时也会跟着大声发笑,这发自内心的笑是真诚的、开心的。没想到导演大声叫她到台上来。

"吴凤的妹妹,你是吴凤的妹妹吗?你过来,我为你设计一出戏,赶快过来。"她还在怀疑自己的耳朵,没想到姐姐向着自己不停地招手。陈平吓了一大跳,可她还是犹豫着,不知道是不是在叫自己。

演戏是美好的,既然一棵树都可以演,还有什么不能演的角色呢?所以当导演让陈平演土匪时,她想都没想就答应了。这次的角色也不复杂,就是和另一名"土匪"一起蹲在一块布幔后面,当牛伯伯从旁边经过时,两人就不约而同地跳出来,然后用扫把当枪,大声地喊道:"站住!你要到哪里去?不许动!"接着就用枪顶住那人的后背。

这个动作几乎没有什么可学的,陈平学得很快,没事的时候,她和那名男土匪就一起蹲在幕布后,可是都不说话。其实是谁也不敢先开口。望着那个可爱的光头男生,她起先还只是好奇,好奇导演老师为何会有这样的安排。在那个特殊的时代,男女生之间是不可以讲话的,就算是笑一笑也不行。如果让其他同学发现,不但会疯狂地加以传播,而且很快就会见到墙壁上书写的"某男某女在一起不要脸"之类的话。

每次排练,两个"土匪"就这样在一起。无形之中,这为两人的独处营造了空间。外间很吵,这里却特别的静,静得让两个人的心在不断地靠近着。几次排练之后,陈平心中莫名其妙有了说不出口的感觉。

难道这就是喜欢?陈平不知道。难道是爱?好像也不是。但每次只要分开,她就会急切地盼望着相见,尤其担心的是排练的结束,似乎那是人生最大的伤悲。

演出结束后,偶尔也会见到那个光头男生。他还是那么可爱,浅浅的笑容中带着真诚和憨厚。陈平也有了很多变化,她开始喜欢做梦了,这个梦持续了许久。梦中经常出现的还是那个光头男生,两人站在舞台中央,到处都是耀眼的灯光,两人尽情地飞舞着。梦里是开心的,可现实却总是让人匪夷所思。自从那次表演后,隔壁班的男生总喜欢成群结队来看陈平,嘴里还肆意叫喊着她和"牛伯伯"好的话。这种事竟然也有误解,以至发展到后来,陈平为了平息内心的怒火,也不在乎对方人多少,就直接和站在最前面的男生动起手来。"大堆的脸交错着扑上来,错乱中,一双几乎是在受着极大苦痛而又惊惶的眼神传递过来那么快速的一瞬,我的心,因而尖锐甜蜜地痛了起来。"

少女独有的情怀,花一样地盛开着,虽然娇弱无力,却也迎来了春天的明媚。那眼神虽然只是不经意的一瞬,却让她在脑海中出现了舞台的光头匪兵。陈平不再动手打架,而是用眼神飞快地看了他一眼,转身走了,留下了一堆人惊讶地站在那里。许多年后的同学聚会上，陈平无意中见到了那个光头男孩的照片，他已经变得帅气非凡，只是眉宇间的可爱依然还保持着那时的模样。也就是那刻，她才知道，自己直到现在还将他安放在内心深处，就那么静静地苦思冥想着。

"他顶着一个凸凸凹凹的大光头，显然是仔仔细细被剃头刀刮得发亮的头颅。布幔后面的他，总也有一圈淡青色的微光在顶上时隐时现。"这样的形象深深地烙在她的心底，许久无法忘记。时光荏苒，逝去的是时光，不逝的永远是真情。可以将这样的情愫理解为爱，也可以将这样的接触视为春心萌动，但陈平却深深地明白了这句话：你若不离，我便不弃。

不管这样的想法是如何幼稚，爱需要的都是执着和坚持。谁也不曾想到，一出话剧会生出一场单恋。种在陈平心中的情愫，固执而又单纯地编织着她的梦想。这样的梦想应该是幸福的，可以让她全身心投入其中，以至于在黑暗中还焦灼不安地祈祷：让这个不知道如何钻到心里的男孩，日后成为她的丈夫。

在那一刹那间，他便悄无声息地走进了陈平的心里。只要见到他，世上的一切事情就都忘记了，让人惶恐不安，不知道灵魂究竟去了哪里。这个秘密她对谁都没有提起过，只是在心里任其慢慢发酵着。少女的心被雷电击中一般，她完全处于情感的亢奋中。少女之心在不断燃烧，这虽然只是场独角戏，却始终充溢着浪漫。

学校的生活越发无聊，天还不亮就要到校，昏头昏脑到夜晚才能离去，回家后还要做各种题进行强化。每天周而复始的疲惫

第二章
离经叛道的天才

也就罢了,可老师还要不停地折腾,不时地会抽查每位学生的功课。如果不合格,老师心情好时便一笑了之,心情糟糕时便常常用教鞭抽手心。每天都能通过的人不多,所以差不多每个人手心都有着横横竖竖的血印,陈平自然也不例外。

大家似乎为老师学习着。除了抽打手心外,老师还会想出各种各样的怪方法来体罚大家。

老师会将两个成绩不好的学生叫到一起,径直用手将两颗脑袋撞在一起,只听到"砰"的一声,大家眼前似乎就冒出了一连串的金星来。除了数学,陈平喜欢的语文也经常受到老师指责。有次作文课上,老师就毫无顾忌地当着全班的面读了她的作文。"想到二十岁是那么的遥远,我猜我是活不到穿丝袜的年纪了。那么漫长的等待,是一个没有尽头的隧道,四周没有东西可以触摸,而只是灰色雾气形成的隧道,而我一直踩空,没有地方可以着力,我走不到那个二十岁。"老师越往下读,陈平的脸就越红,她当然也怕挨打,但更要紧的是脸上的难堪。

那篇作文最终的命运是重写,陈平无法接受的却是遭受了老师的嘲笑。从此,她不再偷看这位喜欢穿旗袍的老师,也不再羡慕她穿着丝袜、高跟鞋走过时的唯美和飘逸。

她真实地活着,用敢爱敢恨来表达着自己的梦想。面对诸多无头绪的不开心,陈平能做的唯有埋头读书。用读书来对抗刻板无聊的教育方式,来对抗让人头痛不已的考试,其实还是蛮有用的,至少此时此刻不用那么费脑细胞。

也许消除痛苦的最好办法就是读书了。书中的时光短暂而又美好，还带着不为人理解的哀伤。不管如何，小学生活就这样结束了。对于严重偏科的陈平来说，可以重新换个学习环境；对于老师来说，一个所谓的"低能儿""问题学生"终于送走了。只是没想到的是，陈平却出乎意料地考上了台北省立第一女子中学。

家人们只是忙着开心，却没有发现强烈的孤独感正包围着陈平。烦闷而又沉重的心事，雾霾般环绕着、凝结着，让身体单薄的陈平几乎无法喘过气来。静心回首过去时，她才发现小学生活竟然如此灰暗，尤其被要求考入理想学校的压力，更是让她感觉"有如进入了一层一层安静的重雾，浓密的闷雾里，甚至没有港口传来的船笛声。那是几束黄灯偶尔冲破大气而带来的一种朦胧，照着鬼影般一团团重叠的小孩，孩子们留着后颈被剃青的西瓜皮发型，一群几近半盲的瞎子，伸着手在幽暗中摸索，摸一些并不知名的东西"。

第二章
离经叛道的天才

校园凌辱

如果有来生,要做一棵树,站成永恒,没有悲欢的姿势。现在想来,这定然是她最大的梦想。

一路过关斩将,在经历了血雨腥风的考试后,陈平终于实现了目标。这是她和家人都未曾想到的,原本以为可以长长地喘口气,然而中学生活却要面临着更多压力。好在陈平比较懂事,纵然她心中对学业有万分的不喜欢,也只是把不满一层一层地积压在心底。尤其是面对着老师写在日记本扉页的"陈平同学,前途光明"那行大字时,更犹如大山压顶,只觉着这样的祝福是对自己无情的折磨。

秋风习习,满眼都是收获的景象。结束了悠闲而又自在的假期,即将跨入新学校前,陈平特意站在门前默默地许了个心愿。

新的环境,定会带给人全新的感觉,虽然有些孤独无助,但一个人的生命历程又被更新了。此时,她是紧张的,也是兴奋的,既不知道会不会有更多属于自己的自由,也不知道会面临何种磨难。

新学校新颖别致，让人耳目一新。整齐的建筑如精美的画卷，陪伴着学子们的快乐成长；处处是绿植，幽雅中带着别样的魅力。陈平还没有从新制服带来的欣喜中醒悟过来，便开始在公交车的颠簸中喜欢上了这里的不同。

每天都是按部就班，每天也有着不同的快乐。人生旅途中，陈平尽量把自己的心事包裹着，不让那种孤独和寂寞影响心情。她一如既往地喜欢读书，写作水平提高很快，可其他功课还是停滞不前。这是陈平最为苦恼的心事，一直以来她都觉得自己太笨，无论如何努力，总是没有任何起色。

陈平越发地不喜欢上学了。那感觉仿佛是步入深不见底的隧道中，周围见不到一丝光，只能不停地往前走，看不到任何希望和出口。她真的需要人来帮助她，可是没有一个人知道她在想什么。

学校的生活着实让人压抑，只有每天公交车上还有些乐趣。一个人被人群挤来挤去，反正已经是孤立无援，也便没有了那么多顾虑，恰好这样的时空中，还可以借助左右摇摆来天马行空。对于性格内向的人来说，这绝对是难得的，没有人来打扰，也没有认识的人，虽说身体处于桎梏之中，心灵却绝对是自由的。有时，她也会望着窗外远去的风景，想到已经逝去的小学生活，不由得满是伤感。只有读闲书的乐趣一直保持着，有空时她也会在车上拿出书来读，身体斜斜地靠着司机座位，读到入神处也会不经意撞上栏杆。撞得多了，也就不在意人笑，同时也多了不少经验。这让她想起升学考试前的那段日子，学业十分繁重，成天被

第二章
离经叛道的天才

家人催促着复习功课，但她至少是快乐的，每天都会在课堂上偷偷看各种课外书，也不在乎考试的气氛有多紧张。那年，陈平铁着心读完了《射雕英雄传》，才信心满满地走上了考场。

考试成绩确实出乎意料，而她也认为只是自己幸运罢了。她有时候想，永远都这么幸运该多好啊。

钟摆一样的生活是无趣的，也只有将构思的文字变成作文时，她才会从压抑中感受到一丝的欣慰。这样的感觉，就像黑暗中见到的光亮。陈平从小就有着写作的天赋，读书多了，她的灵魂也就变得丰富起来。老师不时还把她的作文视为范文，有同学听后甚至还会流下泪来。谁也不明白，这个其貌不扬的同学笔下为何竟然可以生出花来。于是，就有不少头痛作文的人私下里来找陈平帮忙。

对陈平而言，这自是与同学亲近的难得机会，她从来不会拒绝。作文方面的出众受人追捧，而数理化等功课便相形见绌了。老师屡次给她机会，可每次月考的成绩总是差强人意。面对让人无法抬起头的成绩，陈平总会难受上好几天，每日里默默地上学，悄无声息地回家。也不知道有过多少次，她都为自己默默地打气，想通过努力追赶超越，可失败总让她无能为力败下阵来。

每个月似乎都过得很快，她还未从上个月的伤心中走出来，当月的月考又不请自到。考试总是让人无奈，她也只有面对，不论是抱持何种心态。然而厄运越发变本加厉，这次月考成绩公布后，让一直都好强的陈平彻底傻眼了。

天啊，竟然会有四门成绩亮了红灯。就在昨天睡觉前，她还对这次考试信心十足，总觉得一定会有所提高，可眼前这状况让人情何以堪？下课铃刚响，同学们就争先恐后跑过来围观，多半都是带着戏谑的心情来的，丝毫不顾及她的心情。

为了不让老师每堂课都批评，陈平还是静下心来思考了自己的现状，痛定思痛之后决定暂时先放弃读课外书的习惯，迎头去恶补让人深恶痛绝的数理化。那些日子里，她早晚都在用功学习，几乎达到了废寝忘食的程度。可在别人不解的眼光中，她的学习成绩还是没有任何起色。

陈平感觉自己就像是随风飘飞的蒲公英，完全不知道会去什么地方。她感觉到自己没有丝毫的控制能力，尤其那无尽的挫败感，从心底不停地生长着，负能量紧密地包裹着全身。三岁那次意外落水时，她只觉得身体像铅块似的往水底坠落，她四处乱抓乱蹬，只想借助外力让身体浮起来，可是没有成功。现在不也是这样么？谁也帮不了她，纵然是燃起无数次的希望，也只是徒生出飞蛾扑火般的无奈。

既然不见起色，陈平又想到了放弃。放弃的方式很多，她选择了逃学，凡是碰到不喜欢的课程，她就找各种借口不去。老师一直以为她家里有事，便睁只眼闭只眼，每次点名都是敷衍了事。家人见她每天早出晚归，便在吃饭穿衣的事上更加操心，却没想到她的心思又放到了课外书上。

偶然一天，她又去书店闲逛，无意间乱翻书时却发现了一个秘密，她当时就差在人群中大声喊叫起来。原来数学老师每次出的考试题，都是从这本书上照抄下来的。一个计划随之从脑海里

第二章
离经叛道的天才

生了出来。她想都没想就掏出了口袋里仅有的零花钱。

众所周知，陈平在同学中记性很好，凡看过的知识只要用心就很难遗忘。自从发现老师的秘密后，她就把那些搞不懂的数学题全死记硬背了下来，然后就等待着老师考试。

几次考试下来，陈平的成绩突然有了很大的转变，每次都是让同学们不可思议的满分。一连六个一百分，但她并没有沾沾自喜，只是默默地在人少处读着闲书。

这的确是个不错的办法，既照顾了脸面和虚荣心，又有时间阅读《今古传奇》《儒林外史》《猎人笔记》等国内外的名著。她狂热地吸收着书中的营养。为了能够读完《红楼梦》，她除了在课堂上读，被窝里读，最后竟然把书藏在裙子里读，读得如醉如痴，读得忘记了自我的存在。"我痴痴地坐着、痴痴地听着，好似老师在很远的地方叫着我的名字，可是我竟没有回答她。老师居然也没有骂我，上来摸摸我的前额，问我：'是不是不舒服？'我默默地摇头，看着她，恍惚地对她笑了一笑。"

读书的地方很多，并不局限于教室和家里。不少时候，她更喜欢坐着公交去墓地。那里特别安静，徐徐阴风伴随着鸟鸣，再也没有人会来干扰她。那些个时日，她差不多把周围的墓地全转了个遍。如阳明山墓地、六张犁墓地，等等。"世上再没有比跟死人做伴更安全的事了，他们都是很温柔的人。"

这样的好日子没有维持多久，数学老师找到了陈平，径直就问这几次考试的事情，她并不相信陈平的解释，而是用讥笑的眼神死死盯着陈平发问，因为她眼里的陈平"本就不是读书的材料"。陈平也很忐忑不安,好在每次都能顺利地隐瞒过去。

老师自是越发生疑,最终还是想出了一个对付她的办法来。有天中午,陈平正打算吃过饭后去操场上发呆,突然班长跑过来传话,说是数学老师叫她有事。陈平突然有种不好的预感,但心中再胆怯,她也加快脚步来到了老师办公室。

"最近学习成绩不错,进步很大,这里有张试卷,老师想测试一下你的真实水平,你要用最快的时间把这些习题演算出来。"老师笑笑说,然后把一张卷子几乎是扔给了陈平,不待她说什么,自己就抱着本小说读了起来。

陈平头上的毛孔中便不断地冒出冷汗来,她也不敢动手去擦拭,赶紧去看试卷上密密麻麻的题目。这一看不要紧,她整个人顿时就呆住了,这全是高年级的试题,看都看不懂,哪里还会做啊?!陈平只感觉后背都湿了,从来没有这么窘迫过。她站也不是,坐又不敢坐,只好用牙咬住笔的后端,再不时地用手挠头。

"对不起,老师,我不会做。"这句话也不知道如何说出口的。说完话后,陈平脸上已经火辣辣地烧,似乎要燃起来,她只想有个地方躲起来。

"不会?还有你不会的?最近不是每次都得满分吗?"老师不依不饶,咄咄逼人地发问,脸上闪现出不易觉察的笑容。那意思很明显,你个小毛孩子竟然还在大人面前玩手段,实在太嫩了些。

陈平不敢回答,她真想说出事情的原委,可是她还是忍住了。

"回教室去。"老师有些不耐烦地摆摆手,转身不再看她。

第二章
离经叛道的天才

就像小偷被抓现行一样，陈平也不知道自己是如何离开办公室的，但她无处可去，只能硬着头皮顺从地去教室，等待着惩罚。想到这些，她的头皮有些发麻，更多的是难为情，但又能有什么好的办法呢？

她从窗户中看着老师从远处逐渐走近时，心跳不断加速，她不知道老师为何还带着墨汁和毛笔。老师径直来到教室，还不容大家有所思考，就大着嗓门说了起来。

"同学们，我们班上有一个同学最喜欢吃鸭蛋，今天老师想再请她吃两个。"这话说得扬扬得意，行云流水，完全就像是按着剧本进行的。

大家面面相觑，东张西望，教室里顿时骚动起来。只有陈平心里明白，此时她也没有了先前的紧张，只是等待着所有该发生的一切。

只见讲台上的老师用粉笔在地上画了个圈，然后点名让陈平站进去。她不紧不慢地站起来，又缓慢地走上前去，那感觉倒像是去从容就义。而老师还面带笑容，将毛笔伸进墨汁瓶中，使劲地摇晃了几下，笔尖立即像流浪汉一样，在美食面前把自己吃得臃肿不堪。谁也没有想到的是，她竟然会用湿淋淋的毛笔，直接在陈平脸上画起来。片刻工夫，一双又大又黑的"熊猫眼"出现了，大家哄笑起来，虽然不明白老师这样做的意图，但是也根本不在乎陈平那墨汁和着泪水往下流的感受。

"不要紧，不痛不痒，只是凉凉而已。"等到大功告成，老师仔细地端详了一会，然后转动陈平的身体，让她公然面对台下。

"你让全班同学看一看。"同学们大为不解,前几次数学考试,陈平每次都是满分啊。整个教室沉静下来,没有任何声音。

本以为这样奚落够了,就可以收场了,没想到这位可恶的老师恶作剧竟然没完没了,她又让陈平站在教室后排的角落去。陈平的心本就脆弱,现在又让老师撕裂开展现在大家面前。每个人的笑声就似尖刀,就这样直直地朝着她刺了过来。她无法躲避,也不能躲避,只能一脸衰相地迎上去。鲜艳的血见了刀子,根本就无能为力,只是顺其自然地流淌。从那时开始,可怕的伤口就没有愈合过,她更加觉得公墓的氛围都要胜过教室千万倍。

下课后,陈平的腿已经僵硬得无法打弯,还没等她离开,同学们便和看大熊猫一样围了上来,指指点点点不停。数学老师也走了过来,陈平想着她该开恩大赦了,然而没有,她只是面部僵硬地说道:"下课了,你活动活动身体,现在就从走廊走出去,绕着学校的操场跑一圈再回来。"

陈平的脑袋嗡的一声就大了,她不知道这位老师为何没完没了地折磨自己。她是如此胆小懦弱,只能无奈地听从老师的话,像个怪物一样硬着头皮走了出去。所有的人都跑过来围观,就像是在看马戏团的小丑。

没有想到生命会有如此悲哀的际遇,她发誓只要出了校门,打死也决不会再步入校园。对于老师的憎恶,现在全部变成了对校园的恨和厌恶,并且每跑一步就深入内心一寸,渐渐全部刻入骨髓中。

操场上全是人,她跑到哪里,人群就自发地跟过去。整个操

第二章
离经叛道的天才

场都轰动了,大家谈论的都是这个饱受羞辱的陈平。中午还是睛空万里,一丝的云朵都不见,现在却是乌云密布,似乎有狂风暴雨要来。老天仿佛很顾及这个小孩的心情,想让她早些结束这无端而起的屈辱。

每一步都是如此沉重,让人死的心思都有了。可是她还得屈从于老师的淫威,一步一步地朝着教室跑回去。这件事是如何结束的,陈平不知道,她只记得到了教室后又是一顿精神刺激,一下午的时间就像是一个世纪,漫长得没有尽头。

无论如何,她还是在老师离开时,用无比幽怨的眼神狠狠地瞪着她看。也不知道那一刻是从哪里来的勇气。

任何花开都有着漫长的等待。正如人们所说的:没有什么毫不费力的成功,也没有横空出世的黑马,也许你看到别人云淡风轻,但那都是他们披荆斩棘、努力奋斗之后的结果。只是当时的陈平并不懂得这些,她只感觉自己这朵正在努力盛放的花,因为老师的打击怆然凋萎了。

父母亲全然不知道女儿所受的这种委屈,只是在面对她的无理要求时感到无助,却又不知该从何处对症下药才好。

当陈平说出不愿再去学校的想法后,家人们都以为那只是生气时的孩子话,过上一阵自然就会烟消云散,却没有想到她的卧室门重重关上后,一扇门就成了一堵厚实的墙。只有在墙壁后面,这只受伤的小动物才会感到安全,才不会因为任何的风吹草动而紧张不已。

长夜痛哭

如果没有这次突然而至的遭遇，陈平眼中的学校生活应该还有些情趣。

压抑的情绪让她无法抬起头来，在同学们眼中，陈平纯粹就是个异类，无论从哪里走过，都会引起人群的围观。这样的感觉让人郁闷，却又无处诉说，她真想和蚕一样，把自己深深包裹在茧子中间。

好多时候，陈平是无法决定自己的。她曾经发誓再也不会去学校，可如今还得硬着头皮朝那只"野兽"走去。路上很少有人主动与她打招呼，而她也刻意不与旁人接触。在这样的境况下，陈平哪里还有心思读书，她琢磨的全是如何应对别人的恶意。

那段时间，陈平死的心思一次又一次地从眼前掠过，想象中那似乎是种解脱，她沉浸其中不能自拔。等父母知道其中原委时，伤心得老泪纵横，几次想去找老师讨个说法，最终都无奈地放弃了，女儿已经受到了伤害，讨个说法又能怎么样呢？作为父亲的陈嗣庆，把女儿紧紧地抱在怀中不愿放开。

第二章
离经叛道的天才

"傻孩子,为什么不说给父母,为什么要自己承受这种压力呢?"他反复地问着陈平。这些天里,他脑子里一直都萦绕着这些事情。

陈平没有吱声,可她从来没想过要让父母出面来解决这些事情。所有的委屈她都可以承受,所有的恐惧她也可以面对。除了对学校的憎恶外,她对谁都表现出漫不经心的状态。

陈平不再希望接触外面的世界,因为只有缩在自己的世界里最安全。她的心理障碍越发严重起来,有时甚至一听到上学,就会昏倒在地而不自知。起先她也有过类似的症状,但那只是不太明显的极端敏感和神经质,绝非现在这般频繁。家人把她送到学校,她一见到桌椅又昏倒了,但送到医院又检查不出原因,一回到家里很快就会变得正常。

陈嗣庆以为女儿在装神弄鬼,耐心地做着思想工作,女儿只是摇头,似乎要把自己与外界隔绝开来。还是母亲理解女儿。"在她的世界里,不能忍受虚假,就是这点求真的个性,使她踏踏实实地活着。也许她的生活、她的遭遇不够完美,但我们确知:她没有逃避她的命运,她勇敢地面对人生。"

很快,陈平就再也不用去台湾省立台北第一女子中学就读了。

父母经过商量,决定让她休学。

她每天把自己关在房子里,很少出门见人。即便见人,也只局限于父母和姐弟。"外界如何的春来秋去,在我,已是全然不想知觉了。"最担心的莫过于亲人了,他们一时半会又找不到好的解决方案,只能静默地守护在一边。做父母的就是这样,倾尽心力地全程陪护着。

无疑，那段日子十分压抑。家里突然少了开心的话题和氛围，大家都要围绕着陈平忙碌，而且谁也不愿触及"学校"二字。休养了一段时间后，父母为了让女儿从寡言少语的自闭中走出来，同时也想让她掌握些知识技能，不要荒废了大好年华，就又转学去了另外一所美国教会学校，可是效果依然不太明显。为了培养她能有些特长，又先后送她去学钢琴、插花等。

这些无奈之举，都饱含着父母的良苦用心。为了让她学琴，一家人都陪在周围，生怕她会有任何不满意。可是面对着黑白琴键时，除了手足无措外，陈平只能无休止地发着呆。父母们一直含着笑，从来不说一句重话，用眼神给她鼓励和期待。

练琴是枯燥的，反复练习让陈平无法接受如此这般的折磨。她眼里蓄满了泪水，随着高低起伏的琴键，一滴一滴地落了下来。

"爸爸，我实在不想学钢琴了。"她一脸无辜，脸色苍白，看起来十分疲惫。

"孩子啊，我们还能为你做些什么呢？"这句话充满着关切，却又饱含着无助。她的泪水哗地流了下来，任谁说也止不住。从小到大，陈嗣庆哪里见到过女儿如此伤心，可又不知如何安慰和劝说。两个人坐在钢琴前面，突然间没有了话语。

也不知道过了多久，父亲开口了："孩子，你还小，必须要学个一技之长。要不学绘画吧，以后还能混口饭吃。"这已经是他的最低要求了，从小到大，这孩子一直给自己出着各种难题。

第二章
离经叛道的天才

陈平机械地点了点头，其实她心里一片混乱。以她的眼光来看，线条色彩和黑白琴键根本没什么区别。但那些请来的老师们却不以为然，如擅长山水的黄君璧，如专攻花鸟的邵幼轩，他们一个个与陈平见过面后，信誓旦旦地打着包票。被逼无奈的她只有面对，什么也不能说，因为她不想让父母伤心。

陈平仍然读书，喜欢沉浸在一个人的世界里。父母开始亲自授课，教她背诵唐诗宋词，教她读英文小说。只想用这样的付出洞开封闭的心房，让阳光照射进去。

但个性十足的陈平仍然无法忍受绘画，她感觉手中握着画笔，始终是种无聊的举动。在她看来，那些线条和色彩，没有任何灵性，甚至在谋杀着一个人的创造力。这难道就是自己要面对的生活吗？她不敢去想，也不愿意去想，只是觉得肉体在大家的关切中渐渐死去。当然，也会有开心的事，那就是在无人院落里，自由自在地滑着旱冰，让那有节奏的声音一点一点填满空虚的内心。

风轻云淡，可以什么都不用去想，就那么随心所欲，她甚至熟练到连眼睛都不用睁开，就可以避开前方的各种障碍。也只有这时候，父母才会隔着玻璃相互对视着苦笑一下，然后轻轻抚摸着对方的手。

她好久都没有这般轻松了，那感觉好像在重庆、南京时的生活状态。

陈平的活动空间越来越窄，只局限于那幢日式的建筑中。有时，她一天也不会出门，即便出了门也只是取些必需的物品，而后就重重地把门关上。

她不理会父母，父母也不敢主动地招惹女儿。大家的相处看似平静，其实都特别疲惫。终于有件意想不到的事情发生了。

这件事之所以会发生，还是因为陈平觉得自己愧对父母的怜爱。她情愿在别人眼中成为不可思议的怪人，也不愿父母一天天地消瘦。于是这天下午，她美美地睡足了觉，然后用准备好的刀片朝着自己的手腕割去。

身边的音乐响着。当那泛着光亮的刀刃，接触到洁白纤细的手臂时，她竟然没有一丝的畏惧，也没有任何的疼痛。刀锋很快就被鲜血浸泡，再也看不到之前的银色。轻快的音乐一直在屋里萦绕着，传入耳中时却时断时续，到后来她就什么也听不见了。只有血在悄无声息地流着，从手臂到床单慢慢地浸染着。阳光下，那血竟像是一幅浓淡相宜的画作。

那一刀下去时，陈平出乎意料地开心，她知道自己会随之解脱，父母也只会痛苦最后一次，然后又会过着习以为常的生活。想到这里时，她身体已经没有了知觉。

窗外的阳光开始变淡，很快就被乌云遮蔽。起风了，风透过窗户将屋里的东西吹得乱七八糟，似乎要吹醒这个轻生的女孩。但是除了凌乱，还是凌乱。

风刚起时，母亲的心思就移到了女儿身上。她放下手中的活，赶紧上楼去查看门窗。门死活推不开，她大声地叫着女儿的名字，用手重重地砸着门，门纹丝不动，只有外面的风雨声在无情地肆虐着。

风雨出奇地大，雨水从窗户的缝隙间流了进来，人几乎就出

第二章
离经叛道的天才

不了门。刚刚到家的陈嗣庆听到楼上的呼叫声,顾不上脱去淋湿的衣服,就三步并作两步上了楼,当她看到妻子披头散发的模样,心里顿时慌乱起来。

"怎么了,怎么了?"他说着把妻子推到一边,用手去开门,却没想到门锁着。

妻子赶紧上前说:"这孩子睡得死沉,不会出什么事吧?"两人一商量,合力用身体把门使劲撞开。

门带着风呼地敞开了。两人就看见女儿柔软地躺在床上。缪进兰快步跑过去,一大片的血立即晕花了她的眼,她随即倒在了地上。

陈嗣庆丝毫不敢迟疑,赶紧上前去掐妻子的人中,然后又赶紧抱起女儿朝楼下跑。

"我命苦的女儿啊",一声长嘶划破天际,很快就消失在了风雨之中。

这个如花似玉的年龄,正是快乐享受生命之际,可谁也不会明白陈平受伤的内心。从孩子送进医院的那刻起,缪进兰一下子就苍老了许多,白发也不留情面地往外直冒。这几年来,她也不知道自己是怎么挺过来的,但她清楚自己再也经不起折腾了。抢救的过程是令人揪心的,空荡荡的楼道看不到尽头,像极了夫妻两个人此时的无助心情。

两个人站在手术室外,一直盯着那扇紧闭不开的门,只盼望着它能早些打开,可是没有。一分一秒的时间累积着,就仿佛压在心口的巨石。缪进兰无法喘过气来,眼泪却不争气地流了下来。

她浑身无力，真担心这会成为与女儿的永别。

浓烈的消毒水味道弥散在空气中，让每一处的寂静都充满着死亡的气息。这样的沉闷中带着无比的凉意，让人心中简直无法看到任何希望。迷雾般的愁绪缭绕着，让这对夫妇无法舒展开紧锁的眉头。眼前的压抑，已经让他们无法再坚持下去。

不幸中的万幸，在医院的及时救治下，陈平总算从死神手里活了下来，然而手腕上却留下了长长的疤痕。难以想象那钻心疼痛的二十八针，是如何一针一针将逝去的灵魂缝合起来的。

"我自己呢，觉得成了家庭的耻辱，社会的罪人，几度硬闯天堂，要先进去坐在上帝的右手旁。"无疑，这样的做法是轻率的，可对于内心孤独的人来说，自暴自弃结束自己的生命，并不是一件多么可怕的事情。所以在睁开眼的那刻，她只是埋怨家人为何要救自己的性命。

望着女儿苍白的脸，所有的怨愤都淡然而去。洁白的床单下，她静默地闭着眼睛，脸上还似乎带着笑容。或许，她突然原谅了自己少不更事的冲动吧？

整个世界是黑色的，却永远闪烁着光，哪怕是内心深处的一丝微光，也为她的生活带来了不易觉察的幸福和满足。这些时日，陈平已经逐渐习惯不与外界接触，成天宅在屋里，地鼠一样见不得光，甚至有丝毫的动静都会让她惊慌地缩在屋子一角，生怕受到任何的伤害。

父亲是懂女儿的，即便当她内心自闭严重到一定程度时，陈嗣庆也没有生出要放弃的念头来。在大女儿的培养上，他也是和

第二章
离经叛道的天才

现在一样付出，只希望自己的骨肉能够凭自己的本领立足于社会。他一直试图给二女儿重新营造一处安全的居所。

陈平的脾气越发乖戾起来，她甚至让家人在门和窗户上加了防护栏，目的只有一个，就是不允许别人来到她的房间。

压抑，让陈家小院的气氛始终凝重。而陈平何尝不懂得父母之心呢？但她更喜欢的是对着玻璃自言自语。除了陈平之外，其他几个孩子也是十分任性，这个要学音乐，那个要学美术。家人们一时也没有好的解决办法，只得任由他们随性发展。

姐姐陈田心最近心里也很烦，按理说她才通过联考，考上了让人羡慕的第二女中，本是一件开心的事，她却由于不喜欢枯燥无味的数学，思前想后还是放弃了就读的念头，最终调剂到了台北师范学校学习音乐。

陈平出院还没多久，姐姐的生日就到来了。接到盛情邀请后，她想了想终没有拒绝。晚会那天，一袭白纱的姐姐在灯光的映照下，感觉就像从童话中走出的公主。朋友和同学都围着姐姐说笑，让以往冷清的小院很快就充满了欢声笑语。在姐姐面前，陈平一直都有着自卑心理。而这个时候，她更是如同被遗忘的小动物，孤立无援地待在无人的角落中，静静地望着这一切。

纯美的音乐、香甜的蛋糕，让她眼前一片温馨。陈平其实很想与大家一起享受这样的快乐，可内心又极力在排斥着。

晚会临近结束的时候，有位帅气的男孩突然起身，他走到门附近坐定后，打开手边的包，用颜料和笔在画板上描画起来。远远看去，那认真的神情仿佛不是在作画，而像是回忆往事。还不待他画毕，已有人陆续围了过来。七嘴八舌的评论中，只见那男孩满意地站起来，对着画仔细端详片刻后走出了人群。周围的人已经有些迫不及待，生怕自己的评价别人听不到。

陈平也想上前去看看，虽然她并不喜欢画画。好不容易等到人散，她才大胆走上前去。当她面对着这张表现细腻逼真的油画作品时，立即被那粗放的表面效果吸引住了，那强烈的色彩像音乐一样，不仅仅彰显着所要表达的内涵，更重要的是让人于不经意中产生情感共鸣。

画面展示出一幅战争厮杀的血腥场景。两队人马手持着兵刃在交锋。以作品稀薄明亮的色彩，在来去自由的涂抹中，呈现出了与众不同的奔放和戏剧冲突。人们似乎可以从画面的整体效果中，感受到人的愤怒、战马的嘶鸣。

意外的画作欣赏，却渐渐为陈平打开了对于绘画的喜爱之心。长时间的自我封闭，使陈平只能从书中感受到外界的唯美和不同。这幅画让她想起了毕加索的《格尔尼卡》，那是陈列在联合国会议大厅里的一幅抽象作品，用黑、白、灰三色表现出了法西斯的野蛮暴行，警醒着所有的人要热爱和平。那次画展，她是跟随堂哥去的，站在画作面前，他滔滔不绝地讲述着精妙的构图，并用绘画的艺术语言形象地表达着画面中的悲伤和痛苦。

陈平从来没有发现自己的堂哥拥有如此丰富的绘画知识，也就是那次以后，凡是书中提到的毕加索的作品，她都会去认真玩味，从中挖掘不同的生命力和美。虽然父亲也为自己介绍了几位出色的美术老师,但他们的作品却始终没有像这样打动自己的心。

这幅油画,让陈平记住了那个男孩叫陈骕。同时,也让她压抑的内心有了翩跹的梦想。那种感觉竟然是如此强烈,就像甜蜜的恋爱一样。

点墨绘情

几笔勾勒似云锦,点墨绘出心中情。

陈平突然间喜欢上了油画。细细端详,每一幅不同的画中都蕴含着画家对于生活的希冀与热爱,她感觉那就是视觉的盛宴,看着看着,从中便悟出了许多生活的道理。

油画会让陈平心动,这是她不曾想到的。但实实在在的是,这些唯美的绘画风格,却深深地打动人心,令人时时感到回味无穷。

"妈妈,我想学油画。"当陈平开口说出自己的需求时,连她自己也有些不敢相信,因为这完全不是自己的做派。当然,更惊诧的还是父母亲了,他们已经好久没有听到这样的请求了。他们看着女儿日渐憔悴不知所措,现在得知女儿想学习油画的想法后,便放下手中的工作不辞辛苦四处打听,最后请到了台湾著名画家顾福生来教授。出身于将军家庭的顾福生是顾祝同的儿子,曾在读书期间与刘国松、韩湘宁等人组成"五月画会",在台湾美术界掀起了一场突破传统的革命性风潮。

第二章
离经叛道的天才

了解到陈平的一些基本情况后，性格耿直的顾老师心怀暖阳，表示乐意收这个大孩子为其门徒，倾其心力教其绘画技艺。但有一点要求让陈家很犯难，就是需要陈平亲自上门学习。

作为家长，他们无法说出女儿有严重的自闭症状。可面对这个难得的机会，他们仿佛抓住了救命的稻草，再也不愿意放弃。

陈平倒是坦然，她最终点头同意了这个要求。一个人待在屋里，她来来回回反复走着，其实也不知道心里在想着什么。那感觉就像漂浮在海面上的稻草，总是徘徊在患得患失之间。现在，总算有人要指引着她走出迷沼，如果再不勇敢抓住最后的机会，那真的就负了所有关爱她的人。

抉择，有时候真的让人特别犯难。对陈平而言，要独自一人去面对陌生人，这简直比登天还要难。但是经过一整天的思考后，她还是下定了决心。

一切看似是风轻云淡，谁也不知陈平内心的风起云涌。当陈平按时出现在泰安街二巷二号的一所宅院前时，她数次想停下脚步转身回去。对于一个受过老师伤害的人来说，除了挺佩服自己的勇气之外，她确实需要重新面对内心中最讨厌，也最畏惧的人。

一路上，陈平都在脑海里反复地想象着顾福生这个人。她同时也下定了决心，只要俩人一言不合便转身就走，才不会管他名气如何。然而当看到满院花红柳绿那刻，她眼前豁然开朗起来，忐忑不安的心情也随之变得平和。遍地是油油的绿，风和着鸟儿的鸣唱，任千姿百态的花儿招摇着。再看去，那庭院在起承转合中全融进了自然，有着"庭院深深深几许，杨柳堆烟，帘幕无重数"的意境。这样的感觉让她很自然地想起了童年的生活来。原来内心无忧无虑,才是生活的最好状态。

"这样精心对待生活的人,为人一定很谦逊温和。"好吧,希望能在这独特的花香中,解除自己以往的自闭和痛苦。这样的感觉似乎像恋爱,"如果人生有什么叫作一见钟情的,那一霎间,的确经历过"。

这样的喜欢发乎内心,最终要让陈平的命运发生改变。从现在开始,一个从未谋面的人要将她从地狱中拯救出来。

学习任何一门艺术都要花费心血,绘画自然也是。顾老师从开始授课那天起,几乎就是手把手地教着,想用绘画来打开陈平封闭已久的灵魂。这样的感觉非常温暖,雨丝一般丝丝浸入内心,让她消除掉内心的苦痛。

想想也是,当上帝关了所有门的时候,一定会给人留扇窗的。起先让人发愁的每周两次上课,从此便成了期盼,如同孩子盼望新衣服一样。在握住画笔的瞬间,她带着对于艺术的认知,暗自下决心不再半途而废了。

顾福生是位有涵养修为的人,他的亲切和关爱让陈平十分受用,尤其是那充满着爱意的眼神,每一次对眸都会让她生出诸多的希望来。

当陈平逐渐爱上这里的教学环境时,她却再次碰到了难题。那就是并没有任何绘画天赋的她,经过一段时间的学习之后,始终掌握不好绘画的技巧,她屡次试着说服自己,最终还是心生懈怠,潜伏已久的逃避之心又蠢蠢欲动,她不敢面对眼前的困难。

第二章
离经叛道的天才

那是人生最为荒凉的几年,她始终蛰伏在自己的小空间中,惶恐不安地透着玻璃看着外面。那情形就像是维基解密创始人阿桑奇,七年来一直藏身于厄而瓜多驻英国大使馆的一幢房屋中,寸步不敢离开,只能透过窗帘的缝隙窥望。那种感觉痛苦难耐,但又没有任何好的办法。

顾老师很快就看出了她的忧郁,主动开导她:"没什么,你这样有天赋的孩子,虽然素描画得不怎么好,但老师知道你已经很用心了。"

这样安慰的话语似父母,更似好朋友。陈平突然就从心间涌起了安全感、满足感:"老师,我实在学不会,请你原谅。"陈平低着头,极其不自然地说着话,不知道如何表达才好。

顾福生似乎洞明一切,只是用手轻轻地抚摸着她的头,带领她来到了另一间水粉画室。自然,这又是另一个唯美世界,处处都在撞击着陈平幼小的灵魂。

在老师的热心帮助下,陈平又重新生出希望。

学习绘画之余,顾福生更是不断发掘着她的其他潜能,进一步唤醒她对于生活的自信。当他发现面前这孩子喜欢读书写作时,便鼓励她没事时写些文章,同时还推荐她阅读《现代文学》《笔汇》等杂志。这样的教学方式是独特的,也让陈平越发喜欢起他来。

随着画作水平的提高,陈平的文字功底也有长足进展。她开朗起来。只要有作品,无论是画作还是文字习作,她都会一一拿给老师。顾老师也是来者不拒,悉心帮助,指导着她不断成长。

又是阳光明媚的一天,陈平背着书包来到顾老师家上课,手中还提了母亲做的小食品。走在路上,她就感觉到阳光暖暖地打在身上,心中无端地喜悦。这些吃食是她的最爱,现在全部都要带给最亲爱的老师。

"老师今天也要给你个礼物。你猜猜是什么?"顾福生故作高深状,双手背在后面。

陈平脑袋里快速地运转着,突然有种被保护的感觉。她想,如果天下的老师都和顾福生一样该多好,真想永远跟着他学习画画。

"我实在猜不出来。"

"送你一本杂志。"此前,顾老师也经常给自己推荐好看的杂志。接过杂志,她便认真翻阅起目录来。

天啊,天下竟然还有另一个叫陈平的人。她差些惊讶地叫出口来。于是,便快速翻动书页,找到了这个陈平的文章。不看不要紧,细看后就觉得身上沁出细密的汗珠来。这篇散文《惑》竟然和自己写得如此雷同,莫非是对方抄袭了?

抬头看老师时,他正背着手笑吟吟地看着自己。陈平有些不好意思,脸上漾起一片红晕来。

"恭喜你,经过努力要成为作家了。"

"我能成为作家吗?不可能的,这才不是我。"她说罢又认真地翻阅起来。读了一遍又一遍之后,陈平才认定这真是自己的文章,便心生喜欢地把书一合,紧紧地拥抱在怀中,仿佛害怕丢掉。

第二章
离经叛道的天才

泪水轻轻地流了下来，陈平好久没有这样幸福了。这几年间，她仿佛生活在人间炼狱，没有欢笑，没有朋友，几乎就像僵尸一样。她实在是忍不住喜悦，要赶紧把这个好消息告诉给家人。

顾福生更似传道人，用自己的方式唤醒陈平，希望她能够好好享受人生，并学有所长。逐渐自信的陈平，也不知道何时已经把顾家视为天堂。总之，她爱这里的一切，包括老师。虽然年纪不大，可她还是明白什么是爱，尤其见了老师后她总是喜欢不由自主地撒娇，心情总是异常地好。有时候，她也会反感他对自己的称谓，有次竟然面对着老师的背影，发出了慨叹："心爱的老师，你为什么不等我长到和你一样大呢？"

有了自信，她也敢出门了，有时也会随父母到外边走走。这一切都让她的心情变得愉悦起来。她甚至连平日里喜欢的灰色也开始抛弃，换成了艳艳的红色。

"是啊，这才是我喜欢的色彩。"想到这里时，她总会开心地笑起来。有一次，母亲带着陈平和姐姐去皮鞋厂定做皮鞋。轮到她选择颜色时，妈妈没有丝毫犹豫就帮她选了灰色系，然而陈平却出人意料地笑着回绝了。

"妈妈，你就想让女儿一直做灰姑娘啊？"一句话让缪进兰说不出话来。

她回过神来，才欣喜地说道："孩子，妈妈何尝不希望你做公主啊。只要你喜欢，你要什么妈妈就买什么。"

"那就这个颜色吧！"她有些不好意思，自己也为这样的选择感到吃惊。

"红色？你确定？"母亲实在不敢相信。

当那双耀眼的红皮鞋穿在脚上时，陈平真是恍若在梦中。"那是我第一双粗跟皮鞋，也是我从自己藏着的世界里心甘情愿地迈出来的第一步，直到现在回想起来，好似还在幽暗而寂寞的光线里神秘地发着温柔的霞光。"

只是这种幸福的日子没有过上多久，陈平得到了一个从来没想过的消息，顾老师要离开台北去巴黎定居。这个消息不亚于晴天霹雳，让她内心刺痛。刚刚开启的心锁，感觉又要重新关闭。

"老师真的要走吗？你要走了我该怎么办？"她傻傻问着老师。

"傻姑娘，好好学，我还会给你介绍老师的。"

随着作品在杂志上发表，陈平的世界开始变得五彩斑斓起来，至少她有了前进的目标。而顾老师的尽力授课，以及亦师亦友的帮助提携，都让她重温着从前的美好。

当顾福生见到那双红色的皮鞋时，立即投来了赞许的眼光，而且不吝赞美。一次次的鼓励，渐渐增长了她的信心，也让陈平开始对自己的着装打扮和容貌关心起来。

拂去了许久的压抑，少女的娇美就仿佛沙砾中的金子、雕琢的玉件，很快就焕发出了别样的美。纯真无邪的笑容，明净如天际的内心，深刻而有层次的优雅，都在尽情绽放，那感觉让人舒适惬意，优雅浪漫。

只是随着顾福生的离去，这样的美又让谁来欣赏呢？至少在她的内心中，所有的美好就是为老师而来的。离开前，他将这个

第二章
离经叛道的天才

爱写作的学生又郑重其事地托付给了好朋友韩湘宁。

到了送别那天，陈平思前想后还是来到了码头。人虽然不多，但望着"越南号"游轮的逐渐远去，她还是感到十分难过和不舍。那种离别的痛苦感觉从心底而起，根本就由不得人去控制，越是想止住泪水，结果反而越是泪流满面。十个月凝结起的情感，就让滔滔的海水荡涤着远去了。当年那位哑巴伙夫的形象又出现在眼前，那时她也是如此恋恋不舍，他挥手远去的形象始终留在脑海，怎么也抹不去。

人生是无法看透的。即便你看清了这件事，其实也未必能懂这件事。对于陈平而言，她不想永远生活在寒冷和痛苦中，不想无望地生活。她唯一能做的就是从追忆中走出来。

师从韩老师以后，陈平明显感觉到了青年身上活泼的气息。这位老师喜欢白色衬衣，无论春夏秋冬。"夏日炎热的烈阳下，雪白的一身打扮，怎么也不能再将他泼上颜色。"在她眼中，这个人是特别的，不仅与顾老师的生活习惯大不同，作品的风格也迥然不同。好在她只是认真学习画画，其他方面也没有太多想法。

一切又要重新开始。即便这样，好多时候她还是会将眼前的老师想象成顾福生，尤其是他淡漠而精致的面容，时时让陈平感受到别样的温暖。顾福生的离去，让她觉得好像少了些什么。眼睛？耳朵？她无法说清楚。一段时间里，她就如同染上了毒瘾般无法自拔，以至于心生绝望。确实如此，那段时间的变化也太快了些。没多久，她又成了艺术家彭万墀的学生。每个人都在按自己的节奏生活，只有陈平在不断地适应着。

画画的日子是开心的，至少可以用爱冲淡心中的冷漠。不论是温暖的顾福生，还是热情的韩湘宁，或者是执着的彭万墀，都让陈平在艺术之路上越发自信起来。与此同时，这些人也在自己的专业领域，以不凡的才华向这位学生证明了自己的实力。

心有山海，静而无边。总之一切都在变化着。这枝久居在温室里的小花，也要开始面对外界的风雨了。著名作家白先勇，也是顾福生的好友，一直在尽心尽力地照顾着陈平。她平日里除了画画，还坚持写作，从起先的模仿，到后来的天马行空，她一直都在用心揣摩。

画画和写作，可谓相得益彰。画画是外界的摹写，写作便是内心的感受，细细品味，都充满着乐趣。也是，一个人独处得久了，自然会喜欢上这般自言自语的写作。在白先生的精心扶持下，陈平先后又有不少作品得以发表。

也正是有了这样的老师，才让陈平以后在文学道路上走得更远而坚定。自信的增长，让陈平不见天日的生活渐然有了曙光。以至于好多年后，她的文字中依然充满感激。"当年的那间画室，将一个不愿开口，不会走路，也不能握笔，更不关心自己是否美丽的少年，滋润灌溉成了夏日的第一朵玫瑰。"

第二章
离经叛道的天才

文字精神

多年以后,面对着这厚厚的一堆作品时,被称为三毛的陈平,已经成为全世界华人心中的偶像。面对鲜花和赞誉,她总是无法忘记那个激动人心的下午。那时的自己,还沉醉于油画的学习中,一周两天的课程始终让她充满着期盼。

这天,白先勇先生突然前来拜访。和陈家一样,他也住在松江路上。见到白先生带着笑意的面容时,陈平更多的是意外。

白先生也直接,开门见山就说:"没想到我们还是邻居呢。我们《现代文学》杂志准备举行文学联谊会,不知道你是否有兴趣啊。"

对于文学爱好者来说,这简直是天上掉下的馅饼,不要说是想不想,就是听都很少听到。而且这本杂志在台北的影响不小,她自然是求之不得。父母在一边不停地为女儿递话,可陈平偏偏不知如何决定。对于意外而至的喜讯,有顾忌是难免的,尤其像她这样的孩子,更有着太多考虑。

白先生端起茶杯淡淡地喝了两口,脸上的笑容始终没少,他关切地看着陈平，用眼神鼓励着她。这样的形象，突然让她想起了似乎在哪里见过白先生。对了，曾经有过几次，她趴在窗户边发呆时，白先生就从窗前走过，走向那片长满荒草的小路去散步。以前不认识，后来才知道这位让人羡慕的《现代文学》杂志主编，竟然与自己有不少无法说清的缘分。

"嗯嗯，我想去。"陈平不负众望，依然是低着头回答。只有父母知道，女儿鼓足勇气做出的这个决定极不容易。其实，之所以会这样，首先是白先勇受朋友嘱托，其次是因为他七岁时，因为诊断出传染性的肺结核，从此不能再去学校。这样的际遇和陈平有着太多类似，以至于让他生出惺惺相惜的感觉来。

似乎是心情一好，好运也会接踵而至。

联谊会结束没多久，又来了一位叫陈若曦的作家朋友登门造访。

两人认识，皆因白先生的介绍。她闲暇之余偶尔会顺道过来探望陈平。与陈若曦的干练泼辣相比，陈平更多了一份柔软和犹豫。

"一个人待太久，就会把自己封闭起来的，这么好的季节，莫要辜负了春光。"陈若曦神采奕奕地说道。看得出来，她最近也在尽情感受着大自然的风光。

陈平并没有接话茬，只是避重就轻地说着无关紧要的话。她也不懂该如何回答才好。

"听说台北的文化学院在招生，你有没有想法？"

"上学还是算了。"内心的紧张，让她听到上学两字时就浑身起了鸡皮疙瘩。

"其实是可以考虑考虑的，每个人都得学着从恐惧中努力走

第二章
离经叛道的天才

出来。如果想去尝试的话,可以联系一下创办人张其昀先生。"听到尝试,陈平又想到了顾福生,若不是他将自己从地狱中解救出来,那她至今还在那间小屋中自闭呢。

"我试试。"说这话时,她的感觉更似当初发表文章一样,自信而欢欣。

送别陈若曦后,陈平稍做思考便写下一封长信给张其昀先生。这信中既有自己的梦想,也如实写下了少年失学的经历,目的只有一个,那就是请求成全向学之志。为让字句读起来更美,她费心想着书中的词语,几易其稿后终于投入邮箱。面对着远处的蓝天白云,陈平舒展了一下身体,长长地吐了口气,然后头也不回地走了。她心里想得很明白,结果如何,不是她来考虑的。

张其昀先生很快亲笔回函:"陈平同学,即刻来校报到注册。"虽然只有区区一行字,但对于陈平而言,这无疑打开了一个新的世界。

是啊,也该有所变化了,成天只沉迷于读书、写作、画画的生活,似乎还是少了些什么。见张其昀先生那天,陈平还是精心收拾了一番,鲜艳的衣着,灿烂的笑容,而且还专门收集了发表的文章和那些自己满意的画作。从某种程度上来说,这些作品足以证明自己的能力,这也增强了她的勇气。

这样的社交,在陈平的记忆中并不多,出乎意料的是两人谈得十分投机,临分手之际,张先生郑重其事地向眼前这个机灵的孩子建议:"从你的谈吐和经历来看,你更适合报文学或者美术专业深造。"

"嗯，我到底报文学还是美术呢？"陈平自言自语。面试没有任何压力，而且还可以自由选报专业，幸福实在是来得太快了些。

"没事的孩子，你可以好好想想。"张先生一边说，一边又重新翻看她带来的作品。

"张先生，请问可以报哲学吗？"

"哲学？你读哲学吗？好吧。"张其昀带着疑惑，满腹不解地盯着她看，始终没明白这古怪精灵的心思。

面对着申请单，陈平在院系一栏工工整整地写了"哲学系"。

"谢谢张先生，我选择了就不会后悔的。"这话一说出口，她才想起自己辍学已有七个年头了。

文化学院创建于1962年，原名远东大学，后改名为文化学院。校本部位于阳明山华冈，毗连国家公园，是张其昀为纪念文化学院奠基人柳冀谋而创办的。

步入校园，眼前又是一片开阔。到处是中国宫殿式的建筑。如果不是从小就保持着这副淡定状，陈平定会情不自禁地跳起来，因为她脑海中早就浮现出两个字来：喜欢。

这个词的出现，无疑代表着渴望和自我救赎，原来每个人都不愿意放弃自己。

现在看来，校园确实可以让人放松紧张的心情，从回归校园的第一天起，陈平已经在学着忘记过去的一切，把心思全都投入了全新的历程。她知道，所有关心和爱护她的人都在用心凝望、祝福。令人心旷神怡的环境，不时地在陈平心中激起朵朵晶莹的浪花来，让她努力从以前的单调乏味中走出来，从让人无法喘过

第二章
离经叛道的天才

气的压抑中走出来。

眼前的这一切都是新的,甚至连选择的哲学专业也是新的,她没有任何理由就喜欢上了。谈到哲学,陈平认为"之所以选择哲学,是因为想知道人活着是为了什么",这是一个古老的命题,皆因为七年来,她始终无法从人为的伤害中走出来,所以才想从哲学中去探寻解决的办法,去追求一个有意义的人生。

回首以往的岁月,那些充满着绝望的每一天里,与之相伴的是孤单、无助,没有人可以接近她,自然也很少有人能帮助她。她的天空永远都是阴暗的,根本就无法看清楚蓝天白云。这样的人生似乎活在黑暗中,穿行在伸手不见五指的森林中,连哀求也无法喊出声来。

当她面对眼前这一切的美好时,定然不会留恋悲伤、忧郁的色彩,所有那些又怎能与花红柳绿的鲜活相比较呢?现在还有哲学在引导着她,在学海中寻找与生命有关的答案。为找到适合自己的答案,她孜孜不倦地伏身在书海中,用忘我的阅读来摆脱身边的一切。她也明白自己耽误太久了,岂敢轻易放过一分一秒的努力?

同学们都不知道这位插班生的背景,可都喜欢这位身材高挑的女生。她说话柔声细气,做事冷静,始终有着一颗安静平和的心。尤其是那双眼睛,更是透着渴望、澄净,就像一条细水长流的河,缓慢且让人看不到源头。

陈平的踏实和聪慧,很快就赢得了同学们的喜爱。大家都喜欢与她接触,谈论各种各样的话题,他们也发现,陈平在任何问题中都有自己独特的思考。当然，大家接触的只是表象的陈平，随着关系越发亲近，同学们知道她的写作和绘画方面的特长时，便又变得有些忌惮。虽然都是大学生，但这样逼人的才华还是让人有着无形的压力。

上小学和中学时，不论学业多么繁重，陈平对于课外书的钟爱尽人皆知。她下课看，上课也看，反正是想尽一切办法来满足自己。当然，这样做也是有利有弊，虽然极大地丰富了知识，却也耽误了本该抓牢的专业基础。

吃过亏、受过挫之后，当她重新回到校园，还是对学习时间进行了划分。不管内心如何难耐，上课时只能用心听讲，课外才会去静心享受读书的快乐。由于长时间脱离学校教育，单调的家庭授课让陈平在传统文化方面的积淀，较其他同学厚实很多，但在接受老师系统的理论体系时就非常困难。这也是她十分苦恼的地方。

沉静是大家对于陈平的评价，但实际上她根本无法做到有条不紊、理智稳健。她此时更多的是迷茫，这并非表面的彷徨，而是纠结在内心的疼痛，让她面对学业时不知所措，真心害怕又回归到此前的老路上。说实话，她真心不愿意再披上自闭症的硬壳。

考试很快来临了。

陈平对此也很期待，她既想检验一下所学的专业知识，同时也很害怕，担心再出现中学时不及格的那种场景。但考试往往只有两种结果。所以当卷子收走后，同学们都开始讨论时，她却呆呆地站在楼道无人处，不知道该去想些什么。风吹在身上，不远

第二章
离经叛道的天才

处的树也跟着摇摆起来，用飞舞的姿态映衬着宫殿一样的建筑。

不管愿不愿意，考卷很快就发下来了。陈平和老师同时都感到了不可思议，大学语文她竟然也会挂科。冷冰冰的分数，完全就像个小丑的脸，在冷讽、在讥笑。伤心自是难免的，可又有什么好的办法呢？到了大学，再也没有同学前来围观分数，但自己心里毕竟梗得慌。

为备战此次考试，陈平提早着手，不舍昼夜地用功复习，老师对于她的勤奋好学也是看在眼里，然而分数应该是公平的，至少在这个时候。

"陈平，你平时学习很认真，是不是没有发挥好？"

"老师，我不喜欢考试，也害怕考试……"她没有多少话说，老师听后也感到了无奈。是啊，学生害怕考试似乎天经地义，但这怎么能作为理由呢？

"那就给你一次机会重考，希望你抓住机会。"老师说完起身要走。

"老师，能不能不用考试这个法子？"她声音不大，但言语却很真诚。

"不考试？怎么检测你的学习呢？别想其他主意了，快去复习吧。"

"老师，能不能写一篇作文替代？"陈平自知考试通过无望，只能抱希望于这唯一的要求了。

她的请求让老师一时无法回答。老师仔细地端详了她一会儿，还是点了点头。

"如果作文都不及格，这次考试我也无能为力了。"自始至终，老师表现得都很和蔼，没有丝毫的怨气。如果要说有想法，那就是她没搞明白问题到底出在哪里。

陈平用两天的时间完成了作文，细心誊写之后，心怀忐忑地交给了老师。说是作文，其实更像故事，写了主人公不幸的童年和凄美的爱情。这个故事中既有对于未来的向往，也有对于现世的恐惧，尤其是青春期的那份悸动，更是让人从中读出了时光的美好。大一的学生能有这样唯美的文笔，这是老师不曾想到的，细思之后还是选择了信任。

信任着实让人幸福。老师又在灯光下重新读了一遍，这次读出了感情，也突然让自己泪流满面。这哪里是批改学生作文，感觉完全是在阅读感人至深的小说。文修其心，文塑其人，文造其魂。她一下子就通过文章喜欢上了陈平，从此也知道了这位心思细腻的学生，虽然对书本上的知识掌握不好，但在传统文化知识的理解上完全胜于他人。

第二天的课堂上，老师用心地诵读了这篇范文，并让学生们谈了自己的感受。大家发言非常踊跃，只有陈平不解，不懂老师这样做要干什么。到了最后，老师含笑叫起陈平，让她也说一说对于这篇文章的感受。能说些什么呢？不过就是一篇应付考试的作文。陈平有些木讷，话也说得不多。同学们都没有料到这篇文章的作者会是她。

"同学们，这篇文章是陈平同学写的。我读了几遍，也为其中的不幸流泪了……"

第二章
离经叛道的天才

用心写成的作文，让她保住了学业，也让她和老师成为无话不说的朋友。经历过这次机遇，她又重新舒展眉头，开始面对快乐的大学生活。没有了压力，她更像一株小草，在舒适的环境中生长着。有时候她也后悔此前的那种生活方式，让原本就不易的人生白白浪费。

阳明山上风轻云淡，陈平每日里忙忙碌碌地读书、写作、学习。要说她最喜欢的事情，莫过于站在高处看来往如织的人流，他们和云彩一样迷人眼目，和蒲公英一样追逐着阳光的影子。看着看着，就感觉那些人是绽放的花瓣，一瓣瓣都闪烁着不同的灵魂。

风起，花飞；风止，入尘。

谁也没有办法阻止两朵花瓣的相逢。纵是天涯遥遥，有缘也会灵魂相通。陈平有颗敏感的心，之所以喜欢遥望，是因为风中飘来的气息让她动心了。

动心是正常的，青春期的男女，谁不是见了花开就感叹，见到落雨就联想。只是陈平才拂去内心的阴云不久，却又迎来了让人措手不及的这份情感，她能够承受得起吗？

第三章 春来人间草木知

尔雅风流

每个人心里,似乎都有着深爱,就像是纤细的琴弦,只要轻轻拨动,就会奏出优美的旋律来。那种感觉,始终牵动着每一处神经,时时在心间荡漾着,任万千思绪涌上心头。

触动陈平的那个人叫舒凡,是这所学院里上一级戏剧系的学生。未曾见到此人前,只是听说过他在文学方面很有才华,曾经出版过两本作品集,于是便在好奇中找来阅读,却没想到一下子便陷入那温柔而不失风度的文字中。同样的爱情故事,他竟然可以写得如此美好,让人无法把他与学生的身份联系起来。

在唯美文字的催促下,她越发想了解这个男生。

真正见到舒凡时,陈平大为震惊和感动。清秀中有着帅气,白皙中又带着风流,温文尔雅,风度翩翩。当过兵,做过小学老师,这些优于他人的经历,让他在同学中间表现得格外高冷。好多女生开口闭口就是舒凡,以认识和谈论他为荣耀。然而这个男生却始终不去理会这些情感的事,只是专心地做自己的事情,很快就出版了两部作品。

第三章
春来人间草木知

所有这些，都让陈平怦然心动，说不清楚是感动还是羡慕，反正她只想扑上去，像飞蛾奋不顾身扑向火光一样。敏感的陈平也知道，心中那个匪兵甲根本没有远去，这些年来他始终潜藏在自己的心底，现在也只不过换了个外在的形象而已。

舒凡是梁光明的笔名。人帅，没想到起个笔名也让人联想翩翩。不断琢磨着这个名字的意义，她却有种无法控制的感觉，那就是"我这一生所没有交付出来的一种除了父母、手足之情之外的另一种感情，就很固执地全部交给了他"。当然，臆想只是自己的一厢情愿，她的这些想法，对方根本就不知道。他每天按照轨迹运行着，再说身边有那么多想表现的女孩子，朴实无华的陈平又怎么会引起他的注意呢？

没什么，对于一个人的崇拜和仰望就是这样，陈平也是这样认为的。"对这个男孩，如同耶稣的门徒跟从耶稣一样，他走到哪里我跟到哪里。他有课，我跟在教室后面旁听；他进小面馆吃面条，我也进去坐在后面。这样跟了三四个月，其实两个人都已经面熟了，可是他始终没有采取任何行动。我的心第一次受到爱情的煎熬。"

现在来看这样的做法，确实不可思议，尤其是发生在个性十足的陈平身上。然而爱情却似狂风暴雨，只要来了谁也阻挡不了。只是陈平也和其他人一样，根本就无法动摇舒凡桀骜不驯的心。虽然有着说不出口的彻骨之痛，但陈平也会不时地安慰自己，一个男人没有一身桀骜不驯的傲骨，又何以彰显个性霸气的人生呢？女生们之所以迷恋舒凡，不就是因为这些魅力吗？他的人生哲理很简单，就是不去刻意讨好和恭维。

要是以前，这样的挫折早就让陈平死心了，但自从来到学院后，她心情逐渐好转，现在她执意要用自己的方式打动眼前这个才子，就像中了魔一样，渴望能有一场轰轰烈烈的恋爱。

其实在十六岁时，陈平就曾有过这样的感觉。有个住在同条街道的男孩，也不知道怎么就喜欢上了她，每天都会在暗中偷偷看她。去了香港上大学后，男孩每周都会坚持给她写信，也不在乎她是否回复。陈平当时只是觉得这人很无聊，从来不会予以理睬。等到后来在巷子中见到那男孩徘徊不定的模样时，才懂得了人一旦陷入情感总是难以自拔。

这样的情感是纯粹的，就如同陈平现在愿意为舒凡无私奉献一切，明明知道不会有任何收效，却还是要执意沿着这条路走下去。

时间一天天地流逝着，她也几乎用尽了办法，然而得到的只有绝望。她已经深深地爱上了这个王子一样的男孩，在荷尔蒙的促使下，她一次又一次地用臆想欺骗着自己。

假如哭泣能够打动一个人的心，那么她愿意为此流尽泪水。深夜里，她独自一人默默深陷在悲痛中，却又无可奈何。这个时候，她颓废得想要退缩，想像刺猬一样蜷缩在安全的角落里疗伤。

就在这时候，陈平意外收到了几本杂志寄来的稿费。一种喜悦感又由心而起，她忍不住约了几位同学聚餐，当时最想约他，却又不知道如何开口。

说是同学聚会，可她的心思全然不在这里。酒一杯杯地喝着，她却感觉不到任何味道，心里只希望那个人能够突然出现在眼前。

第三章
春来人间草木知

童话里的故事永远都是那么美，王子通常都会出现在聚会结束时，然后搂着公主开始翩翩起舞。

这一切就像是童话，他真的出现了。大老远就有人喊他的名字，陈平听到后，赶紧喝了一口米酒，压住心脏的狂跳。等他走近，陈平立即起身给他倒了杯酒，还不敢表现出惊喜来。舒凡接过酒杯仰头就喝了个精光，然后又和其他同学说笑去了，只留下她傻傻地站在原地。

不自信的念头又一次漾了出来。凉风吹在身上，似乎有些冷，冷得让人想哭，可是她还是忍住没让自己当众哭出来。既然他已经来了，就不可以错过这个接触的绝佳机会。瞬间之后，她竟然又重新换上了一副笑脸，心想今天自己是这个聚会的主人，怎么也得尽个地主之谊吧？于是她又凑了上去，结果他又巧妙地避开了。

等到聚会结束，陈平都没有实现愿望，心中的酸涩实在无法言表。同学们一个个散去，徒留一片狼藉。她愤愤而去，才走到宿舍楼下，却又心事重重地转身走向操场，仿佛冥冥中有人在召唤。

依稀有些月光，星星点点的操场上却见不到人影。虫子在鸣叫，欢快地庆祝着黑夜的到来。酒后的心情依旧不能平静，难道是夜的暧昧渲染了此时的情绪？陈平一个人在夜色中走着，任月光碎片洒在身上。所有的喧嚣都远去了，难得有如此静的机会供自己享受。好久没有这么心平气和地走路了，自从有了认识舒凡的想法后，相思已经占据了生命的全部。突然间，她不明白这样做到底值不值得。

痴心一片，却换不来丁点的怜悯和施舍。这难道就是爱情吗？不知从何时开始，高傲的陈平不见了，她卑微得只能去祈求喜欢的人。想着这些的时候，她更喜欢低头走路，虽然很慢，但还是感觉撞到了什么。等她从冥思苦想中抬起头来，影影绰绰中出现了他的模样。

她用力擦了擦眼，嘴中还是喊出日夜都在呼唤的名字。

"舒凡？舒凡！"

对方并没有应声，陈平又一次感到了紧张。这种紧张不是因为害怕遇到坏人，而是出于对于心上人别有的情愫。虽然说不是看得太清楚，但从随风飘来的古龙香水味中，她还是觉得自己的判断不会错。这气息那么熟悉，那么特别，始终带着一种难以说清的神秘、尊贵、青春和活力。

这或许就是爱情的独特滋味吧？现在想想，这和当初对于匪兵甲的好感大为不同，虽然同样是魂牵梦萦，可是经过岁月的积淀之后，如今萌发的是更加美好的情感。

一瞬间的相遇，一辈子的相思。从喜欢舒凡的背影开始，爱情便在她最美的年华里书写着最为温柔的一笔。相思，让陈平每天有着太多的幸福，有着细腻的甜蜜，也有着难言的痛苦。多么奇妙的感觉，难道自己从小就在情感方面有着别样的天赋？她真想笑自己的多情，本以为会随着时光的流逝，让心中的相思之苦随风逝去，没想到却结成了眼下这"孽"缘。

没错，他确实就是那个自己梦中都在想念着的舒凡，夜色虽然暗了些，但他依然还是王子一样站立在对面，只是从他脸上看

第三章
春来人间草木知

不到笑容。

"他是在等候我吗？若不是又怎么会在这里见面呢？"陈平瞬间想了许多问题，情窦初开的人就是这样，好多时候愿意沉浸在自己的想法中。

她抬头看着他；"在最好的时光里，能够遇见你，这是我的幸运。"然而舒凡并没有接话，只是任由陈平激动地说着。见此情况，她也不再言语，伸手拔出她上衣口袋里的钢笔，另一只手又将他的手抓起来，然后在他手掌中不紧不慢地写下一行数字。那是家里的电话号码，她第一次以这样的方式向别人示爱。

他的手掌瘦瘦的，有些坚硬，手指纤细修长，触到的那刻，她心底顿时涌出一股暖暖的感觉，竟然生出了想要拥抱和接吻的念头。

可是他还是什么都没说，她只能在放回钢笔的瞬间，轻轻点头，泪水也就顺势流了下来。单相思就是这样，本以为自己会很坚强，却又只能无能为力地在心底刻画下那个人的模样，然后转身朝着宿命拼命跑去，那眼泪随着奔跑四散开来，就像有千万只的小鹿。

不管怎么说，这次单独逢面，虽然只是匆匆又匆匆，但她还是感到了幸福的滋味。

第二天，陈平就借故请假回家，然后焦灼不安地开始等候着电话的到来。

等候很幸福，可以在时间中回想着种种与恋爱相关的片段，但也特别辛苦，因为童话般的恋情根本就看不到天长地久。阳光也耐不住寂寞，从东边移步到了西边，可她还是执着地坚持着，十分享受这种等待。

然而电话一整天都没有响过。

"妈妈,家里电话是不是有故障啊?"陈平反复问了许多遍。陈母不解,只能抓起电话试着给几个闺密打过去。看着母亲通话,她又催促着赶紧挂掉,说是有朋友立即要打进来。陈平的做法让大家百思不解,却也希望有个电话满足她。

电话并没有响起,她沮丧地站起身,朝着卧室走去。"为什么不愿意给我打电话,难道我不值得他喜欢吗?"想到这里,她真想把屋里的东西全部扔出去。其实,就算全部扔出去也未必能够解恨,她感觉自己快要疯了。

天刚刚变暗,外面的灯火还没有亮起来,但电话却在沉闷中不失时机地响了起来。

"我的电话,我的电话。"陈平刺耳的声音就这样打破了寂静,大家这才各自忙碌起来。她拾起电话,笑着向众人做了个鬼脸,脸上带着强烈的满足感。那意思似乎在说:看吧,我的期盼怎么会被辜负呢?

电话确实是舒凡打来的。

接起电话那刻,平日能说会道的她又突然变得结巴起来,想好的词语也不知道逃遁到了哪里。话筒声音不大,也听不到对方在说什么,她也不管对方能否看见,只是一律点头作答。家人们都不敢作声,生怕影响到她的情绪,紧张地在一旁看着她的表现。

刚放下电话,她整个人明显就变得轻松起来,简直是兴奋得有些坐立不安,也顾不上对大家说些什么,紧接着就哼着歌曲上

第三章
春来人间草木知

楼去收拾打扮，准备去赶赴人生的第一次约会。

经过几个月的煎熬和曲折后，陈平终于要和心上人见面了。不难想象她此时此刻的心情，或许只有经历过这一系列的意外后，情感之花才会被浇灌得茁壮美丽。当陈氏夫妇目送着女儿一身青春飘逸出门时，他们也似乎重新回到了年轻的状态，满眼都是对女儿的祝福。

是的，这么美好的年龄，怎能不去好好谈一场风花雪月的恋爱呢？想到这些，缪进兰轻轻地把身体贴在了丈夫身上，而陈嗣庆却还眼巴巴地望着女儿渐渐远去。

一路风尘赶到台北车站铁路餐厅时，已是处处灯光灿烂。陈平早已按捺不住喜悦，还没有见到舒凡，却已经为他独有的气息沉醉了。

"没有来晚吧？"她很淑女地问道。

"没有。我们去哪里玩呢？"他问陈平。

"你说了算。"此时的陈平完全要融化了，从见到他的那刻起，就不知道说些什么才好。

"要不去淡水旅行好了。"

陈平又是点了点头。车站上人来人往，她的心却在盛放着，原以为只是一起吃饭，没想到还要远足去旅行。

火车慢慢启动，两颗心就这样撞到了一起。最开心的莫过于陈平，一路上不停地问东问西，快乐得就像只小百灵，把最好的一面全部展现出来。

台北淡水，是台湾北部的一个临海小镇，因其为淡水河的河口而出名，素有"东方威尼斯"的美誉。

无论是独特的幽静，还是丰富的人文，都让这里呈现出太多的与众不同。尤其那条淡水老街道，更是在人来人往的繁华中藏着太多不能说出的秘密。

空气中弥散着淡淡的海水味道，辽阔的天空中也布满淡淡的灰色，感觉那就像是一首自由欢快的歌曲。陈平紧紧依偎在舒凡身边，两人缓步向街道深处走去。

这样的行走中，其实透着无比的欢快和轻松，这就是自己一直在追逐的初恋？味道甜蜜得让人无法忘记，仿佛今生今世就可以这样漫无目的地走下去。

梦想实现得有些快，快得让人不敢相信，恍若童话故事中的情节一样。只是不知道这样的故事，又得让多少女生在暗夜里独自流泪？

作为爱情的胜利者，不论是谁屈服于谁，陈平最终都是陶醉在梦幻里。她就仿佛是游在水里的鱼，一下子把记忆的时间缩短到了七秒，朦朦胧胧的初恋就像酸涩的果子，让她神魂颠倒。

对于舒凡来说，陈平的举动像极了自己之前遇到的死缠烂打。文气的他无力拒绝，只能被眼前这蛮不讲理、风情万种的小迷妹感动。他始终没想明白，从喜欢上文字到爱上他这个人，陈平到底有多少的爱与恨在上演。

还真得佩服陈平的执着，能够以浑身的孤傲和热情，勇敢追求喜欢的一切，这也是其他女生所不具备的个性。爱情面前，她更像冲锋战场的勇士，根本不在乎失败。为了这个心仪的男生，

第三章
春来人间草木知

她硬是打败了一个个竞争对手,成为让大家既羡慕又嫉妒的人。

恋爱中,帅气的舒凡,对那么多追求他的女生从未正眼看过,但在陈平面前却没有了冰冷如霜的表情。他知道,生命中的爱恋就这样来临了。

一生中最激情的时光来到了。从此,校园里多了一对甜到腻的情侣。

没有太多世俗的考量,他们单纯地相爱着,爱得热烈、爱得疯狂,甜蜜的画面中始终闪烁着温暖,甚至连一颦一笑中都飘荡着浪漫。

滚滚红尘中,爱情对女人来说,一旦碰上,就会不由自主地沦陷。陈平是个很容易陶醉的人,这追逐了好久的爱突然而至,好像从天而降的花雨,成了她的一切。

啊,明明站在你的面前
还是害怕这是一场梦
是真是幻是梦
车厢里面对面坐着
你的眼底　一个惊慌少女的倒影
火车一直往前去啊
我不愿下车
不管它要带我到什么地方
我的车站　在你身旁
就在你的身旁

是我　在你的身旁

许多年后的她还像个害羞的少女,在幸福地回想着这一切。所有过去的那些仿佛电影一般,神奇而又特别,把少女绽放的心情记录了下来。

第三章
春来人间草木知

为情所累

陈平从来都是个爱美的人，只是她喜欢把这些美好都包裹起来不让人看。

从第一次见到老师穿丝袜和高跟鞋时，她就对光鲜亮丽生出了渴望。那段时间里，陈平坐卧不安，担心自己活不到二十岁，无法享受到涂口红的青春。也就是从那时开始，她不但喜欢看漂亮的衣着，着装风格也有了改变。

等再见到顾福生的女儿们时，她平和的心境又被扰乱了，自卑感也油然而生。顾家四姐妹个个秀雅绝俗，从美目流盼中透出轻灵之气，真是有着说不尽的温柔。每次来学习画画的时候，她就觉得来到了天宫。这四个仙女不停地绕来绕去，让她根本没有办法静下心来。

这几个清淡雅致的女生，带着惊艳的气质走入了她的生活。除了羡慕又能做些什么呢？她感觉自己像只丑小鸭，每天苟活在绚烂的青春里。有好几次，陈平的话都到了嘴边，想请教一下如何打扮，却又强迫自己放弃了这个念头，视若无睹地从她们身边走过。其实，她的内心是纠结的，也是痛苦的。

当然，她也并非一成不变，墨守成规。细细看过去，不论是外表还是内心，其实都在悄悄变化着。花开花落，始终都摇曳着生命之美。

懵懵懂懂的陈平便是带着这样的感觉在成长。她深知自己没有桃红柳绿的艳丽，也没有名贵花卉的高贵，只是随风自由自在地飘着，直到接到顾福生的晚会邀请。

习惯了羡慕，所有的那些幻想、憧憬便成了奢望，时不时地刺激着内心。自闭久了，就会在巨大的恐惧下生出许多不自信。离开台湾前，顾福生为了与朋友们告别，很有仪式感地举办了这场晚会，陈平收到正式邀请后，竟然慌张得不知如何是好。衣服换了一件又一件，鞋子挑了一双又一双，最终不得不选那双订制的软皮红鞋。母亲见她一会儿试姐姐的裙子，一会儿又试自己的衣服，后来又特意购买了一件松绿色的长裙。灰姑娘一穿上水晶鞋，就摇身成了王子最美的新娘。而陈平经过这番打扮，顿时也艳艳的如同牡丹。明星荧荧，开妆镜也。绿云扰扰，梳晓鬟也。望着镜子，她害羞得只敢眯着眼睛偷偷看，不相信那就是自己。

原来生活不只眼前的苟且，还有发现不了的美。也就是这次，陈平发现自己笑起来很动人，笑的时候媚眼含羞，洋溢着一种青春的美。她不由自主地摸了摸自己的脸，那皮肤白嫩嫩的还有弹性，上面微微泛着淡淡的红晕。她自恋得有些不好意思，只好把眼睛转向一边，却又看到了镜中如玉白皙的双手，玻璃般透明，还泛着光彩。

第三章
春来人间草木知

有了足够的自信，陈平轻快地来到舞会现场。一盏硕大的华丽水晶灯吊在高处，屋中被照得富丽堂皇，一切如梦如幻。优雅的乐曲很快就在人声中散布开来，一对对男女很快就在舞池中旋转起来，所有人都随着音乐陶醉着。她也在这样的盛会中生出无限遐想，无论是转体，还是深情对望，人如同蒲公英在风中翩翩起舞。

之所以会想起这些，不仅仅是因为舞会扩大了社交圈，更重要的是，陈平鉴赏美的能力得到了提升。自从没有了忧伤之后，风吹在身上也是柔和的。晚风吹来，乱了头发，两人静静地站在海边，看着一盏盏渔火，仿佛在体味一个个美丽的故事。

你我初相识，一个年少，一个无知。所有的初恋都很美好。陈平认为她和舒凡的爱情，就像最为明媚的阳光，美妙的感觉中更有着太多轰轰烈烈。每天，他们漫步在校园的角角落落，手牵着手，肩并着肩，总有着太多说不完的情话。

初次尝到恋爱的滋味，陈平便一发不可收拾，心中好像有永远也燃不完的火焰，在那个年轻纯洁的时光里，弥散着从未有过的心醉和激动。

两个人从陌生到相识，没有太多华丽的场景，似乎也缺少那些情节的跌宕起伏，一切都很真实亦很虚幻地走近了。对于舒凡而言，这火热性格的女孩让他不停地退缩。起先还以为她是那种腼腆的小兔子，紧张而又惶惶不安，没想到事实上她却是如此浓烈醇厚的酒。

喜欢喝酒的人，总会迷恋些什么。舒凡也是经常喝酒的人，酒能为他的写作带来灵感。在他的笔下，有着人生苦短，杯酒与共的豪情；也有着人生漫漫，不亦快哉的乐趣。眼前的陈平难道不像那没有颜色的酒吗？外表朴实，却能醉人。

爱情确实就像是酒精。清淡又香甜的陈平终于用自己的魅力和执着，醉倒了这位向来高傲的男生。自古以来，故事中从不缺才子佳人锦园幽会的桥段。然而，陈平和舒凡的恋爱却成了校园中的风景，所到之处都会引来羡慕的目光，她毫不犹豫地坠入所谓的甜蜜情网中。随着接触的深入，她也自觉不自觉地收敛了许多性格上的缺点，全身心投入爱情中。

经过一番疯狂的追求后，终于迎来了梦想中的幸福。陈平紧紧握着这来之不易的幸福，眼中饱含着激动的泪水。那天，她站在了校园的最高处，迎着淡淡的风，深情而又激动地大喊着："梁光明，我要爱。我要爱你一生一世。"声音不断地向远处传去，传递着这个纯粹而又充满激情的女子的满足。

情感打开了她自闭的世界。接触过一段时间后，陈平还是将这样的喜悦分享给了父母，经过同意，她将男朋友带到了家中。舒凡属于腼腆的男生，平日里喜欢把爱深藏在心底，表面上却是波澜不惊。所以一见到这么阳光帅气的男孩时，陈母脸上就绽开了笑容。陈嗣庆才是个有意思的人，为了掩饰自己的兴奋，来来回回追随着女儿的步伐，不停地告诫她要好好对待这段感情，不要再任性。

陈平很喜欢这样的时光，很美。

在季节的更替中，不知有多少风华与沧桑成了烟云。但在时光

第三章
春来人间草木知

的河流中,她的性格却变得越来越好。虽然曾经错失了最美好的年华,但她现在却不想辜负最好的自己,不想辜负人与人的相遇。

一切美好,注定都是回眸时的绚烂,浸满风月的温暖。于是对于父母的说教,便视为满含幸福与快乐的祝福。在不停点头作答的过程中,她就是一只快乐的小鸟,把所有心思都倾注在舒凡身上,心甘情愿给他端水、夹菜,把他视为生命中不可分割的一部分。

恋爱中的陈平是疯狂的,她爱起来还是和做事一样,永远都是那么轰轰烈烈。这样的任性和放纵对舒凡来说,却分明就是沉重的负担。没错,他享受校园中受人瞩目的感觉,享受文字中卿卿我我的快乐,可是他慢慢地无法面对陈平的浓烈了。

确实,她对于舒凡的爱,就像是扑面而来的海浪潮涌,一浪紧接着一浪拍打着,让他没有任何时间喘气。虽然累,好在时间过得很快,不经意就过了两年。

两年时间里难免有吵吵闹闹,都是为了那些鸡毛蒜皮的小事。自我意识始终很强的陈平并没有感觉到强势,只是紧紧地握着手里的幸福。而舒凡也不是个虚伪的人,从谈恋爱开始,他就会如实说出自己的感受。于是,双方开始谁也不让谁,相互用情感难为着对方。一个期望男友十全十美,一个要求女友温柔贤惠,可彼此都是初次涉入爱河,根本就无经验,只有在患得患失中让吵架成为常态。

一个人的时候,陈平也会思前想后,检讨自己的敏感,也会向母亲和朋友们讨教稳固情感的办法。这时候,她突然开悟,想到了用结婚来消解内心的不安全感。对啊，只要一结婚，就可以牢牢拴住他，也就不用担心会失去。

"我们结婚吧？亲爱的。"当她把这样的想法说给舒凡听时，他顿时怔住了，长时间说不出话来。

结婚，为什么要结婚呢？好不容易大学要毕业，可以走出校门做自己喜欢的事业，这几乎是每个男人的理想，也是成立家庭的基础。他不假思索地说："我还有一年才大学毕业，你还有两年，我们可以再等一等。"他的表情十分认真，可以看出对于这件事情的态度。

"等什么，等我们在这一年里分手吗？"陈平有些歇斯底里，情绪一下子变得起伏不定起来。而文气的舒凡却惊讶得说不出一句话来。但他还是理智地上前抱住她。

"不要冲动好不好？结婚只是早晚的事。如果婚姻根基牢固，就先得在社会上立足，要不然谈婚姻是没有意义的。"对于一个负责任的男人来说，婚姻需要彼此用时间和爱来不断积淀，而不是突然说出口的冲动。

这样的回答无端地让陈平自卑起来。为了追求舒凡，她用尽了力量。现在咫尺之距却又感觉是人在天涯。她终于忍住没有哭出来，而是上前依偎在他怀里，撒娇地说："那我们现在就结婚，幸福地生活在一起，早晚又有什么关系？"

陈平说的没错，只是舒凡这般直接，让她以为就是逃避和拒绝，内心越发地不安起来，她紧紧拉住舒凡，生怕他从身边消失。舒凡从来没有见过那种迫切的眼神，其间透射出的全是无助。

第三章
春来人间草木知

"答应我吧,凡,我一定会和你好好生活的。"爱情面前,有强者也会有弱者,此时,陈平对于爱情的奢望让自己变得卑微。她带着哀求的眼光望着舒凡,只要他点点头,自己就会破涕为笑。

舒凡开始还想笑,他以为这是心爱的人在开玩笑,恶作剧过后就会正常,没料到这剧一开始就是假戏真做。他无法承受这样的请求,但又无法摆脱眼前的困扰,只好将就找一个借口,他实在不想在众目睽睽下继续上演这样的滑稽剧目。

"我还要完成论文,晚些时间再讨论这些。"陈平死死拽着他的手不放,可最终还是松开了。风把她的头发吹得四处翻飞,一起飞在空中的还有眼泪,就和此时的心情一模一样。

"凡,你真的不爱我了?难道今天是我们爱情的终点?"舒凡没有回应,只有风在不停地吹着,风要把陈平吹向万丈深渊。高傲的公主怎么可以接受这样冷漠的对待?所有的美好都成为残酷的现实,并不会因为努力而改变。

不是说所有的梦想都值得等待吗?不是说所有的梦想都源于坚持吗?原来这些都是骗人的鬼话。望着远去的背影,她第一次感到了痛苦,她无法把这样的感觉说给人听。

她不想妥协,也不想坚持。

回到家里,她闷闷不乐地径直走进卧室,接着重重地关上了门。父母一见这种情况,立即推门进去:"又怎么了?"

陈平倒也爽快,含着泪一五一十把求婚的事情说了出来。陈氏夫妇非常惊讶女儿的举动,但也同情她的遭遇。

"孩子,这个事情太突然,你要给对方考虑的时间,拒绝并非不喜欢你。"母亲最疼这个女儿，耐心地开导着。

两年的时间不长也不短，真的要撒手放弃，陈平很难做到，毕竟人心都是肉长的。回首这两年的美好时光，随便一段记忆，都足以让人陶醉。

第二天，陈平又找到了舒凡，为昨天的冲动道歉。舒凡也没有太多话说，很快原谅了她的做法。一切又似风轻云淡，当两人重新拥抱在一起时，所有的幽怨和不满都烟消云散。

爱情若只是花前月下的浪漫就好了，然而不是。有了这次经历之后，陈平心中起了变化，她考虑的根本不是什么学业，而是等待着舒凡能满足自己的要求，哪怕只是一句空话也行。几天之后，她又旧事重提，而对方表现得很不屑一顾。

"成天就知道结婚，白痴啊！"舒凡也不知道自己怎么就冒出了这句话，但他还是理直气壮。

从来没有受过这种委屈的陈平，突然间就失去了理智，她没有言语，抓起手中的书就朝着舒凡砸了过去。血顺着鼻孔流了下来，一滴一滴地往下掉着。他站立着并没有动，而是用眼神不解地看着她。陈平见到血害怕了，立即想起了那次自杀的情景来。

"混蛋，我们的爱情结束了！"情绪糟糕到极点的陈平哭着跑了，她不想为难自己。舒凡木讷地站在原地，不知道该怎么办。

几天没有出门，陈平每天都会问母亲，有没有自己的电话。眼看着事态越发严重，母亲径直找到舒凡询问，他没有任何遮掩，如实把事情的来龙去脉讲了一遍。

母亲知道女儿的脾性，也理解这个男孩的烦恼，唯一能做的

第三章
春来人间草木知

就是安慰陈平。

没想到陈平又犯了倔脾气,硬生生对母亲抛出一句话来:"他不同意结婚,我就出国。"

"出国?不上学啦?"母亲更担心女儿的心情,才不在乎结婚的事情。

"你是结婚,还是分手?"舒凡被陈平的气势吓住了,他被逼无奈,一步步地朝后退缩。

陈平在心里想着,舒凡一定会同意的,他一定会挽留我的。"护照和机票都办好了,明天就走,今天算是最后的告别。所有的计划都可以改变,你只要开口留我,只要一句话,我就会为你留下来。"手中的机票和护照在不停地晃动着,像极了告别时挥手再见的姿态。

"你一定要走吗?平。"舒凡不希望她这样钻牛角尖。毕竟是自己心爱的女孩,这两年来风风雨雨一起走过,现在怎么会成了这样的结局?他的心碎了,只觉得陈平变了,变得不可思议。

为了这件事情,两人争吵了许多次,毕竟还是学生,谈婚论嫁真的为时尚早,她怎么就不明白这些道理呢?现在又用出国来逼迫自己,即便委屈自己答应了,以后保不准还会碰到别的事情。于是舒凡一不做二不休地伸出手来,礼节性地跟她握了握手说:"旅途愉快。"

听到这句话时,陈平知道一切都结束了。她还有什么理由留下来去等待未来?现在要自己去求得爱神的垂青,这实在是不可能的事情。算了,权当是美梦一场,让风吹走所有。

父母纵是有一肚子的话，也劝不回女儿执意要去的心。她就是风、就是雨，一切全然由着自己。但为了让女儿回心转意，父母在给她送去路费的当口，还是揣摩着她的心思问道："妹妹，你出国是要求学还是镀金？还是只打算出去玩玩？"父亲很少这么亲切地叫女儿的小名，现在这样做，无非就是想动之以情，能让她留下来。

"半玩半学，和孔子一样游列国。"她含蓄地一笑，极其认真地回答着父亲的问题。

还能说些什么呢？唯有祝福她一切平平安安。

出发前夜，陈平慢吞吞地收拾行李，她多么希望舒凡能把自己留下来，可是电话始终没有响起。为了逼迫对方，结果自己却要远走他乡。那夜是烦躁的，和着泪的往事，一幕幕地呈现在眼前。她好想让自己冷静下来，可是不行。收音机中正播放着舒缓而悲伤的音乐，此情此景正暗合着她无法言说的心情。

窗外的月很大很亮，却透着冷冷的凄凉，也不知道那位嫦娥是否已经习惯了这样。真的要分开了，便有一千种理由也无法留住。

爱过，就不会后悔，哪怕是带着伤过的痛苦。没有挽留，也没有笑容，在彼此的生命里，无论是爱还是恨，只有离去，才能让事情变得简单。昨日里还是细水长流的恩爱，现在却要分开了。

安德鲁斯说：行走在漫长的旅途上，一生中至少要有两次冲动，一次为奋不顾身的爱情，一次为说走就走的旅行。陈平清楚，既然彼此无法相濡以沫地走下去，还不如相忘于江湖。于是，一场说走就走的旅行开始了。

陈平的举动中有着许多率真和执着。从来都是敢想敢做的她，没有把全部的赌注都押在爱情上，至少此时她知道自己的离去，是为了寻找生命中的光彩。在那个青春绽放的黄金时代里，即便如林徽因和张爱玲，不也是在异域他乡里，才发现幸福女人的终极密码吗？

陈平的离去是为了避免更深的伤害，她的心中写满了无奈。现在想来，只有对爱情充满着期待的人，才会选择这样的方式来了断过往。

说走就走，让生活在都市中的现代人向往。繁重的生活压力，让大家只想着如何摆脱掉一切有形的束缚。陈平选择了相信奇迹，于是带着简单的行李在决绝中上路了。

没人能看见她在暗夜里如何流泪，那逐渐远行的背影后面，也不知道有多少伤心的话要述说。总之，用尽了心力的初恋，就以这样的方式草草收场。

寂寞灵魂

说走就走。

旅行也好，流浪也罢，人生其实都是一种修行。

登上飞往马德里的航班那刻，陈平释然了，因为新的一天又开始了。

一个人趴在机窗上往外看，外面是流动的蓝天白云，让人心境顿时变得开阔起来。这就是云海么？一浪一浪的云朵争先恐后，满是热情地追逐着。云朵应该是有生命的吧？它们不时地变幻着形态，让人不自觉地感到了渺小，顿时明白了征服并不需要太多力量。

一个人的生命旅程中，难免会走陌生的路，看陌生的风景。一路上，陈平都努力不让自己去想那个辜负自己的人，可见到这些不含杂质的云朵时，又把思绪转到了他身上。

这是属于1967年初春的美好时光。

雨淅淅沥沥下着，没完没了的忧伤随之而起。经过了一场痛哭之后，二十四岁的陈平还是收敛起自诩美丽的羽毛，怀揣着内

第三章
春来人间草木知

心的骄傲，一身伤痛地来到了西班牙。虽然说此前也有过类似的跋涉行程，如幼时从重庆迁往南京，再从南京搬到台湾，但是每一次地域上的变换，都会让她敏感而又细腻的内心，感受到太多的失落。

其实，这次独自漂洋过海的行走也是一样，最终要让这位性格凛冽的姑娘远赴他乡，在肆意的漂泊中去学会忘却。

西班牙能够承载起她的梦想吗？没有人知道。

少了女儿的小院，时间似乎都停滞了。陈平的卧室收拾得十分整洁，散发着淡淡的香味，这些气息很容易让人想起过往的一切。面对安静，陈氏夫妇还是无法接受女儿疯狂的决定，虽然做到了最大限度的尊重和支持，但在出门上车之际，做母亲的还是忍不住落泪了。

这一次，她没有那么含蓄地偷偷拭去泪水，而是拉着女儿的手，恳求她能够留下来。无理取闹惯了的陈平，此时出乎意料地善解人意，轻轻地抱着已有白发的母亲，含着泪安慰她要开开心心。

女儿的任性是出了名的，谁也没办法，这次也一样。

横跨欧洲和非洲的西班牙，一直被人视为欧洲的异类。这里由于气候温和，自然景观和历史遗迹颇为丰富，成为人们旅游的好去处。

这个国家对于陈平而言是陌生的，当初之所以要选择这里，纯粹是因为一张无意间听到的唱片。

贝多芬曾说，一把西班牙吉他就是一个小型的管弦乐队。当陈平第一次听到这张古典吉他唱片时，不由自主地停下了脚步，那时她正读大三，还沉浸在爱情的幸福中。这圆润饱满的音色一下让她揪心了，尤其是中轮扫奏法的运用，更是在低沉而又独特中增强了细腻、私密和内在的延音感受，彰显出古老而又沧桑的时光味道和动人旋律。

人人心中都有一座天堂。音乐是如此神奇，似乎每个音符都朝着五脏六腑而来。生性浪漫的陈平似乎发现了梦想的源头，无拘无束的感觉，不断地敲打着灵魂，让她生出了要去西班牙的念头来。

她仍然清晰地记得，自己当时还痴情地问过舒凡，要不要一起去这个值得用生命行走的理想国度里，寻找全新的浪漫情怀。两双手紧握，身体相互依偎，任梦幻般的声音演绎出无比的唯美来，让每一分每一秒都美得如同童话。

美丽浪漫，是每个少女心中的梦想。从听到音乐那刻起，她就恋上了西班牙，不时地想着要去那里生活。飞机缓缓从云端落地的瞬间，陈平的情绪又起了变化："在没有办法的情况下，我被情感给逼出了国。"时过境迁，只能面对现实。

现实中的西班牙，对于陈平来说无疑是巨大的挑战。在来之前，她对于这个充溢着原始生命张力的国度，知道更多的是艺术和超凡的创造天赋，然而呈现在眼前的却是完全陌生的现实。

由于语言、饮食、交际等习惯的不同，在这样一个让人沉醉的国家里，陈平始终觉得自己是个外人，连发脾气的机会都没有。她只能托熟人，把自己安排到马德里学习。

创办于1499年的马德里康普顿斯大学，是西班牙历史最为悠

第三章
春来人间草木知

久、科系最为齐全的元老级大学，堪为欧洲精神文明的支柱。来到这座自由闲适的校园后，陈平便从心底生出许多好感。各式建筑充满了魅力，仿佛是用色彩堆砌起的童话世界，超乎人的想象。这里一切恍如梦幻，见不到束缚人性的围墙，也没有太多人为的规矩，学生们来来往往，仿佛在惬意地逛公园，丝毫看不出学习的压力和烦忧。再听着无比典雅的音乐，那蓝天、白云、飞翔的鸟儿、欢快生长的树木，无形中让人感受到浓烈的艺术气息。

当她步入女生宿舍时，眼前是个四人居住的大套间。见到来了位中国学生，大家都纷纷好奇地上前迎接。面对欢笑声，陈平的孤独感油然而起，除了害怕和担心，她只能在心里一遍遍地数落着负心的舒凡。

原以为一个伤痕累累的人，置身于陌生的环境是幸福的，可以潇洒地忘掉此前的一切不快，然而陈平无法做到，她还要在陌生的人和事面前故作坚强。

这段语言不通的日子很煎熬，除了看书和写信外。陈嗣庆在《我家老二》中有这样的描述：女儿在西班牙做了三个月的哑巴、聋子，半年中的来信，不说辛酸。她拼命学语言了。半年之后，她进入了马德里大学，来信中追问初恋男友的消息。

那些日子里，陈平除了按时上课外，为排解心中的孤独，便来回奔波于酒吧、舞厅和音乐会场。不需要太多的语言，音乐为灵魂营造着舒适的氛围，让她在放松和陶醉中暂时忘记不快。也不知道为什么，她连做梦都会想起舒凡来，已经无数次地要忘记过去，可相思却是绵绵不绝。

写信似乎是排解烦恼的最好办法，每当夜色来临，她都把一天的感悟化为思念之情，一字一行倾注于笔端。起初投送出去的信还有回复，但都是寥寥两句的问候。到了后来，这些信就成了石牛沉海，陈平也没有心思再去投，只是把一份份纷乱的心思写在素色信笺纸上，然后放在行李箱的最底层。

感情到了这个时候，算是真正结束了。

真正要放下心中的一切，并不是件容易的事。她在用各种办法为自己疗伤的同时，还要笑脸迎接同宿舍的同学。说是笑迎，似乎有些夸张，但实际上为了处好关系，她必须压制自己的情绪，满足这几个人的无理要求。于是，她主动承担起打扫卫生的任务，时不时还会奉上些可口的食品。只是舍友们并不满足于这些，她们很快就发现了中国服饰的不同，便开始争先恐后地借穿。

陈平明白，善良纯朴原是生命中的一种品德，即便是在海外也是如此。但她的示好，并没有赢得同学们的好感，大家只是以为这个中国女孩身上所有的谦虚、温和，都是好欺负的表现，于是就想着法子来不断折腾她。

哪里会有人喜欢孤独？只不过不想失望罢了。烟很快让她有了依赖，却不曾让她堕落。相反，暂时的麻醉后，全是对生命的爱惜。她也知道自己不可以如此虚妄地活下去，因为还有更多的美好在等着自己。她必须要学会疗伤，不能再和迷路的蝴蝶一样。

生性文弱胆小的陈平只想与人为善，只想安静地在这里完成学业，却落得个行李箱被翻得底朝天的结果。面对这样凌乱的场

第三章
春来人间草木知

面,她只能自我安慰,然后再重新整理。没想到几天后又是一片狼藉。她怕伤害感情也不好说什么,只能对这样的做法忍让着。

舍友们并没有见好就收,她们见这个中国姑娘性格懦弱,一有机会便想法子戏弄她。直到有一天舍友们的做法实在太出格了,陈平无法再忍下去,便扯着嗓子大声在寝室里吼起来。

"我一再地想,为什么我要凡事退让?因为我们是中国人。为什么我要助人?因为那是美德。为什么我不能抗议?因为我有修养。为什么我偏偏要做那么多事?因为我能干。为什么我不生气?因为我不是在家里。我,自认为没有做错什么,可是我完全丧失了自信。"陈平越发想不通,可她又不能再委屈自己。思前想后,还是决定一通河东狮吼,乱哄哄的宿舍立刻安静下来。大家根本没想到她也会发火,而且火气还这么大,都呆呆地站在原地不动,看她到底要做什么。而陈平却不再说话,只是重重地摔门而去。

沿着校园长满花草的小路走着,陈平说不出的开心。好久没有这样发泄了,以前只是对父母撒气,现在终于逮住个机会宣泄了。平时,她喜欢沿着这路无聊地东转西转,有时会去教堂,独自欣赏那些精彩绝伦的壁画和彩色玻璃的装饰。对于虔诚信仰基督的陈平来说,这里的安静与外边的喧闹一样,可以巧妙地遮掩掉紧张,可以消去内心的虚无。其实,不论去哪里,一个人走着和孤零零闭眼坐着的感觉相似,享受到的都是渐渐抚平伤痛的愉悦。

就这样漫无目的地走了一天之后,陈平很晚才回到宿舍,却发现自己床铺上堆满各种衣服和食品,几个舍友正漫不经心地坐在上面喝着酒,开心时还会把酒水洒落在上面。

"都给我下来。"陈平低沉着声音一字一顿地说。

然而没有人理会她,大家依然有说有笑,就仿佛坐的是自己的床。她的指令很快消散在空气中,心里却积聚着怨恨和怒火。

"下来。"陈平几乎是咬着牙齿在说话了。床上几个人只是自顾自地嬉笑着。陈平的火气一下子燃了起来,上前拽着床单就往下拉,一包包吃的随之掉落在地。

床上的同学稳若泰山,对眼前的举动熟视无睹。后来才知道中国姑娘发怒了,她们也使出了性子,用手抓着窗棂就是不动。

双方较着劲,很快胶着在一起。不过最终还是陈平占据了上风,硬是将其中一位同学从上铺给摔了下来。宿舍里立马乱成了一锅粥,大家各不相让地厮打在一起,把衣服、食品和学习用品扔得满屋子都是。周围的同学都闻讯过来劝阻,即便这样陈平也不愿意松手,她明白必须要用这样的方式争取权益。

直到楼管老师到来,这个宿舍才算安静下来。每个人都红着脸,不是衣袖被撕破,就是手臂上受了伤。在老师的追问下,几位同学异口同声说是陈平的过错,陈平不甘示弱,如实说出了事情的原委,并当着老师的面斥责这些人缺乏爱心和公德。说罢,又顺手抓起本书狠狠地扔在地上,警告她们若再造次,自己一定不会善罢甘休。

中国姑娘发了威,才让这些同学领教了厉害。老师听后,也为陈平的遭遇打抱不平,毫不留情地批评了对方,并告诫她们,以后若是再发生此类事件,一定会如实上报学校。

第三章
春来人间草木知

强势作为纠正了不平等的关系，从此以后，陈平也从病猫变成了女侠。生活中大家相安无事，再也没有了以前的随便和放肆。正如后来她在文字中写的那样："这个世界上，有教养的人在没有相同教养的社会里，反而得不着尊重。一个蛮横的人，反而可以建立威信，这真是一个黑白颠倒的怪现象。"

当然，宿舍里发生的闹剧，至多也只是生活的小插曲，根本不值得过分地去记忆。谁愿意去记住那些无聊乏味的事情呢？

不知不觉，陈平来西班牙有多半年的时间了。起初，她只感觉这里的春天充满着鸟语花香的浪漫，没想到秋天的景致也是如此惹人喜爱。风一吹，五颜六色的花朵便摇摆起来，风中还带着沁人心脾的香气，透着些许凉意，让人不经意间就生出一日一味的意境。

除了视觉上的享受，更让人欣喜的还是有位日本同学走进了她的视线。

这位同学很喜欢陈平的文气，已经偷偷观察了许久，甚至知道她经常都去些什么地方。时间一久，这种积淀的爱意便越发强烈，终于有一天他们在酒吧里见面了。

他手捧鲜花来到了她跟前，径直递了过来。

"可以和你交朋友吗？"陈平一时半会没回过神来，等她反应过来时，赶紧把脚从椅子上收了回来，又将烟死死地摁在烟灰缸中。这才紧张地抬起头来。

"坐坐坐。"由于彼此都是相识的同学，攀谈起来也没困难。虽说有些脸红心跳，好在都让酒吧的喧闹遮掩了。谈到感情，陈平心中是有顾忌的。别看她整天潇潇洒洒，心里忘不掉的还是舒凡。是啊，西班牙的风景再美，又怎能敌得过阳明山色彩艳丽的苍竹翠海呢？

面对鲜花，陈平思虑之后还是接了过来，做个朋友其实也不错。她不明白对方怎么会喜欢上自己，这个男孩的家庭条件优渥，在学校里也是受人追逐的对象，但他的高冷常常让人望而生畏。

这次近距离地相处后，陈平每天都会收到散发着馨香的鲜花，还有各种包装的巧克力。这样的攻势下，同宿舍的同学都是受益无穷，她们大快朵颐，享受着不同的花束的装扮，却在私下羡慕着陈平的意外洪福。

确实，面对日本男孩子的追求，陈平并未敢有丝毫的动心，她经常会将贵重的礼品如数归还，只是开心地做着朋友。在陈平看来，一段没有结果的爱情只是缥缈的梦幻，终究不如现实实在。况且伤痛又是刚刚修复，还是敬而远之比较好。

日本男孩并不这么想，他以为只要执着地坚持，这个中国姑娘一定会被感动。于是在一次次被退回礼品之后，他又异想天开地买了一辆小汽车当作求婚的礼物，要送给心仪的维纳斯陈平。

阳光下，锃亮的车身吸引了许多人来围观。车的周围还用花束摆成了大大的心形图案。大家议论纷纷，不知道这样的摆设是为了谁。

陈平知道此事后，大大方方出现了。不过，她只是从人群中叫出日本男孩，两人一起说着什么去了不远处的树林。目睹着时而交错在一起的背影，人群中有人喊起来："赶快嫁给他吧，小

第三章
春来人间草木知

心爱你的人跑了。"

树林里,陈平被男孩子的行动感动了,她流着泪重申了自己的想法:"我现在不想谈恋爱,你如果愿意,我们就做个无话不说的朋友。如果不愿意,咱们就不必打扰对方的生活。"

紧张的是男孩子,他最害怕女孩落泪,于是说:"结不结婚没关系,我可以一直等,等到你同意为止。如果我的做法吓到你的话,那我真心说声对不起。"

从此,男孩只是默默地陪伴在陈平身边,不再提起结婚的话题。交往中,他无私地帮着她,不但教她日语,还经常陪她一起去教堂、去淘旧物。

独处时,陈平会从两人相处的开心中走出来。说实话,她怎么能够没有压力?这种孤男寡女的相处,日久天长自然会生出诸多情感。与其这样害怕担忧,不如早些断绝了男孩的想法,让他彻底死心。想到了这些,又感叹起爱情的煎熬来。不是吗?人世间最痛苦的事就是,你一直在我身边却不知道我并不爱你。每次想把这话说给男孩听时,却发现自己其实对他已经有了好感。

曾经有段时间,她真心喜欢上了西班牙丰富多彩的生活。尤其是随着追求她的人越来越多,她也转变思维方式,开始结交各类新朋友。"情歌队"里的男生们还专程到陈平窗前放声唱歌。这样的感觉开始让她内心暗喜,也让她想不断地放逐自己。

于是,就有了先前的一幕。无论是和朋友牵手去逛街,还是相拥着一起跳舞,她只是浅尝辄止,借助各种约会,来摆脱对往昔的回忆,感受与不同朋友间交往的快乐。现在,摆在她面前的只有两个选择：要么全身而退，要么爱得死去活来。

人活在世上，重要的是爱人的能力，而不是被爱。这是陈平始终恪守的哲学观念。

又是无比美好的一天，陈平静心想了许久后，还是故意让其他朋友送来一束鲜花，而后又故作开心地在日本男孩面前炫耀，不停地吹嘘这送花的人多么优秀。听到这些话后，男孩的脸色开始变白，到最后借故离开。事后，宿舍的同学都埋怨陈平错过了机会，以后就是打着伞也找不到这么好的男朋友。

听到这些，她只能苦笑着去面对。谁愿意让自己的生活没有色彩呢？如果舒凡从来没有出现过，自己真的会在眼下爱得一发不可收拾。无数次说要把他忘记，可无数次之后还是会莫名想起。伤痛还未去尽，一波爱情又来临，真怕再次深陷入情海为爱所伤。

那天，也不知怎么又去了大学附近的酒吧，望着眼前沉迷其中的人们，她只是一根接着一根不停地抽烟，直到舌头上没有了任何感觉。

迷茫，也让她想起了艺术大师毕加索。此前，她曾狂热地迷恋着大师的作品，现在，她却更加喜欢缥缈的烟雾。

烟，对陈平而言原本是陌生的，这段时间里，为了缓解内心的压抑，陈平逐渐学会了一个人时抽烟。也不知为什么，她特别偏爱淡淡的香烟味道，那味道就仿佛是多年未曾谋面的老朋友，在无声的交流中很快成为安抚心情的良药。陈平怀揣着初恋后的伤感，美如艳丽的曼陀罗。

一杯杯酒仰头喝下时，陈平只觉得醉意袭来。她真想放声大

第三章
春来人间草木知

哭,却又不知道为谁而哭。"对不起,真心对不起,我的朋友。"

世间的事情就是这么奇怪,想爱却又不敢爱,想爱又得不到爱。或许,得不到的爱情才是最美好的,就像所有无法留住的美好。

心中有了忧郁无法排解时,她就会用写信的方式来解决。在写给父母的信中,她的足迹先后遍及巴黎、慕尼黑、罗马等地。一个人的行走尽管有思念、有不开心,却更加纯粹而有趣。就像不知名的小花,即便是被遗忘在偏僻的山野中,但也会用生命盛放独特的芬芳。

出门在外这些日子里,陈平除了淘旧货、泡吧外,一个人还去了不少的地方旅游,她没有向家里要一分钱的费用,"很简单,吃白面包,喝自来水,能活!"无忧无虑的生活状态,其实真的非常简单也不失精彩。其间,她还不断拓展着阅读视野,追求阅读的深度,丰富审美情趣,提高读写方面的能力。

生命有涯,书海无涯。这段时光是自由快乐的,她把书当成了忠实的朋友,无论做什么都带着书读,也使得语言和其他功课有了飞速的长进。功课上的自信和涉猎范围的拓展,让陈平终于从阳明山的思念中走了出来。

宿命相遇

时光流得很快,像极了攥在手里的细沙,越是想用力抓紧,越是流逝得更多。面对匆匆人生,陈平只觉着恋爱时只愿时间过得慢些,可以和心爱的人一起感受春花秋月,现在却需要静下心来读书,但时间却成了电光石火,转瞬就和人擦肩而过。

有时她也会去逛旧货市场,这本来就是她的最爱。街道的两边摆满了各种各样的商品,可以随心所欲淘到喜欢的什物。虽说语言不甚通畅,但简单的手语其实也可以解决好多问题。每每守着那些稀奇古怪的物品时,她都是满足的。

到了年底,大街小巷间都洋溢着浓郁的节日气氛。随着圣诞节的逐渐来临,大家都暂时忘记了一年的辛苦,全身心投入节日的筹备。

到了平安夜那天,学校里放了假,陈平实在无处可去,只好应邀到父亲的朋友徐耀明家里过节。有了眼前这流彩的灯光,多少才能抚慰无比慌乱的心情。

大家有说有笑地吃着喝着,谈论着台北的熟悉生活,门铃突然响起来。等门打开，一位英俊帅气的男孩子笑容可掬地出现了，手中还抱着一大堆礼物。

"Jose，圣诞节快乐。"徐耀明的儿子起身上前，把好朋友从门外拽了进来，一脸喜悦地把他介绍给陈平。西班牙的圣诞节，相当于中国的春节。每逢过节，左邻右舍的人都会相互祝福。

陈平出于礼节上前贴面拥抱，然后又邀请他一起用餐。坐下的那刻，相貌俊秀的Jose便让她动了心。陈平只觉着他占尽了人间风流。

Jose没有太拘束，和徐家人有说有笑，脸上似乎闪烁着韶光，一双纯情的眸子安静地藏在浓密的睫毛后面，侧眼看过去时，那非凡的气质有着竹的高雅飘逸，更像一幅特别有意境的画，让人禁不住浮想联翩。

时而若笑，视而有情。陈平只觉得内心突地起了波澜，一浪接一浪地荡漾着，以至于想到了如果能成为他的妻子该会多么好，至少这一生就不会感到遗憾。此前还排斥着日本男孩的追求，现在又要心系Jose，这样的想法自然是荒诞的。可她也不清楚，自从见到这位面部白皙的小男生后，脑海里就开始乱七八糟地出现了这些怪念头。

难道自己又想到了舒凡？

席间，彼此聊得甚为投机，都有相见恨晚之意。推杯换盏之后，陈平开始偷偷地谴责自己的夸张想法，两个人相差了近八岁，又怎么可能会和结婚扯到一起去呢？

但从那天晚上开始，两人还是开始了交往。

当时，Jose 刚读初三，是徐耀明儿子的同班同学。在平安夜，他只是按家人的意思给好友来送礼物，却没想到结识了一位可爱的大姐姐。

这仿佛是冥冥中的注定，有着婉约风姿的陈平谈吐大方，还不时地主动为他夹菜，关爱有加。虽不敢说是美貌佳人，可她的存在还是让他有些发呆，就像是误入尘世的仙子。他用心看了一眼，却还想再看一眼，等到再多看一眼时却又觉得不好意思。

陈平何尝不知这些呢？她大大方方地让 Jose 瞧着，恨不得让他看个够，心里早已经开成了一朵花。这种感觉很久没有了，好多时候，她留给同学们的印象都是高贵冷艳，不容易让人接近。尤其是日本男孩的求婚，更是让她成了大家口中议论的话题。

与君初相识，犹如故人归。Jose 不经意的出现，似乎是上天眷顾，为她封闭的世界点亮了一束爱的光。虽然微弱，这丝不易觉察的光亮还是给孤独的她带去了温暖。

或许在饭桌上，彼此都觉察到了对方的示好。面对这次相遇，陈平的心绪又重新飘飞起来。虽然说没有成熟女性的那种博大与精致，可她还是决定用最美的姿态来展现自己，来珍惜这美好季节里的邂逅。

分手时，陈平起身主动伸出那双白皙纤细的手，为 Jose 轻轻地拍去肩上的尘土，又整理了凌乱的衣领。他没有想到陈平会有这样的举动，而她也没有想到，只是觉着自己必须要这样做。

简单的一个举动，随意而又自然，就像姐姐在关心不听话的弟弟，然而四目相对时却又饱含着深意。Jose 浑身洋溢着青春的

第三章
春来人间草木知

活力，尤其那发自内心的阳光温暖十足，让她只想走近。

两人第一次约会，是在学校的图书馆里。他们各自心不在焉地翻着书，嘴里却不知道说些什么才好。也许含蓄让他们的爱情太过于纯真，当陈平递给他一块带有玫瑰花纹的巧克力时，他心领神会，知道这是间接的表白，便毫不犹豫接了过去。

陈平走在前面，他顺从地低头跟在后面，默不作声。一个因为害怕，一个却始终在害羞。走出图书馆，外面的人少了许多，陈平尴尬地牵起了他的手。他也没有拒绝，小心翼翼地长出了一口长气，然后用另外一只手擦拭去额头的汗。

此后的日子里，陈平孤单的身影旁边多了一位男孩的陪伴。没课的时候，Jose便会找她去滑雪、打球。陈平从来不会拒绝，她常常在别人不解的眼神中，和他去旧货市场发掘好玩的东西，去酒吧里喝酒谈天。随着感情的与日俱增，陈平越发觉得时光让她遇到了对的人。

两个人的空间里，并非时时拥有着鲜花，可谁也不在乎年龄和贫富，有的只是无微不至的关怀与体贴。在这个沁人心脾的花期，清纯的牵挂总是朝着内心而去，让这样舒适的相处有着无与伦比的美妙。不求荣华富贵，也不求轰轰烈烈，只愿这样淡然随意地相处着，只想生生世世不离不弃。

这段无比快乐的日子，使两个人的关系越发深入。一个最明显的改变，就是陈平脸上笑容多了，烟似乎也抽得少了。此前，她还在信中对父母说过，"爸爸妈妈，我对不起你们，从今以后，一定戒烟"。然而父母知道她一直在抽。现在能够主动戒烟，想必心中的忧郁没有那么多了,有的只是相爱无言,有的只是心有灵犀。

每个人终其一生,都在寻找一个对的人。陈平也在慢慢体悟。当然,她也会不时地反问自己,这些年来的各种爱情际遇,难道都是为了在茫茫人海中等这个跟自己灵魂契合的人?

面对着这个不谙世事的大男孩,她只想用心去爱,陈平送给 Jose 一个好听的中文名字"和曦"。纯情的 Jose 特别喜欢中文字,常常在纸上反复地练,只是"曦"字每次写出来总会缺胳膊少腿,让人捧腹大笑。Jose 很认真,依然会工工整整地描画着,一丝不苟的模样,是他不愿辜负陈平的给予。这些搞笑的事也让陈平想起了童年时的自己,她便又别出心裁地将其改为"荷西",却没想到这个名字后来会因为自己而风靡海内外,也成了三毛忠实粉丝们探寻的不息话题。

"荷西"成了陈平对他的专属称呼。为了对等,他也爱心满满地给陈平起了个英文名"ECHO"。ECHO 原是希腊神话中的森林女神,因为宙斯的老婆赫拉嫉妒其貌美,使坏让其不能说话,最多只能重复别人话语的后三个字。无法正常交流,自然得不到河神之子的爱,她最终只能心怀悲痛憔悴而死。陈平也没去想太多,她喜欢这段让人动心的故事。

陌上花开,我等你来。你来或者不来,我都在这里。曾经是多么感人肺腑的话语,现在却在隔山隔水的遥远之地实现了。点点滴滴的快乐和无比淡然的心境,让人体味到平淡而又真实的幸福。

第三章
春来人间草木知

恋爱从来没有错对,只有错过。于是,一段不为世俗所接受的姐弟恋上演了。

恋爱后,陈平想尽办法接济荷西,全身心照顾他,甚至把自己的生活费省下来,为他买小食品、买学习用品,有时还会帮他洗衣服。

荷西被这样的爱感动着。

有天从集市回来,两人相依在一棵树下看风景,荷西突然说到自己有个梦想,就是希望大学毕业后能够拥有一座不大不小的房子,用心赚钱养家,家里有位可爱漂亮的妻子在等着他回来。

这样的梦想其实很普通,可陈平却很感兴趣。"那位漂亮的女人该是谁呢?"

"我妻子啊。"荷西一脸正经。

"那我给你煮饭吃,等着你工作回来。"这话说完,脸上已是一片羞赧。

"ECHO,你愿意等我六年吗?等我大学毕业、服完兵役就来娶你。"荷西是认真的,他讲这番话出口也想了不少时间。

一阵子情迷意乱之后,陈平又有些犹豫。每一个沉溺于爱情的人,最后都输给了谎言。现在这些话,自己此前不也对舒凡讲过吗?可自我感动的爱情还是成了回忆,任曾经最美的点缀如花般破碎了。

爱情到底是什么?自己又该如何应答呢?

有些人一辈子也无法忘记,比如舒凡。眼前的荷西似乎与舒凡有些像,可是又说不清楚像在哪里。如果说真诚是一种伤害,那陈平情愿选择谎言。没有听到这些话时,她一直希望爱情尽快来临,希望可以做他的新娘,可现在却似失去了爱的力量和勇气,对苦苦追逐的爱望而却步了。

她没有答应,而是转过身去用衣袖拭去眼泪。荷西并没有发现这个轻微的动作,只是红着脸在等待着。

"我们都还年轻,怎么可以想到结婚的事情呢?还是要以学业为重。"她不露声色地说着违心的话,其实内心也很矛盾。真的要是这样擦肩而过,她知道会责怪自己一辈子的。

"可是刚才你不是说要为我做饭吗?"荷西十分迷茫,他不懂对方心里究竟在想什么。

"好弟弟,那只是开玩笑的。何必当真呢?"听到这话时,荷西傻眼了,这些天的接触相交,难道只是为了玩弄情感吗?不可能。他旋而又在心里安慰自己。

到了此时,陈平也不知道为何要拒绝。她脑海里一片混乱,一会儿是舒凡,一会儿是日本男孩,一会儿又是荷西。

"好吧,我该走了。"荷西拖着疲惫的身躯朝校外走去。本来他是想约陈平去看电影的,现在只能自嘲多情。

无情,在刺痛着他的心。远去的背影,在不停地冲撞着陈平的情绪,让她根本无法心平气和地去面对,然而这就是人生。

依稀中,她又看到荷西在回头观望,是在等待自己挽留吗?她满心狐疑,却不知道荷西手中攥着两张电影票,那票已经不知道是被汗水还是泪水打湿,但他一直没有勇气扔掉。为了这场电影,荷西省吃俭用省下了几十枚西币,然后又冒着风险逃课才见

第三章
春来人间草木知

到陈平。他没想到,电影票会成为分手的见证。

"荷西,荷——西——"陈平最终没有忍住,也不顾周围有没有人就喊叫起来,她不想让自己失望,更不想失去这个男孩。爱情促使她逐渐加快了脚步,到了后来边跑边喊。荷西静静地站在原地没动,但眼眶却是红红的。

两个人什么也没有说,只是紧紧地拥抱在一起,直到这时才知道,彼此谁也放不下谁。

爱情从来都是燃烧的火苗,有了这样特别的经历后,两个人的感情又上了层台阶。这段时间里,荷西为了见到陈平,先后几次放弃功课逃学。陈平每次都会责怪他,而他依然我行我素,屡教不改。可以看出,他已经完全投入这场情感之中,谁也不可以挡住爱的脚步。

每每同学们带着戏谑的口吻大声喊道,"陈平,你表弟又来找你了",她就会无端地焦虑不安起来,但还是会热情地笑脸相迎。在一起的时光充溢着幸福,也让人难以忘怀,可纯粹为了爱情而放弃学业,她是不赞成的。

陈平在学业上吃过太多的亏,她绝对不会让喜欢的人重蹈覆辙。当初确实是因为太在乎对方,结果不仅伤害了自己,也伤害了别人。而对于关心的话,荷西却总是听不进去,他更看重的是两人在一起的欢娱。

于是,爱情变得纠结起来。

有次电影结束,两人随着一群人走了出来。荷西又要放弃上课请陈平去舞厅,听到这里她终于没忍住自己的情绪。

"从今天起,你再也不要来找我了。我希望你能好好学习。"起先还只以为是开玩笑,荷西便拽着她的胳膊要撒娇,可看到那少见的严肃面孔时,他不由得停止了拉扯。

"好姐姐,我听话好好上课就是,不要提分手行不行?"陈平说什么也不吱声,只是低头快速往前走去,只有远处的建筑映衬在夕阳下,这个世界突然间变得没有那么美好了。

尖厉刺耳的寒风发出了凶猛的怒号,刀剑一样挥向每位过路的行人。荷西裹了裹身上的衣服,不知道如何去面对这突然而至的噩耗,痴情的他无助地站立着,只觉得浑身上下都是冰冷的,周围是死一般的寂静。

"我是真心的,见到你的第一眼,我就只想和你结婚。"说到结婚,荷西是如此单纯无知,他只清楚表面上的仪式和程序,根本就不懂得结婚究竟意味着什么。

陈平假装没有听到对方的话。

她心里其实并不讨厌荷西的表白,相反还特别喜欢他的直接,认为这样的单纯中,少了许多世俗气。陈平知道,不是仅仅凭借一句"我爱你"就可以携手步入美好的生活中,还需要考虑工作、生活、房屋,等等。再说,彼此间年龄的差别才是关键所在。

"你回答啊,你回答啊。"孩子气的荷西有些发怒,说话的声音也带着颤抖。认识这么久,荷西很少发火,就在此前,他还充满稚气地问过陈平,是不是中国女孩都和她一样好看。陈平记得很清楚,她当时是带着颇为骄傲的口气告诉他的,中国漂亮的女孩太多了,只要去了中国肯定就不想回来。然而荷西睁大的眼

第三章
春来人间草木知

睛只是看着陈平,他只相信眼前这位大姐姐是最美的。或许一见钟情就是这样,那些快乐的时光始终荡漾在记忆里。

陈平没有回答,只是淡然地盯着他看。荷西不解,只能伤心。荷西有兄弟姐妹八个,他排行第七,平日里性格温柔,现在能说出这样的狠话来,自然是愤怒到了极点。

青春里的风月美好荡然无存,似乎只剩下一颗伤痕累累的心,在风中瑟缩。没办法,这就是人生的常态,从来就没有过完美的平淡。

爱情是残忍的,面对这份异乡的爱恋,她只能在心底压抑自己,任无休无止的风肆意乱刮着。

"既然这样,从今天开始我再也不会去纠缠你,你也不要把我当成一个小孩子。再见吧,我永远不会来纠缠你。"黑漆漆的天像个大锅盖,似乎要从高处掉下来,沉闷的空气实在让人无法喘过气来。

眼泪很快就掉落下来,冷冰冰的空气也无法阻挡。陈平又一次记住了这伤感的一幕。"在马德里喊着我的名字倒着跑,除了大枯树和平原外,羽毛般的雪花隔着我俩在天空中漫天飞舞……他是一个很难得而且与我真诚、真心相爱的人。我几乎忍不住要狂喊他的名字,叫他回来。"

以往浪漫的雪花精灵,也不知道从哪里汲取了力量,现在成了阻隔彼此的铜墙铁壁,硬生生地把两人无情地分开了。陈平简直要崩溃了,她在雪中狂奔着,那可怜的脚印没一会工夫也见不到了。

短短的接触，为陈平疗了伤，又给她带来了诸多快乐。心底深处，她和荷西一样，都是难以舍弃对方，但若没有这样的残忍分手，她怕最终会以爱情的名义害了这个单纯的孩子。

分手的打算，陈平已经想了许久。可是她一直没有机会把这话说出来。现在总算有了借口，于是便一股脑儿全说了出来。不是说长痛不如短痛吗？与其这样虚无缥缈着，还不如活得实际些。

那些伤心的话，分明就是横握在手的利刃，总是会无声无息地伤人。

刚刚信誓旦旦地说完分手，陈平又莫名其妙地想到荷西的好，甚至还自言自语："他还会找我吗？如果真的等上六年，我们就一定会结婚吗？"

爱情与厮守便成了摆在眼前的现实问题。

爱其实很简单，不是陪伴与相守，便是抛弃与相忘。从极致的幸福到结束分手，这样的过程无疑是艰难的，但注定要在青春的时光中成为昨日。即便是刻骨铭心又能说明什么呢？

雪继续下着，纷纷扬扬的气势似乎要埋没所有不快，那最高处的哥特式建筑，也被笼罩在雪色中，朦胧中什么也看不清。爱情不就是这样么？幸福和快乐，有时会蒙蔽人的眼睛，让人失去最基本的方向感。陈平知道，每个人都在努力地寻找着属于自己的另一半，而她现在虽然在心中不停呼唤着荷西的名字，却少了恩爱时的坚定。"荷西，你才十八岁，我比你大很多，希望你不要再做这个梦了，从今天起，不要再来找我，如果你又站在那个树下的话，我也不会再出来了，因为六年的时间实在是太长了，

第三章
春来人间草木知

我不知道我会去哪里,我也不会等你六年,你要听我的话,不可以来缠我,你来缠我的话,我是会怕的。"许多年以后,这段真实的文字记录重现了她当时的绝决心情,如果当时知道六年后还会重新相逢,是否又会是另外一番心情呢?当然,这个谁也不会知道。

不管将来如何,不论世界会如何改变,爱情都是人类最为炽热的情感,它会让每一个人都充满希望。然而,当爱情的萌芽在烟火人间中逐渐熄灭时,陈平并没有把这场结束视为生命的最后一天,担心整个世界会因此而垮塌下来,相反却将其视为一种成长的过程。她没有任何的怨恨,也没有在乎自己的决定是否错误,毕竟这场感情让她又长大了许多,她就像那已经可以展翅飞翔的雏鸟,在勇敢地面对着人间所有的风风雨雨。

烟火人间

都说孤独是一个人的狂欢,但真正一个人时却难免会有太多莫名的牵挂,始终想着能找个知心人来陪伴,解除内心的煎熬。可是在经受过刻骨铭心的剧痛后才渐渐明白,孤独注定要占据生命中的大部分时光。

成长就是这样,永远都是痛并快乐着。谁想要无所畏惧地长大,就得面对和接受这个世界的所有伤害。于是,一次次的"碰壁"之后,陈平只能努力地调整心态来面对眼前的生活。有句话说得好:一个人之前是过着一个人的日子,一个人之后是想着一个人过日子。是的,她即将重新开始一个人风轻云淡的生活,至于哪些是生活中的冥冥注定,她永远是不会知道的,只有等待着命运的来临。

荷西的真诚,就这样被当成了内心的冲动。委屈的他始终不解,自然也无力诉说,其实也不知道该说给谁来听。这场恋爱,无论是痛苦或者快乐,都教会了他如何去爱自己。

伤心在别人看来是多么的幼稚和不懂事。他掏出才准备好的

第三章
春来人间草木知

礼物，无奈地朝着夜色扔了过去，面前是一片的迷茫，始终听不到任何回声。以往熟悉的回声（ECHO）再也听不到了，是的，永远都不会再听到了。

前世，我只是那生长你心间的情花，长途跋涉只为与你相遇。在梦想的路上，所有失去的都会以另一种方式归来。荷西磕磕绊绊走在夜色的交错中，只觉得眼前的这一切全是虚幻。他开始怀疑了，过去的那些美好时光难道也全是虚幻吗？

不论如何，新的生活总要开始。这次，她的心情却没有之前那么糟糕，相反还有些小快乐。一次次的爱情无果，已经让陈平不再是当年那个纯情的小女孩了，对于伤心之类的事情，自然也是看得越发淡然。

因为感情，她的内心在发生着变化，尤其是对于马德里这座城市的感觉。好多时候，陈平庆幸自己当初选择了这座城市来生活，虽然说处处都充满着陌生感，但时而又会有着太多的熟悉在其中，尤其是那些富有感染力的弗拉明戈舞，透着狂野激情的斗牛士，以及浸淫着各种古典风格的建筑群落，都在以不同的方式深深地吸引着她，让她尽快消除掉对异乡的陌生感，全身心地融入其中，并与此结下了无法言说的不解之缘。

自从与荷西平静分手之后，两个人都信守着承诺不去联系。尤其是陈平，她这次超乎寻常地平静，每每望着窗外的风景时，她就会在心底佩服自己，竟然能在如此纠结的恋情面前不再回头看一眼。

短暂而又充满着暖意的恋情中断了，一切都似乎随之结束了。

她又可以独来独往，做自己喜欢的事情了。天气晴好时，可以惬意地去逛旧货市场，也可以去看看电影。那些熟悉的环境中，只有她一个人快乐的身影。她此时更像是从樊笼里逃脱的小动物，突然间找到了回归大自然的感觉。雨天的时候，可以听听音乐，也可以偶尔给父母写封信。信中的语言变得成熟多了，从中读不出任何的哀怨。荷西的事她从来没有给家人透露过，她只是把这段不现实的感情当作了浮云。

也许真的是"冤家"路窄，有时也会难免与荷西在路上碰面，他是背着书包去上学，陈平依然是到处在寻开心。好在大家没有任何的隔阂，也会停下脚步说几句无关紧要的闲话。如果身边还有别的朋友，荷西还会礼节性地上前握手问候，并亲吻陈平俊秀的脸庞。陈平呢，也会将他视为表弟，有板有眼地介绍在场的朋友。

这一切都是那么自然，陈平有时也会顺便问他是否还在逃课，而他只是低头含笑，却什么也不多说。每每望着他远去的背影时，陈平只觉得自己还有什么话没有说，临到嘴边却又不知道该说些什么。

六年的等待绝非轻而易举可以实现。在失败的情感面前，她还是告诫自己要理智地去对待爱情，或许离开才是最好的选择。于是在经历过那一段相处之后，陈平终于感觉到独处的惬意，她完全按自己的意愿在生活。每天都是全新的，回忆也找不到了。渐渐才明白，没有恋情的生活，也有着与众不同的浪漫。如此看来，生活的本质意义并非是要得到什么，而在于每个人的内心是否充实。

第三章
春来人间草木知

除了要完成的学业外,读书自是生活中不可或缺的给养。无论是那个深奥的托马斯·阿奎纳,还是与众不同的塞拉、毕加索,凡是这些著名艺术家的作品她都会一一涉猎,好多时间都投入其中不能自拔。此外,至情至性的她还喜欢上了孤独的旅游,在诗和远方的行走中尽情挥洒喜怒哀乐,用文字构筑着温暖的精神家园。

这与此前的旅游大为不同。如果说她之前只是为体验丰富多彩的生活,那这次却是在享受着生命的美好。那些真实而又自然的异国风情,不时地感染着她,也让她永远以特立独行的人格追逐着自由与爱。

这个时候,学校里也有不少留学生疯狂地追求她。而陈平也不加拒绝,基本上都会接触。这和当时马德里的环境有关。正如西班牙著名时尚评论家杰维尔·马汀斯所言:这里充满着一种拓荒者的空气,因为这里有一个完整的灵魂在他心中激荡。与此同时,我们看到传统与多民族的风格并存,一种流浪的精神与时尚性格相融合。确实,在马德里这座充满着艺术气息的城市,无论做什么都是再合适不过的事情。她又何尝不知,这些人此时出现,似乎填补了失恋后的空虚,其实他们根本就无法与那个单纯的荷西相比,至多只是临时顶替他而已。

人生如茶,品过才知浓淡;生命如途,走过才知深浅。每每夜深人静之际,陈平还是会想到那纯情的目光。爱,或许只是一转身的距离,或许只是前世的一滴泪,或许只是梦的点缀,但只要想起就执念不悔。

两年的学校生活似乎和梦一样,转瞬间就结束了。

以往的朝夕相处还历历在目,但显然都成了非常难得的记忆。让人最不可思议的还是,时光居然流水一样逝去得如此之快,往事就是一朵朵散布开来的蒲公英,在风中虽然微不足道,却又牵动心怀。

这个时节,父母也写信催促她能够早些回到自己的身边。

父母的心思从来都是寄托在孩子身上。除了沉甸甸的希望外,更多的还是盼望着见到这个桀骜不驯的孩子。陈平自然也想到了回家,可突然间她又想趁着年轻到处走走、看看,以满足好奇的心。

西班牙是个神奇的国度,它不但等到了陈平的到来,也用别样的美填补了她的乡愁。现在来看,人生中所有的相遇与错过,不过都是过客与过客的交替,当初要是没有与荷西分手,错过的定是无比浪漫的旅行。

陈平是个敢想敢做的人,她始终相信"人生是一场大梦,多年来,无论我在马德里,在巴黎,在柏林,在芝加哥,……醒来时总有三五秒钟要想,我是谁,我在哪里"。这样的考虑也是有原因的,毕竟这个地方让她开始学着转变,以至于许多年之后,她还是对这里恋恋不舍,心生依赖。

生活洗礼让灵性十足的陈平越发与众不同起来,尤其在逐渐了解自己的内心之后,她更加倾向于无比精彩的生活。周围的人都能发现,现在的她正由一只不自信的丑小鸭,努力朝有着独特魅力的白天鹅转变。当然,那渴望流浪的心却始终没有改变过。

已经有过一次说走就走的旅行,这次自然也不会有太多的顾

第三章
春来人间草木知

虑,陈平草草地准备了一下,便背起简单的行李去了马略卡岛。

1838年,著名的音乐家肖邦偕爱妻乔治桑来到马略卡岛度蜜月。独特的地形地貌和原始的风光,让这座岛处处洋溢着梦幻气息,无论洁白的沙滩,还是碧蓝的海水,无论是古老得叫不出名字的树木,还是沐浴阳光的各种鸟类,都让人觉得这里是绝妙的风景画。两人在这样温馨的环境里谈情、说爱、写作,用心享受着奇妙的时光,这些从他们往来的信件中可见一斑:"我漫步在棕榈树、雪松、芦荟、橘子树、柠檬树和石榴树下,天空是深蓝色的,海水是天蓝色的,山是翠绿色的,空气好极了。"或许正是因为这种感觉,陈平没有丝毫犹豫,便选择了这座位于地中海的岛屿。

刚来到岛上,那种精致、悠闲的生活一下子就感染了她。沟壑奇出,花草溢香,禽鸟啁啾,懒散无拘。工作之余,她最喜欢赤脚徜徉在沙滩上,享受着天高海远的休闲时光。陈平似乎对各种陌生的环境都充满着极其浓厚的兴趣,她在不停地行走着,探寻着,于安谧宁静中触摸着这座小岛的前世今生。

岛上的生活分外有趣,一时间少了许多学习的压力,陈平可以全身心地去做导游工作,每天和不同的人打交道,每天都有着不同的好心情,这些似乎重新开启了一种别样的生活模式。

每一个不曾起舞的日子,都是对生命的辜负。说白了,人生其实不过是一场游戏而已。越是压抑,越是希望能够纵情,以至于那段时间,她不停地换着男朋友,"我爱哭的时候便哭,想笑的时候便笑,只要这一切出于自然,我不求深刻,只求简单"。这样的想法类似于孩子，不带任何的功利，正如她自己所说的一样，她生来就是来生活的，纵情享受人生，放浪形骸也未尝不可。或许她太喜欢被人疼爱的生活了，以至于用自己的经历演绎着敢爱敢恨的真实。

这时，她给人的感觉特别享受，有人嘘寒问暖，有人鞍前马后，所有人都在满足着她的愿望。这是一种梦幻般的感觉，就似来回涌动的海水，不停地澎湃着。当然，陈平也不是见一个爱一个，也不会全身心地投入爱情，只不过想借助这样的快感来释放内心的压抑罢了。现在的她，已经在随心所欲中懂得了人生，"真正的快乐，不是狂喜，亦不是苦痛，在我很主观地来说，它是细水长流"。

生活就是这样，平淡过后是激情，欢愉过后是平静。只是在这个时节里，陈平又认识了一位德国籍的朋友约根。说是认识，其实读书时就是朋友了，只不过彼此都不去谈情感罢了。

失去旧的，来了新的，成长就是不停地蜕变。

当她开心地接过这个男孩送来的鲜花时，眼睛还是一亮，饱含了无比的惊喜，虽然也没有兴奋得脚下像踩着一朵云，但这样的感觉却是新鲜而又美好的。捧着艳艳的花束，缕缕清新的香气扑面而来，再细细看时，娇艳中透着浓烈。

好多时候，陈平都以为自己对情感的事再也不会激动，心如止水，波澜不惊，对于约根的突然出现，她除了满心喜欢，又将彼此的相逢视为上天的馈赠。两人在一起后，常常会在岛上散步谈天，说些以后的理想，感觉人与人之间的相识，本就是一件顺

第三章
春来人间草木知

理成章的事。

她再也没有了以往的那些想法与拘谨,只是开心地享受着每一天的快乐。约根说的也不多,只是尽心尽力地陪着这位中国姑娘。有一天,他们离岛相约着去城里玩,也不知道怎么就来到了一家商场,约根笑着对陈平说:"还有这么漂亮的双人床单,要不要来一条?"

"确实很好看,没想到你的眼光真不错。"陈平笑着应和。

然后,约根喜笑颜开地让服务员包了起来,回家路上,情绪本来好好的陈平旋而变得沉默起来,突然间一句话也不说,约根不明就里,也不敢多问,只是不停地看她。此时的陈平不知道为何总想发怒,压根就不会理会约根。两人一前一后走了许久,陈平突然说:"我们回去吧。"便不容置疑地拽着他转身朝商场走去。

约根很纳闷,只得顺从地跟着她原路返回。来到柜台前,陈平径直掏出床单要求退货。约根急了,眼泪汪汪地问:"你真的不要了吗?"

"嗯,真的不要了。似乎没有地方可以用到。"

男孩听后便不再说什么,只是顺从地按照要求退掉了床单。在她简单而又直接的认知中,双人床单分明就是答应对方做对方女朋友的意思,但她现在只想做个快乐的单身贵族。自从与荷西分手之后,所有的交往都让人感觉淡然无味,根本提不起精神。与约根的这段情感更是无聊,似乎只是为了填补精神深处的空虚。

约根本就是个理工男,成天只会埋头读书,人生得很帅,却不懂浪漫,平时对自己要求又过于严格。他那苦行僧的感觉一度让陈平极为反感,尤其是那种按部就班的节奏,更是让陈平匪夷所思。两人相处时彼此都不愿迁就,经常会无端生出许多摩擦和争吵。

每次争吵之后,陈平都会想着要离开约根。这些日子里,虽然她知道对方是爱自己的,但却无法忍受他的许多做法。他所有心思都用在功课上,对陈平不够体贴不说,在花钱方面也很吝啬,而且还很大男子主义,从来就不会尝试着去理解陈平的想法和感受,只是满脑子的控制和学习,认为男人就该有自己的梦想,一直为着成为外交官而努力。

既然不想把时间浪费在花前月下,那还谈什么朋友呢?陈平也很明白,与约根时间处久了,唯有一处不舍,就是对德国这个国家又生出了诸多向往。

所有的纠结集于一身,有时也让陈平不知如何处理才好。好在导游的工作还算不累,又可以从天南海北的游客嘴里,听到许多有趣的奇闻逸事,这样的乐趣,让她不断地充实着内心,开阔着视野,努力做个优雅独立的女人。

这应该是最为美好的时光,陈平一时间少了功课的压力,暂时不用考虑要去往哪里,于是头发可以乱蓬蓬的,肤色也可以变得黝黑健康。她不用摆出笑脸去取悦任何人,开心时便去约会、去饱餐一顿,伤心时可以和灵魂对话,渴望着能去陌生的地处冒险体验。正是这种不确定的生活方式,让她能够时刻听从着自己的内心。

这样的情怀是浪漫的,正是由于对世界充满好奇,于是所有

第三章
春来人间草木知

的日子里都装着诗与远方。当导游的工作换来了足够的旅费时,她心中又开始涌起了对于外界的向往。就这样,一个为爱而流浪的女人,几乎没有任何考虑,就购买了一张飞往西柏林的机票。她注定要用各种各样的传奇,来结束掉在马德里的学习生涯。

马德里留给陈平的是一段美好的时光,无论有没有荷西,对于这个外来的中国姑娘而言又增添了一段青春的经历,学会了冷静地思考和面对。

她这样不停歇地行走,只是为了忘却藏在内心深处的锥心之痛,为了忘却无数个不眠之夜,为了忘却那些伤心的泪水。当她再去回望马德里这座特别的城市时,真的不知道是否还会再故地重游,只是隐约觉得它依然那么令人魂牵梦萦。

第四章 自由不羁的流浪

花开无果

随着时光的流逝，陈平的优雅在逐渐发生着变化，她给人的感觉越发地高贵脱俗，细腻理智。这个世界变化很快，陈平已经从当初的小女孩成长为优雅安静的女人。她的内心深处，懂得既没有无缘无故的爱，也没有无缘无故的恨。对于爱情，她始终持半信半疑的态度，只觉得凡事尽力就好。

众所周知，优雅的女子都是爱美的，陈平也是一样。她有着属于自己的独特品位，一言一行中透露出的全是成熟女人的韵味。当她决定离开马德里时，注定又要开始一次远行，只是未来是什么她并不知道。

位于欧洲中部的西柏林，若要与其他城市相比较，似乎更多了些中世纪的风貌和格调。城市的空气让人感到自由，时时处处闪烁着生命的光华，润饰着大地的光彩，泅染着时间的光环，让人始终怀着敬仰之心。这座城市的富有与繁华，呈现出另类的清新别致，那感觉就像是美丽的梦，让人不由自主地想在诗意的审视中去触摸心灵。对于始终都在寻梦的陈平来说，这里是个完全

第四章
自由不羁的流浪

陌生的地处，有着太多的未知。行走在历史与现代交融的气息中，单纯的人生似乎也因此变得丰富起来。

1968年秋季，26岁的陈平像迁徙者一样来到这里时，完全陶醉在旅途所见的风景之中。她的内心是愉悦的，因为这里是男朋友的故乡，又是全世界众所周知的哲学之都，曾经诞生过康德、尼采、黑格尔等先哲。

几乎没有太多的考虑，陈平选择了西柏林的自由大学哲学系就读。没想到马德里文哲学院的结业证书还算管用，经过面谈，校方答应让她去歌德语文学院进修语言专业，并提出了必须掌握德语的基本要求。

陈平没有任何退路，只有暗自下定决心，希望自己能早些掌握这门语言。当她搬进学生宿舍村时，第一眼看到这里的硬件设施就感到很满意，个人独立的房间，还配有厕所、浴室等，不但可以任由思想放飞，也适合同学间的学习和交往。"所谓学生村，是由数十幢三层的小楼房，错落地建筑在一个近湖的小树林中。"有水，一切便有了应有的灵性。花儿们竞相开放，让宜人的校园五彩斑斓。最醒目的要数那些树了，郁郁葱葱地倒映在水中，而后又细细密密地交织着，那生机勃勃的姿势真是让人难以用语言形容。

她可没有心思来欣赏风景，为了尽快掌握语言，她完全放弃了以往自由散漫的做法，自虐一般把自己关在宿舍里用功读书。"起码我个人大约得钉在书桌前十小时，一天上课加夜读的时间大约在十六七个钟点以上。"为了攻克语言关，陈平除了吃睡外，几乎把所有的闲暇时间都用在了读写训练上。以另一种形象示人的陈平，变成了大家眼中的疯狂读书机器。她就是这样，越是没有希望，越是激发着心底的潜能，以至于从镜中看到自己这副拼命的模样时，她还嬉笑自己原来也有着好学生的潜质，而后又无悔地投入一天的学习中。"一天到晚就在念书，对德国的人和事，完全讲不出来，我认识的德国，就是上学的那条路和几个博物馆、美术馆。"

这样的生活是枯燥的，她的世界里也全是那些个飞来飞去的字母。付出总会有收获，还不到三个月的时间，她的语言天赋就充分显现，并通过努力成为初级班中的优秀生，而且具备了升学资格，最让人激动的是被老师当作典范，邀请录音来激励大家。

面对这些成绩，陈平并没有沾沾自喜，而是一如既往地俯身学习。她知道，只有一级级考过去，最终拿到了高级德文班的毕业证书才可以喘口气，否则要留在大学根本不可能。那段时间里，她为了学习憔悴了许多，经常会因休息不好而脾气暴躁，似乎只差头悬梁、锥刺股了。

有着典型日耳曼人性格的约根，回国后依然只知道读书，无休止的读书似乎已经成了他的全部生活。平日里呆板不说，言语举止中还多了份傲慢。对于陈平的喜怒哀乐，他从来都是不闻不问，就连生活起居也没有任何关心。至于那些花前月下的浪漫，也好像是十分排斥。要说美好的记忆，也只有一起讨论功课的情景。他这样的做法，又怎能抚慰陈平桀骜不驯的心灵呢？

约根的家庭条件十分优渥，由于他一心想着进外交部工作，

第四章
自由不羁的流浪

便分外苛刻地要求着自己，还不断地给陈平施压，根本就不在乎她生活是如何艰辛，也不去关心她为学习语言所经受的那些苦楚。他满脑子都是学习，而无休止的学习，只能让陈平无端生厌。味同嚼蜡的关系，让彼此的心越走越远。

为了能在语言学习上有所突破，她也会试图宽慰自己。夜深人静的时间，她也会静心去想以后的路。倘若真要做外交官太太，那么放弃洒脱的笑容，仪态端庄地坐在书桌前也是必需的。所以，她也试图理解约根的所作所为，并把这一切都视为宠爱。可持续了一段时间后，内心的孤独感又会卷土重来，让她越发觉得人生无趣。每每夜幕降临之际，强烈的思乡之情如同乌云密布，不论怎么也拂之不散。

陈平无心读书，却也不知道做什么才好。远处的城市一片灯光闪烁，她迷蒙的眼神中却只有无尽的落寞。身处异乡，陈平感觉到自己生存的不易，这样的感觉在西班牙没有，在国内时的重庆、台北也没有。给父母的书信，便成了她不可多得的寄托。只有信中的感觉才是无比美好的，她可以挑选许多有趣的事情来述说。

约根给不了陈平时间的陪伴，便用物质来表达自己的关爱。钱虽然很有用，然而却无法满足无求无欲的陈平。德国生活很拮据，而她又不愿接受约根的馈赠，为了能够自立，她开始打算利用闲暇时间去工作，以赚些日常的生活费用。

这个念头，始于一条无意中看到的广告。

这则广告由当时西柏林最大的百货公司 KaDeWe 发布，大意是要招聘一名日本的女模特。有着独特个性的陈平就是敢与众不同，她毫不犹豫地寄去了十几张彩色照片。之所以这样做，是因为她每天上学要从这里经过，有事没事总要进去转转，便自然地喜欢上了这里的富丽堂皇。这些对于陈平而言，是富有诱惑力的，就像不可或缺的爱情一样。何况她手头拮据，如果能在这里面工作也不错。

短暂的等待似乎很漫长，脑海里也全是与招聘有关的事情。没想到几天后，竟然真的有了结果，她从众多的参与者中脱颖而出。

意外到来的喜讯，有些像中了彩票的感觉，让陈平不知所措，同时又多了几分自信。一个喜欢捡破烂的姑娘，突然要从孤独中走出来，站在众人面前去热情推销香水，不好意思总是难免的。但她还是想把这些事情用心做好，于是又陆续去了好些租借服装的仓库，接连换了好多身衣服后，才对一套淡紫色宽襟的"东方服装"感到满意。

这个时候，她就会到宿舍周围的花园里走走，看花开花落的禅意，用心地闻馨香的草木，或是采摘累累的果实。所有的一切都是美好的梦，真实得如同幻觉。也只有这个时候，她是快乐的，并不是忧郁得不想飞翔的鸟，而是在水底来去自若的鱼。

对于陈平来说，这样的工作其实不复杂，她只需要每天微笑着站在商场门口，向来来往往的人推销香水。起先还算有些意思，各种各样的香水都可以玩味，像极了贵族手中把玩的物件。可慢慢地就觉得没了意思，来往的人看多了，翻来覆去也就是这样子，于是她对这份工作感到了乏味。

可是当她用十天时间赚了两百美金的报酬时,似乎又不纠结于之前的种种想法了,而是在宿舍开怀大笑着,甚至对着镜子自言自语:"人生得意须尽欢,莫使金樽空对月。天生我材必有用,千金散尽还复来。"

有时,陈平的心理让人根本无法琢磨,一边是恨不得把自己埋起来的羞愧,一边又是无法言说的自豪。生活有苦有乐,学生村也并非全是压抑的学习。夏天,男女生们相约着一起烧烤聚会,在欢快的音乐声中放松心情,不少同学还会喝冰镇啤酒来宣泄情绪。陈平也喜欢这样的环境,她把这视为生活的馈赠,但更多时候只是开心地远观着。到了冬天,同学们又会别出心裁地想出别的办法愉悦心灵。不论是在雪花飞舞中追逐,还是在童话的世界中漫谈人生,都让人觉得是在真正地享受人生。

记忆中,约根很少有空闲时间。即便空闲下来,也是"不肯将任何一分钟给爱情的花前月下……有时我已经将一日的功课完全弄通会背,而且每一个音节和语调都正确,朋友就拿经济政治类的报纸栏来叫我看,总而言之,约会也是念书,不讲一句闲话更不可以笑的"。可以想象这样的约会是多么寡味,两个人似乎更像是老师和学生的关系。

即使如此,对于一个女孩子来说,约会也还是幸福的。但实际上连这样的约会也"不是每天都可以的,虽然同住在一个学生村,要等朋友将他的台灯移到窗口,便是信号——你可以过来一同读书。而他的台灯是夹在书桌上的那种,根本很少移到窗口打讯号"。如此一来,心高气傲的陈平便生出许多想法,觉得在德国远不如在西班牙过得有趣。对于所有这些,她只能是默默鼓励自己坚持。

心一旦不自由,整个身体都觉得有了束缚。在她的理想中,与各种人的交际是应当快乐的。而热恋时,应该彼此水乳交融才对,至少在精神方面,对方要能够满足自己。然而事与愿违。

处于这般负重的状态下,陈平想要不生病也不行了。在马德里时,她只要有个风吹草动的变化,男孩子们就会成群结队围上来嘘寒问暖,鲜花和礼物会源源不断地送过来。身边全是贴心的话语、亲密的谈心,可是现在,她只能孤零零地待在病房中,闻着消毒水度过这难耐的每一天。

不开心的时候总会想起往事。那个时候多么美好,每天和喜欢的人一起漫游、歌唱,或者去远足,享受着清晨与傍晚的自由。可在这里,爱情不过是个点缀。

虽然已经不期望约根会来看望自己,但木讷的他有时也会热情地予以问候。让人哭笑不得的是,这种问候的做法往往是将电话打给护士站,再通过护士转达给生病的陈平。真不明白是功课重要,还是关爱心上人重要。这些生硬的话一句句地进到她耳朵中,一字一句都让她肠子都要悔青了。

这哪里是在谈恋爱,分明就是在敷衍了事。还有比这不可思议的事情,那就是各种严厉的批评。"将来你是要做外交官太太的,你这样的德文,够派什么用场?连字都不会写。"这样的话无数次在说,她也一遍遍在听,听到最后连自信都要找不到了。

第四章
自由不羁的流浪

她不得不问自己，难道自己来西柏林就是为了委身于这位未来的外交官？应该不是的，至少她还是个有主见的人，即便眼下目不识丁也能生存下来。

既然这样不闻不问，那还是用心来做自己的事情吧。对于已经习惯追赶梦想的陈平来说，她的偏执似乎更胜于男友。为了能熟练掌握一门语言，她也在不停地学习，像对待爱情一样痴迷地追寻着，毕竟"德国人凡事认真实在，生活的情调相对地失去很多，我的课业重到好似天天被人用鞭子在背后追着打似的紧张，这使我非常不快乐，时间永远不够用，睡觉、吃饭、乘车都觉得一个生字在我后面咻咻地赶"。

时间对于陈平来说并不充裕，既然情感方面找不到依靠，还不如用心学业。要强的陈平不断地给自己加压，夜以继日地抓紧时间学习，只为了能够留在这个国度。

也不知从什么时间开始，她已经沉醉到自我的世界里不能自拔。学习无疑是枯燥的，整个过程犹如爬山一样，要的是毅力和坚持。但也只有通过学习，才能不断地开阔眼界，站得更高，走得更远。

陈平用了不到九个月的时间，硬是取得了德文老师资格证书。这对反感学校的陈平来说，绝对是个了不起的成绩；对于约根来说，这样的收获也是不可思议，毕竟陈平转眼之间就可以在大学里教授德文了。

直到拿到证书的那刻，她才慢慢地点燃了一支香烟。这张纸是有质感的，既代表了努力，也见证了能力。她从来没有这么放松过，就像从来没有好好关心过自己一样。她若有所思地抽了一大口烟，然后又在嘴里含了一会儿，才缓缓地吐了出来。随着烟圈从眼前渐渐散去，压抑在心底的所有不快才少了许多。

相对于西班牙这座充满着艺术气息的城市，西柏林的生活消费水平要高出许多。虽然家里也会不时地寄些生活费用，但倔强的陈平脑海中却依然留存着黑面包的记忆。这样的生活虽然清贫，但她却习以为常。也就是在这样的生活条件下，陈平根本没有心思去考虑爱情，更多的只是无助地坐在宿舍里，望着外面的蓝天白云发呆，想起此前的许多往事来。

贫乏无聊的留学生活，让陈平更为要强，就像舒凡曾经说过的一样，她任何事情都在追求做到最好，就比如要画一条直线这么简单的事，都会非常认真地画得笔直。约根的生活态度，不断地激发着她面对生活的勇气，让她在艰难的生活中乐观地面对寂寞。

语言关过了，可功课未必每次都会如愿。至少对于陈平来说，这是比较尴尬的事。有次考试成绩不理想，约根知道后并没有安慰她，反而几次数落她说："你应该明白，这些题都是不该错的。"听了这些话后，需要安慰的陈平着实无语了，感觉就像被人泼了盆冷水，不知道如何去面对这种现状："谁稀罕做外交官太太，从此你我各自生活，你就好好做你的白日梦去吧，压根就别指望着我会嫁给你。"陈平满脸羞愧地走远了，内心却发了狠誓。此刻，她真情愿自己没有取得任何的证书，也不会讲一口地地道道的德语。

确实，当一个人无法拥有自己想要的东西时，唯一能做的就

第四章
自由不羁的流浪

是忘记。陈平身在异乡，孤苦伶仃地为生活四处奔波，内心有着太多的辛酸。尤其是伤心无助的时候，除了想家，只能无数次地用泪水打湿枕头。这半年多的经历，更是让她对自己的前途喜忧参半。真的是不容易，为了节省费用，她冬天里都不愿穿靴子。为了上学，她差不多每天都要早早起床，去修补那些破旧的鞋子。这些事她都不好意思跟同学说，也不愿跟约根说，有双鞋鞋底脱落不说，上面还磨了个大洞。出门时，她无奈要穿上两双毛袜，然后在上面套个塑料袋子。为防止漏水，她还得在鞋子外面再套层塑料袋子，才能确保鞋里不湿。有时为了防止滑倒，还要在袋子上面绑上几根皮筋。这些烦琐的做法简直无聊透了，为了不让同学笑话，她在进校门时还得找个没人处将那些东西取掉。

最为难挨的雨雪天气，似乎一直都非常漫长，让陈平的长裤经常湿乎乎的，好多人不解，而她也没有办法去解释。只有回到宿舍那刻的心情是愉悦的，可以将整个身体趴在狭窄的暖气管上。随着热气逐渐上升，深入骨子里的冰冷才渐渐被冲淡。

她带着无比的伤感，甚至连写信的心情都没有。前途越发迷茫，只能一根接着一根地抽着烟。外面无比喧闹，却听不到自己的笑声，陈平的快乐似乎都消失在了无尽的烟雾之中。这烟雾让陈平彻底坠入绝望的深渊。

痛苦，起先让她对整个世界都抱有仇恨，可是慢慢地她变了，至少不会为这样的仇恨折磨自己了。世事就是这样，让人觉得一切都是注定的。她感觉自己生活在水深火热当中，反抗也没有任何作用，难道生活就是这样的吗？望着远处，她看不到丝毫的希望。

眼泪不停地在流，然而泪水是软弱的，根本就唤不醒身边视若无睹的人。深夜漫漫，烟雾缭绕，独自躲在斗室里哭泣的人，有着一颗无比孤独的灵魂。陈平多么希望能有父母的安慰，有亲人的关爱，可满腹的委屈只能用泪水来冲洗。虽然脑海里无数次地浮现出他们的形象，然而幻想只能是幻想。

陈平来西柏林之前，日子过得有滋有味，恍若春天惬意的阳光，给人温暖清新的感觉。可是来到了这里后，一切都发生了变化。这段无聊的日子里，除了学习，伴随自己的就只有孤独了。这种感觉像是茂盛的花草，时时在不断地向上生长着。有人认为孤独是可怜的，陈平以前也认同这样的观点，然而现在她又改变了想法，因为她能从无比嘈杂的环境中，获取到属于自己的平静和自信。

这是多么难能可贵。陈平明白了一个道理，那就是无论一段什么样的恋爱关系，都不如内心强大更重要。在这个世界上，只有内心强大，才能让一个人真正自信。也只有不断地失去，才会让自己变得无所畏惧。

生活有进退，输什么也不能输心情。

一点一滴的委屈累积着，既在不断加大着彼此间情感的缝隙，也让陈平的心情变得平和、豁达、宽容起来。爱情根本就不是强求能得到的，何必要在人生的路上患得患失呢？于是，生性浪漫的她用心收藏起所有属于爱情的记忆，重新开始寻找属于自己的幸福。

第四章
自由不羁的流浪

指尖流沙

陈平只能去逃避，好在时间能让一切都慢慢沉淀。

又一个圣诞节即将来临时，学校也早早放了假，同学们都陆续去各处旅游，只有陈平独自留在宿舍里。"书呆子"男朋友不懂浪漫，也不主动约她出去。外边太冷，她着实无事可做，便虫一样懒懒地躺在被窝里听音乐。四处很静，很适合沉思，心境随着音乐在起伏。一个人孤零零的，仿佛被人遗弃了一样，寂寞从窗外悄悄地蔓延进来，小小的宿舍中很快就变得沉重，似乎连仅有的一丝温暖都要被淹没了。

天气有些冷，渐渐也觉着有些饿，陈平却不愿意爬起来，在缥缈的音乐声中，所有的亲近和熟悉都在变得遥远。此时，她好像生活在另外一个时空中。

虽然大家都知道陈平有一个男朋友，可谁也不懂华丽衣着下包裹的那颗心。她的生活状态，更是无人知晓。有人会说陈平风流，有人会说陈平多情，但实际上她对于约根的态度，更像母亲一样宽容。她一次又一次地选择理解，但总归也有感到心累的时候。当她实在无力控制自己的时候,便不顾一切地想要解除掉这种无形的约束,毕竟她心中更向往爱情的美好和自由,而不只是傻傻的等待。

一天的时间很短,短得刚睁开眼天就黑了,只有音乐还在继续着,可是没有人来找她。这样的感觉有些酸涩,她不断地强迫自己不要流出泪水来。有几次她想起身,去外面的环境里走走,哪怕让冷风吹吹,至少可以让自己更加清醒一些,但想归想,身体依旧躺着没动,相反还把被子裹紧了些。

窗外已经有了星星点点的火光,在嘈杂的声音中闪烁着,整座城市也随之晃动起来。陈平又揉了揉眼,火光便由模糊变得清晰,在外面暗黑的世界里连成网,织成幕。

陈平想,这样的夜又该如何过呢?夜色如刚冲泡的咖啡,在寂静中逐渐加深着颜色,人却是越发地清醒。

追随,让心高气傲的她从西班牙漂洋过海来到西柏林。她几乎放下了所有身段,来憧憬美好的姻缘,然而没有想到的是,追随只是一厢情愿罢了。陈平不是个心胸狭窄的人,但她在床上翻来覆去睡不着时,悔恨一股脑儿全涌了出来。

一个女人如果爱上了一个男人,就会幻想占据对方的灵魂,否则她永远都会觉得有些失落和空虚。而平日里看起来软弱无助的陈平,虽然没有表现出强烈的占有欲望,并不代表她不珍惜这份情感。此时,她像极了泄气的皮球,无聊地躺在床上,心中没有一丝快乐,也不想任何人来打搅。对于她,一旦热情降温,那所有的欲望其实都在失望中熄灭了,否则这么热闹的节日,也不

第四章
自由不羁的流浪

会只剩下她一个人独守宿舍了。

这样独处的时空中,她也不知道该想些什么,只是两眼盯着天花板发呆。她从未这样认真过,似乎这里面藏有着所有问题的答案。

就在这时,突然从外面传来了敲门声,不急不缓的声音在空旷中游走着,陈平先是一阵紧张,紧接着似花在刹那间怒放,喜悦突然从惨淡的面容上绽开,隐约发烫的感觉,让她不由自主地用手赶紧来回抚摸了几下,而后又掀开暖热的被子,带着迷失的感动下床去开门,嘴里还忙不迭地问道:"谁啊?"

她的眼睛正在变活,变得更加富有生机和可爱,并且渐渐有了灵性。

打开门后,陈平的笑容僵住了,只不过这样的夜色中不易让人觉察到。

"要不要一起去旅行?"说话的是陈平的同学,一个普通得让人平日里想不起的人。

"要去哪里?"心力交瘁的陈平依然对旅行有着别样情愫。

"对面。"她用手指了指对面那堵高高的墙壁。

"东德?太好了。"这个时候她就像一个天真可爱的孩子,仿佛收到了对方递过来的小礼物,郑重其事地说道。她所有的愁绪一扫而散,也顾不得礼节了,便开心地抱着对方不放。这表情中更多的是动人,经过漫长的冷落之后,陈平重新又有了期待,那感觉仿佛成熟的果实,瞬间饱满得只想让人采摘。摇身一变,这位至高无上的女神又复活了,至少此时忘记了心中所有的不快。

寒冷的日子里，这位同学为她带来了意外的快乐。就像迷路的人找不到路时，眼前突然出现了逃避压力的通道，于是旅行就成了情感的慰藉。当她哼唱着歌曲收拾行李时，窗外的雪花也开始变得富有情趣，一瓣一瓣的冰冷不见了，朵朵联结成渴望自由的心。

有时候，陈平的笑容温厚，看了的人总是无法忘记。出门在外，面对的是各种各样的经历，需要解决各种各样的问题。陈平必须要学会处理一切。现在好了，所有的抑郁都随着冷风而去，在昏暗的夜中融进了雪色。她用力地伸了伸懒腰，想驱赶所有的困倦。

摸了摸身上仅有的零钱，想着即将穿越上面有着铁丝网和瞭望塔的柏林墙时，她是快乐的。可以说，陈平是听着雪的歌唱入眠的，她在梦里又回到了台北，父母还是那么年轻，而她一直在笑，笑得无忧无虑。

第二天，两人便迫不及待地上路了。雪依旧纷纷扬扬地下着，止不住的是彼此的谈笑。

由于陈平的证件出了些问题，她们被拦在了门口，这意外的变故让她意想不到，却又不知如何办理，两个人顿时处于困惑之中。这时，她冥冥中感觉有双动人而燃烧的眼睛出现了，她下意识地侧了侧身，尽量不去看他，关键也没有心情去关注，一门心思全想着如何才能出境。

窗外的雪越发大了，地上已经堆积起厚厚的一层。附近的

第四章
自由不羁的流浪

人不多，能够见到的只是那些闪烁着灯光的房屋。柏林墙在雪中高耸着，承载着属于一个民族的私有记忆。陈平特别好奇，她和同学四处询问着，想着尽快把事情解决，可是哪里又会这么简单呢？

而那双眼睛一直在注视着，似乎从来没有移开。"那儿，有一个办公室是玻璃大窗的，无论我如何在一拐一拐地绕圈子，总觉得有一双眼睛，由窗内的办公桌上直射出来，背上有如芒刺般地给盯着。有人在专注地看我，而我不敢也看回去。"过了好久，她终于大胆地转过头去，不远处的一名军官英气逼人，刹那间就有了电，那分明就是一见钟情的感觉。

其实从出门那刻起，陈平就执意要忘记约根，不论他以后会从事何样高尚的职业。既然又要去结束一段难忘的情感，自然也不会再轻易动心。只是这个念头还未远去，这种感情如此快地就来到了，只是由于一个不可思议的眼神。她很惊诧，竟然会在一瞬间，就把一个人刻在心中无法忘记。

她焦急地踱着步子，既是想缓解紧张的心情，又想着去除身上的寒意。大家都在忙着排队办理手续，只有她似乎无所事事。广播不断地响着，始终没有听到叫她的名字，她心中不禁琢磨起那让人不解的情缘。

眼看着时光逝去，她的好心情也是逃遁不再，几近绝望。她实在不想回到一个人的宿舍中，去重新体验让人要发疯的孤单。

茫茫人海，一个生灵与一个生灵的相遇是千载一瞬。只见那个眼神逐渐动了起来，片刻工夫，帅气的德国军官来到了她身边，她突然间不知如何是好，好想找个地方躲起来。

"小姐，请问您需要帮助吗？"

军官的殷勤表现，让无助的陈平一时变得语结，竟然半天说不出话来。

军官严肃地看着她，也不在乎旁边有人。

"我想出境旅游，只是不放行。"陈平说着便掏出了护照。她几乎是带着企求的眼神，用柔软来博取同情。军官熟练地接过一看，然后又还给了她。

"这本证件不可以出境。如果需要，我可以帮您办理临时的出境证。"然后就看着她，看得她神情慌乱，不知所措，只能将两只手来回地搓动着，以遮掩眼前的尴尬。

萍水相逢，默然相遇。

这个世界上，真的会有上天在安排一切？应该不会。无论是荷西，还是约根，总归都会远远地离去。眼前这位军官难道也是上天派来关照自己的？

不可能，她暗暗告诫自己。

风雪中的邂逅，让她内心滋生了情愫。她有些异想天开，嘴角还露了浅浅的微笑。于是她毫不犹豫地跟着他朝拍照处走去。她不懂自己为何就听从了他的建议，顺从地跟在身后，温顺得如同一只小猫。

两人一前一后地走着，路似乎很长，更多的还是沉默。他的背影逐渐在她眼中高大雄伟起来，如同大山一般耸立着。那身得体的德式军装，更是充分展现出他完美挺拔下的冷峻与霸气。不

第四章
自由不羁的流浪

管怎么说，一个不经意的眼神，已经让陈平无力抵挡，和缴了械的士兵一样。情愫就像融化的冰雪一样，悄然地浸入心底，让她只希望每次相遇都化为永恒。"我是一个美丽的女人，我知道，我笑，便如春花，必能感动人的——任他是谁。"对于陈平来说，她的浪漫、自由和多情，决定了她不可能只爱上一个人。没办法，自信如同缕缕春风，始终带着傲然的心绪。

照相其实很快，她只是刚将额头前的几绺头发拂到脑后，两手交叉放在腹前便结束了。摄像师见有军官陪同，很随和，也没有怎么去摆弄，随着耀眼的镁光灯闪了几下，快照就打了出来。

军官将照片拿在手中仔细端详了一番，又对着陈平本人痴痴地看。她只能把这些当作对方的职责，任由其上下扫了个遍。让她不解的是，军官还将其中的一张照片坦然而自如地装进上衣口袋，又轻轻地拍了拍，生怕没有装好。她想发问，却又不自觉地制止了自己。

"你很美，是东方人吧？"对方那幽蓝的眼睛，像是藏着许多秘密。军官帮她付了照相的费用，而她眼睁睁地看着，不知道如何是好。陈平知道这绝非例行公事，心头不禁一颤。这时，他含笑的眼神又望了过来。

他说话的声音很轻，但一字一句十分清晰地传入她的耳中。声音充满着男性的魅力，让她只觉着天不再那么冷，以至于衣服上的每朵花束都有着心跳一样的呼吸。

"嗯嗯。"陈平接连点头。含糊其词的回答背后，是喜悦而又迷茫的心思。

他的皮靴擦得锃亮，几乎可以映出人来。每一步迈出去，就像一面面的镜子在行进。陈平看得有些想笑，却又不能出声，以往的理直气壮全然不在了。

大厅里挤满了脑袋，热烘烘的气息让人头晕。大家都在排着队，军官也没有再说什么，也没有利用手中的特权，只是默默站在她身边，守护神一样。陈平心里漾起阵阵暖意来，连旁边陪伴的同学也看得有些嫉妒，眼神中分明有着太多疑惑。

风夹杂着雪花，一直停不下来，那几近疯狂的模样，让大厅里的人都不住地裹紧衣服。陈平重新获得了快乐，只因一个眼神而起。之前也有过这种体会，她知道这是迷恋，或许是帅气的长相，或许是因为对方带着温度的身体。所有的渴望都压抑在心底，没有肆意地表现出来，她享受着新鲜的愉悦，只要一想起来就忍不住内心的激越。

四处全是说话的嘈杂声，陈平却可以听到心脏怦怦的跳动声，她不再有此前那么迫切的出境想法了，而是突然希望时间能够停下来，让两个人就这般站立着、对望着。直到现在她才明白，要相信那个人向你走来时，他一定会带给你美丽的爱情，你要做的只是在那个人出现前，好好照顾自己。

现在等到了。她情绪有些迷乱，说不清这是种什么样的感觉。反正，当她找到他的眼睛时，他的眼睛早已经在等着她了，一切就像雪落大地那般自然。这一次，她终于很自然地看了看这位军官，也没有表现出太多的惊慌失措来。

陈平在试图接受这个陌生男人。一想到德国军官，她就如

第四章
自由不羁的流浪

同成瘾般,想着要是一直能够看下去该有多好。就连他手背上突起的血管她也注意到了,觉得那彰显着力量。

军官一直很镇定,他并没有表现出任何的慌张来。先是假装不经意整了整身体,而后才用善意的目光来迎接她。两个人就这样对望着,不在意身边队伍的流动。

"人生中,总是会有那么一个人,他是陌生的,却又是熟悉的。但是他又是真实的,就那么站在那里,淡淡的一眼相望,便令人想在他眸子里甜蜜沉醉。"陈平完全忘记了自己因何出行,她所有的心思全都交给了这位军官,直至拿到临时通行证时,才算从沉浸中回过神来。

也不知道谁吸引了谁,两人只是用心在接近着对方。有时候,她真希望那双睿智的眼睛,能洞穿一切世俗的力量。她灵魂的最深处,竟然遍溢着对于爱情的渴望和对于生活的热情。只是这不到一天的短暂接触,把所有的感觉都装扮得梦幻一般。他的面容、声音,甚至每一个细节就这样铭刻在了心中。

德国军官带着喜悦的神情,十分不舍地把陈平送出大厅。新的一段旅程从雪色中开始了,走了好久回头去看,他依然站在那里不动。难道他就是自己始终找寻的"白马王子"?这样的情景让她更加不安起来。直到穿过由一队军人把守警戒的工事,她还期望着能够再次相逢。

高墙后面又是另一幅情景。虽然处处可见到废墟,但高贵雅致的建筑却在雪色中彰显着悠久的历史。一座连着一座的气派建筑,让人仿佛要穿越到历史的长廊中。在一座金碧辉煌的教堂前,陈平又想到了那位英俊的军官，情绪也随之兴奋起来。

明月不谙离恨苦，斜光到晓穿朱户。排得满满的旅程中，竟然还会有时间来思念一个陌生的人？陈平知道自己多情了，却又说不出原因来，只是又一次深深地体味到了牵挂的滋味。思念让人胡思乱想，也让心情失落于无边的期待中。

所有的记忆还写不满一页纸，撩起的却是说不清道不明的幽思，就像林黛玉思贾宝玉。问世间，情为何物，直教生死相许？她脑海中全是军官的影子、声音以及他富有男人味的沉默。曾经以为这些情感会被风雪淹没，却没想到像乱草一样长满了心房。苍白的思念是无力的，也是无法用语言表达的，就算是同学问起，她也都假装着笑脸应付过去。陈平陷入不可名状的思念。一个人在雪地中来回走着，她对漫天飞雪深情呼唤，希望能够再次见到这个人。过了一会，她又神经质地安慰自己，说些得之我幸，失之我命，一切顺其自然的话。

时间就是这样流逝着，雪也在不断地变厚。只要想起那句"你真美"的话来，她就只想立即结束旅行，赶紧去见到那位英俊的梦中人。都说旅行是最好的疗伤手段，但实际上这次外出并没有领略到风景的独特，因为她的心思早留在了边境大厅。

前世的五百次回眸才换来今生的擦肩而过。如果真的如此，那陈平愿意用一万次的顾盼来换取与他的不期而遇。旅行结束，陈平穿过柏林墙走向关口。

距离边境愈近，陈平心中愈加慌乱，眼神也变得虚无缥缈起来，突然间不像是那个敢于独自行走的人，举手投足中充满

第四章
自由不羁的流浪

痴情。

那迷人的眸光,突然定格了。站在关口的正是她想见到的德国军官。拨散云雾之后的怦然心动,让记忆一下子成了现实。她的慌张变成了笑容,旋而又成为害羞。

远远地看到陈平后,那人便快步朝她走过来,就像早已约定好了一样。最让人感到紧张的是,他什么也没有说,只是轻轻伸手拉住她。顿时,一股暖流洋溢心间,把所有的不安和焦虑都拂散开来。就在此前,她有种几近于疯狂的感觉,努力地想要让自己静下来,却躁动不安。也说不清楚,到底是什么在作祟,以至于她想冲到风雪大作的天气中去摆脱它。不安,终就因着军官的出现,变得平静了许多。

陈平如愿地遇见了德国军官。

那双深邃的眼神如海一样,让人看后会生出诸多的好奇。陈平就仿佛被电击了一下,短暂接触的那些画面历历在目。她只觉着自己手心在出汗,潮潮的,黏黏的。

她没有太多思索,毅然接受了这样的姿势,两人顿时就像一对情意绵绵的情侣。旁边的人都对这公示眷恋般的人儿投来了羡慕的目光,就连执行任务的士兵也在不断地致着礼。

雪的映照下,陈平的脸色没有了之前冰冷的苍白,反而添了些红晕,满满的都是香艳。她让自己完全投入了美妙的想象中,根本没时间在乎那些散乱的眼光。

这段路似乎是通向幸福的,让她根本就不想回头。此时,她就是天地间最高傲的公主,谁也无法阻止她沉醉于情感的步伐。

两个人没有说话,只是缓缓往前走着,内心却汹涌着无比的激情。有好几次,陈平想找个话题打破这种尴尬,一时间却又找不到任何切入的语言。旋而她又安慰自己,多么惬意的配合啊,真是此时无声胜有声,至少彼此是懂得的。

第四章
自由不羁的流浪

红尘陌上

来到了关口处，排队等车的人很多，携带着大包小包的行李。有人上了车，有人从车上下来，车辆穿梭在混乱的人群中。看着看着，心里就乱成了一团麻。陈平平时没有密集恐惧症，只是她不习惯这样的别离。

天色还没有完全暗下来，最后一班车来了。车越开越近，让陈平的好心情也变得越发难耐起来，这是一种说不出口的感觉，让沉重压抑在心间徘徊着。她知道，纵然有着千万般的不舍，他们也必须要分开了。

相连的手臂终于像退潮的海水，慢慢地从彼此的腰间落下，那一刻真如刀割斧砍。当两只温热的手指，再度轻微地碰触到一起时，两人都似乎有过电般的感觉，接着便紧紧地握在一起，暖意瞬间传遍全身。她突然不顾一切地转身扑到他宽大的怀中。

这只是所有分别中的一种形式，对两人来说却是永世难忘的记忆。<u>丝丝缕缕</u>的留恋在膨胀着，让她只想在梦里不要醒来。

他只是用手轻轻地拍她的背，就好像父亲在细致地呵护着孩子。那只手一起一落之间，抚顺了陈平散乱的心思。伏在他怀中，泪水又不争气地流了出来，湿了长长的睫毛，又湿了俊秀的脸颊。这样的泪水，分明是夏日里的太阳雨，雨中有着阳光的照耀。

那双大手过来，温柔地为她拭去泪水。

"走吧，要不就没车了。"悄悄是别离的笙箫。

"没有上车，他不肯离去。就这么对着、僵着、抖着，站到看不清他的脸，除了那双眼睛。"陈平有许多话想说出，可看着不断上车的游客又没了思绪，恍惚中只觉得他在推自己。而她也开始随着人群动起来。没有了拥抱，冷风吹过来，头发和衣服很快就散乱了，她无法按捺心中的激动，停住脚步猛地抓起他的手放在胸前："你跟我走吧？"眼光再度与他交缠，反正是不想活了，不想活了，不想活了，不想活了……

尘世繁华，人对于情感的渴求，对于爱的向往，都是与生俱来的。话虽然说得不轻不重，却饱含着陈平起伏的情绪，她的脸色又不由得地红起来，眼神坚毅得不容置疑。

德国军官只能摇头，算是对她的答复。其实又能说些什么呢？他手部的力量却是更加重了，疼得直往她心里钻。她也明白，德国军官是不会走的，他只能将自己送到这里了。

泪立即奔涌而出，既然找不到坚持下去的理由，那么就找一个重新开始的理由。虽然说一段情在这里就要结束了，但相聚却是幸福的。痴迷的眼神在渐渐变远，在漫天飞舞的雪花里再也看不到生命的期待与盼望了。

人世间，离别最苦。看似短暂的分别，实际上却是永恒的铭记。其实,陈平已为这场分手设想了无数种的结尾,最终还是后悔没有敢于冲上去吻他。如果可以重新来过,就吻上个无数遍,因为她知道今生今世再也不会相见了。"怎么上车的不记得了。风很大,也急,我吊在车子踩脚板外急速地被带离。那双眼睛里面是一种不能解不能说不知前生是什么关系的一个谜和痛。"

烟花很美,却是瞬间。这段不期而遇的情感,除了暖暖的深情外,还有着青春的美丽和浪漫。既然情感注定只能这样,也用不着来哀叹难以操纵的命运。

"告诉我地址,我写信给你。"说出这句话时,她明显感到自己急切的声音中是无力、是软弱、是祈求。军官并没有闻声而动,只是默默地站着。

不散的情缘下,车还是开动了。陈平不停地挥动着手臂,任雪花一片片地落在上面。她急得跳车的心有了,只想着能留下来永远陪伴德国军官。车很快就消失在了风雪中,送行的那位也成了深刻在心中的记忆。

好在还有时间和眼泪,能够将内心的所有困惑冲淡。人生就是这样,总有着诸多无法说明白的事情,如果能将累累伤痕视为生命的暖意,哪怕再多次的分离,也终将是令内心快乐的源泉。

柏林墙被风雪遮掩得严严实实,陈平绝望地瘫靠在同学身上,浑身没有丝毫力气,只能眼睁睁地与心爱的人渐行渐远。

一个流浪的落脚点又成了地图上的标记。情感,给了陈平太多的隐痛,让她不敢轻易地去碰触。她有着满腔的热情,又担心爱得太过于沉重,不能相伴至老。现在,她又因为情感开始困惑。

转身就是一生一世,要用一辈子来忘记一个人,又该是怎样的绝望与伤痛呢?一个人一生中可能会爱上许多人,不需要承诺,也不需要解释,就当每次都是全新的开始。

当"书呆子"约根想起陈平的时候,她还在返程中纠结着。泪水模糊了双眼,眼前的一切都看不清楚。除了无法让她割舍掉的情感外,还有再也回不去的从前。车内的音乐喧闹着,她只想静静地休息。

车距离学校很近了,约根的形象才从脑海中浮现出来。这真是个无比纷乱的世界,谁又能够用一颗平常心来面对这一切呢?

一分钟就可以让一个人心动,一小时能够喜欢上一个人,一天能够爱上一个人,可是忘记却要用漫长的一生。就是这个约根,虽然全身心都投入学习中,可是要忘记也不是撕碎一张纸那么简单。

这个圣诞节是幸福的,也是无聊的。尤其当陈平有了小心事之后,更是变得心绪不宁,她突发奇想要离开这个地方,重新去另外的国度。说做就做,是她一贯的性格,她很快写信与父母进行了沟通,打算去芝加哥留学。

父母对于陈平的作为从来没有过任何干涉,只是叮嘱她出门在外照顾好自己。这时,她与约根的关系,也只是等待着见面说分手了。

约根全然不知,完全沉浸在学习的乐趣中。这个圣诞节,他一直在书海中苦读,自然也想不起问候陈平。

第四章
自由不羁的流浪

女人是敏感的动物，之所以会提出分手，有时只是想知道对方到底爱不爱她，或者能不能多爱她一些。等约根知道陈平要离开的消息时，惊慌得扔了书本就径直来找她。此时，她已经收拾好了简单的行李，正心平气和地等着他到来。

"你不是要做外交官太太吗？"约根一急，说话也不连贯了，涨得满脸通红，眼神中还带着诸多的不解。

多愁善感的陈平没有吱声。

对于一个热衷于情感生活的人来说，她怎么会喜欢这样一个木讷的人呢？至于外交官太太的身份，压根对她没有任何的吸引力。

"真的要走吗？"约根说话时身体颤抖着。他是多么喜欢这位东方姑娘啊，以至于好多次在梦里相知相遇，可每次醒来考虑最多的还是书本。为了能够成为外交官，他把所有的精力都倾注在功课上面。可给予不了对方关爱和情感，谁又愿意去面对这样的单相思呢？别人说的爱情悲剧，终于降临在陈平的生命里。如果今生没有遇见，也就没有今天的结局。

1970年的春天，约根依依不舍地送陈平去机场。风依然还是那么冷，冷得让人想哭。可是哭又有什么用呢？"等我做了领事，嫁给我好不好？我可以等。"直到此时，他也不去总结爱情失败的原因，还在用自己未来的职业给她以承诺。

爱到底是个什么东西，总是充满心酸和痛苦？约根伤心的是无法把握住手心的爱，就像手捧精美的陶瓷不留神就会从手中脱落，亦如掌心的流沙，越想紧握它流失得越快。但即便他不愿意放弃也没有办法，只能看着她慢慢离去。

约根是真诚的，他实在不忍心陈平就这样离去，可是他又没有办法能够让她留下来。情感上的纠缠和疲惫，让陈平失望太深，留给两人的只有苦涩的爱。

挥手自兹去，萧萧班马鸣。短短的时间内，陈平又一次感受到分别的痛苦，毕竟是处了这么久的朋友，今生今世注定不能再见。面对着迟到的求婚，她只是沮丧地拖着大皮箱往前走，有种"执手相看泪眼，竟无语凝噎"的无奈。为什么要让人心底有了一道暗伤后才说这些呢？爱情本来就不是买卖，不需要背负任何良心的债务，她不恨约根，相反还喜欢他的上进，只是面对这一点点耗尽的爱，她觉得没有必要再进行下去。

"好好保重自己。祝福一切都好。"陈平开始朝着飞机的舷梯走去。约根不愿松手，只好垂头丧气地跟在后面。对她而言，所谓的爱情就该充满着情调、浪漫和个性。她可以身无分文，却无法忍受没有爱情。这些不为约根所知。

早在十三岁时，小陈平就经常跟着家人乘坐渔船去往琉球岛玩。她实在太喜欢海上的风浪，似乎带着腥味的海水拍打在身上都是一种享受。

有一次，她在东港遇见了一名军校学生，两人一见如故，聊得十分投缘。为了不失去这缘分，她竟然骗对方说自己十六岁。这个年龄的孩子，多处于懵懂的阶段，哪里懂得什么是爱情？然而她却迸发出了情感的火花，以笨拙的方式表达着内心的激情。等真正长到了十六岁，她的男朋友们便铺天盖地地涌现出来了，

第四章
自由不羁的流浪

也不知道这些男孩子冲着什么来的,而她便经常要求他们接送,每次来家里,还会向父母一一细致介绍,不厌其烦。

"我不管这件事有没有结局,过程就是结局,让我尽情地去,一切后果,都是成长的经历。"一对曾经的恋人,突然就要以这样的方式来面对离别,他们没有号啕大哭,却都把情绪深藏在心底。从此,只有牵挂和记忆,再无一起相处的欢娱。其实从台北去西班牙时,她也是为了要和心爱的舒凡待在一起,最终没有得到挽留。现在这样的情景又重新演绎了一遍,不同的是约根在苦苦挽留自己。

其实,有些人根本就留不住。这些经历在不断地折磨着陈平,让她尝尽人生的痛苦。在这段心智成熟的旅程中,陈平在逐渐明白人生的真谛。不是说众生皆苦吗?人生不可能没有烦恼,也不可能没有痛苦,但如何不为痛苦束缚、如何战胜痛苦,这才是当下最重要的,也是成长的意义。

这个时候,约根仍然在苦苦哀求着她,希望通过这样的方式来挽留那颗桀骜不驯的心。然而,在她看来,这只不过是一种冷漠无情的表演,不断加剧着彼此分手的速度。可是这个书呆子却不明白这个道理,他哪里知道爱情是乞求不来的。

陈平毅然决然地走了,不带走一片云彩。或许她内心中也会有触动,也会有内疚,但还是把所有的梦想都倾注在前行的路上。

时光如幕,好多年很快就过去了。约根终于实现了自己的梦想,也艰难地践行着曾经的诺言。谁也不会相信,包括陈平,他为此用心等了二十二年。

人的一生有多少个二十二年可以等待？当记者慕名去采访他时，这位已不年轻的外交官脸上的表情在不停地变化着。他若有所思地拿出两人相处时的许多信物，一件一件地诉说着美好的往事。近乎疯狂的坚守，真的是让人无比感动。若是陈平在天有知，相信这位率性而简单的女子，必有着说不尽写不完的爱恋。

总之，陈平的独行之旅又开始了。

对于爱情，她就像一个贪婪的人，只想把一切据为所有。机舱里很静，特别适合思考。窗外流动着的是蓝天白云，一会儿是万马齐奔，一会儿是山水奇观，一会儿又是霞光万道，让人不知在仙境还是在人间。

临行之前，陈平还和居住在美国的两位堂兄细致交流过，但他们却希望她留在德国，担心她来了美国后没有一技之长，很难在这里生存。喜欢探寻未知的陈平才不会去管这些，别人能够活下来，自己当然也可以活得很好。

无奈之下，堂兄们也只能由着这个天怕地不怕的小妹。岁月极美，在于它必然的流逝。陈平眼中，只有这样不停地行走，才能领略到人生的极美。

谁也不曾想到，陈平来到了芝加哥伊利诺伊大学后，自作主张申请了主修陶瓷专业。从美术到哲学，再到陶瓷，这些专业跨度大得不可思议。

天涯寻梦，她到底在寻找什么呢？不管怎么说，这样的选择有着太多令人费解的地方。可陈平偏偏这样做了，而且是做得有声有色。"当年的那间画室，将一个不愿开口，不会走路，也不

第四章
自由不羁的流浪

能握笔,更不关心自己是否美丽的少年,滋润灌溉成了夏日第一朵玫瑰。"或许她真的是喜欢沉浸在复古的纹理中,用简单来绘制幸福;或许是为了提高欣赏能力,丰富创作的灵感。

传统陶瓷艺术肇始于中国,尤见装饰匠心。无论是刻镂、堆贴、模印,釉色等,都彰显着陶瓷艺术的个性。传至世界各地后,又陆续衍生出不同的特色来。陈平在美国学习陶瓷专业,更多的是想了解素描、色彩,以及陶瓷的造型、制造工艺,深入研究陶瓷的艺术史、艺术理论等。

汪曾祺曾说,生活中,一定要爱着点什么,它让我们变得坚韧、宽容、充盈。所以对于陈平来说,这人世间,有些路是非要一个人去感受的。她除了探寻陌生世界之外,其实更多的还是在逃避。一个不能缺少情感滋润的女子,德国枯燥无味的生活,早已让她生命的底色不再绚烂多彩。与其这样,还不如换个陌生的环境重新开始。

从此后陈平的足迹来看,她所到的每一处地方,都寄托着不同的情感。无论是迷茫还是开心,无论是探究还是研习,她始终都在为简单的生命本质努力着。

在这样的心情下,陈平又重新步入大学生活中。自上次大闹过宿舍之后,她已经对这个群居的地方有了特别的免疫。这次的学生宿舍又是委托朋友找的,舍友们在学习上十分用功,尤其是听说陈平从中国来这里进修,更是对她有了别样的好感。

凡俗红颜

这是一个全新的环境。

风吹来的感觉是温柔的，像极了女孩的手，不停地抚摸着她忐忑不安的心。陈平用心感受着这里的一切。绿色的植物夹杂在参差不齐的建筑群落中，宛若一幅幅漂亮的画卷。

坐在窗前看来来往往的人，大家都在忙碌着。路边的花在开放着，各色的花把这里点缀得胜似花园。除了树还是树，绿波荡漾着，蔚为壮观。蓝的天、白的云、红的花，本该有个好心情才对，但这次却意外地没有让陈平如愿以偿，还发生了一件意想不到的事情。

自从搬到集体宿舍后，陈平特别注意周围的环境，无论是平时的学习，还是与同学交流，她都尽量做到不去影响舍友。这样的想法本来没错，但未必会得到对方的理解。住她对面的室友面容秀气，做事十分利索，每晚学习总会到深夜。可能要忙毕业设计，那台打字机总是响个不停。其他舍友不去说，陈平也不好意思去提醒对方，常常用纸塞着耳朵。好不容易等她休息了，才昏

第四章
自由不羁的流浪

昏沉沉再爬起来学习。

时间差让陈平显得十分疲惫,每天上课时总不在状态,病恹恹的样子连自己也不喜欢。她也试图用各种办法来调整,可一时半会儿无法找到更好的办法,又想着要彼此间相安无事,便委屈着自己,毕竟同学间的相处就是这样。

可这样的忍让换回的并不是感激,而是舍友的得寸进尺。这也是陈平所没有想到的。

有天中午,陈平放弃了休息正在读书,那位外表光鲜、学习用功的同学恼火地过来找陈平,说台灯的光让人无法入睡。这些天来,她一直对陈平冷眼相待,制造出让人紧张的气氛,似乎所有人都得围着她才对。

说到台灯的光,陈平真的是要无语了。因为害怕影响到舍友休息,她特意用帘子将那个小台灯裹了几遍,却没想到这微弱的光会让舍友如此不满。

听到这些指责,陈平心中顿时升起一股火气。面对这尖酸刻薄,她最终还是大度地关了灯,然后转身把那位同学一个人留在了身后。这件事后,陈平明白了一个为人处世的道理。大学就是一个小社会,所有人都来自天南海北,生活习惯、家庭条件各不相同,彼此间除了不断磨合外,还得有颗宽容的心。舍友之间的关系达不到朋友的纯粹,一味地忍让并不能换来友好。

从此,她不再顾忌那位同学的眼神,也不在乎她的冷遇。陈平仿佛成熟了许多,她的冷静连她自己都感到吃惊。是啊,外面这么自在,何必在乎这些琐碎的事情呢?只要内心不乱,谁也无法改变自己的想法。

不论是悲是喜，不论是动是静，成长就像一首歌，一首简单而又动听的歌，随着岁月的流逝，每一个人都在长大。

若是这样来评价，似乎也有失偏颇。台灯事件后没多久，陈平喜欢上了饭后散步，一个人若有所思地走着，可以天马行空地想象。这样的感觉是美好的，徜徉在树木花草之中，一时间可以忘记许多的不快和烦恼。

这天饭后，夕阳不知不觉已经变得与楼一般高了，淡然的光辉也越来越暗。陈平一个人行走在校园中，突然一个人从身后走了过来，吓得她险些摔倒在地上。

"你是谁？"她说话的语调也变了样。

"对不起，来，这个给你。"那人伸手从地上拔起了一丛小草，郑重其事地递给了她。

一堆堆的问号出现在她眼前，不待她细细思量，对方却说话了。

"希望你每天都和小草一样微笑。快乐最重要。"那个男生说话语气不轻不重，听后却很受用。多少时日以来，她最想听到的就是这些话了，特别是有人借这种场合，将自己的情意和盘托出。那是特别有趣的，他就那么说着，看似没有触摸你，却好像进入你的心里。

小草虽然微不足道，却能带来整个春天。多么动听的话啊，让她在异乡突然有了温暖的感觉。这样的礼物是普通的、应景的，也是分外别致的。

不论怎么说，那天的感觉是美好的。至于彼此有没有谈情说

第四章
自由不羁的流浪

爱都不重要，哪怕是轻描淡写说些学校里的生活感受，也同样值得记忆，因为有人在关注着她，虽然他们从此再也没有见过。

生活总是充满不可思议，那个连面目也没有看清的男孩，在临走时用手拍了拍她的脸，又故意地弄乱她的发型，然后就消失在了黑夜中。她是受用的，开心的。回到宿舍后，她都不敢相信遇见的是一个人，舍友们也不明白她手里为何还紧紧地攥着一丛草。难得的快乐映在脸上，不常见的笑容足以照亮生活。

慢慢地，大家就知道了一个叫陈平的中国女孩，温柔细腻，还喜欢用文字来表达自己的情绪。于是，不少男孩便来约她出去，她喜欢交友，总是会放下手中的功课，一起去喝咖啡、吃甜饼，有时也会去很远的地方。当然，大家只是朋友，至少这个时候她不想再去谈恋爱。作为一个习惯了独行的人，现在这么多的人来陪自己，又为何不去享受当下呢？为何不去珍惜人生中美好的情感呢？她没有太多的想法，只想博得欢娱罢了。

堂兄只怕小妹在外孤单无助，很快又为她介绍了一位朋友。两人聊了没有多久，陈平知道他是这所大学的一位从事化学研究的博士，虽然说不上一见如故，却也有着共同的语言和说不完的话。

几次接触之后，博士不由自主地喜欢上了陈平。每天都会送来丰盛的食品。有时是蛋和三明治，有时是主食和水果。似乎他就是一个神奇的魔术师，不停地为心爱的人变换着花样。陈平看在眼里，吃在嘴里，可她什么也不说。

博士似乎并不期待她的感谢，只是尽心尽力忙碌着。但是，当他的眼神和她相逢时，流露出的却是满足。

毫无疑问，他的心里已经有了她的位置。这样的每一天都是快乐的，也充满着期待，尤其是精致的食品，让她逐渐忘记浓浓的思乡之情。而这样朴实的举动之中，透着一种别样的爱恋。虽然没有用太多的言语来表达，却明显超过了那个不谙人情的约根。

他看似平静却又带着真情的眼神里，还有着一种不易觉察的骄傲。从外在来看，他永远都是那么普通，野花野草一样不起眼。但是细细玩味，却发现这样的普通中带着喜悦，那是精神占有后的满足，只要有人注意，就会毫不犹豫地弥漫。陈平无意中看过一两次，她为这个眼神就愧疚起来，以至于有些六神无主。

在这样的处境中，她觉着自己的灵魂在逐渐沉重，有着一种逐步蔓延开的冷漠和空虚。这些感觉类似于破败的建筑、枯死的树叶，在不断地积聚着。自落脚芝加哥后，约根也陆续地寄过几封信来，上面的内容多是思念和表白，以及没有珍惜那些机会的后悔。他坦言自己错过了人生中最美好的爱情，到头来剩下了他一个人面对寒窗。陈平也会一字一字地读完这些信，可读过之后只能束之高阁，任这些情思成为记忆。

时间可以见证这段不好不坏的情感。一切都是空虚的，唯一的真实就是空虚。这段人生的过往留下的，或许会是些记忆，或许会是些感慨。对于陈平来说，各种各样的记忆真的是太多了，她需要有选择地去面对。

有时候，陈平也会将这件往事拿出来细细咀嚼，却不清楚到

第四章
自由不羁的流浪

底是哪里出了问题。约根爱读书是众所周知的，他们间的相处十分真诚。异地他乡，能有个坚实的依靠也算不错，但这样的依靠着实让人心酸，不能满足她对于情感的需求。也就在那段时间里，她迅速地成长着，要努力成为别人的依靠。也就是说，她从一个靠命运来指引的人，突然要成为一个为自己而活着的人。约根的好处在于不喜欢炫耀，与周围那些追求者比起来，他可能不够机灵、圆滑，但他并不会为了炫耀而去博得别人的欢心。

陈平人缘不错，或许是笑起来有种不可阻挡的魔力。也是奇怪，凡她去过的地方都会有人前来照顾。不论是一束紫色的花，还是带着欣喜的问候，这样的待遇既满足了女孩的虚荣，也不断滋长着她的自信。这样的感觉是令人迷醉的，甚至深入到骨髓中去。

在陈平眼里，实实在在的博士无疑值得人信赖。他每天都会按时来，看她细嚼慢咽结束后，又会亲自动手来收拾残局。有时她是迷醉的，想着若是他日后成了自己的老公，绝对是个可以依靠的恋家暖男。那一刻，她是完全钟情于他的，而博士也是可以感觉到的。

天气一天比一天凉了。为了享受这秋日的时光，陈平总是喜欢在草木丛中行走。她有一种极其想下笔创作的冲动，烦躁、不安，甚至还有些渴望。这时候，她就希望阳光能一直这样暖暖的，有时又希望能快些起雾，好让所有的现实都成为梦幻。她情愿被雾紧紧包裹着，什么也不用去想，就像享受着一个男人的呵护。只有在这时，她才是真正地寂寞。对于情感她太清楚，可她从来不会去挑明这种关系，除非她真的心动了。现在，她只是对面前的食品大快朵颐。这是陈平的聪明之处,也是她眼下的纠结。

博士似乎特别喜欢看她吃东西,总是看得有滋有味,这种感觉很暧昧。一双青葱白玉似的小手,一起一落地游走在这些食物之间,仿佛不是在吃饭,而是在做精致的研究。博士看得发痴。他不住地对自己说,为什么不去求婚呢?有什么理由不去结婚呢?世间哪里会有这样的天生一对。

为了能见到她,博士也会动些心思,邀请她去吃大餐。

昏黄幽暗的灯下,悠扬的音乐在欢快的情绪中流淌着,周围的情侣们也都营造着卿卿我我的氛围,让人感觉到了无比的幸福和惬意。这应该是一天中最为快乐的时光,彼此在浪漫中消除疲倦,感受着春意盎然。记得最深的还是那次,他突然在起身时,用纸巾为她轻轻地拭去嘴角的汤汁,那感觉就像大哥哥对小妹妹一样。虽然不由得发了愣,可陈平内心深处却是快乐的。

一曲一歌,一梦一生。从某种程度上来说,美味的菜和美味的梦是相同的。屈指数来,陈平已历经过不少的恋情,她对于这样的表达实在是看得太过于清楚了,却又迟迟不好意思开口去伤及他的情感。也就是说,陈平并没有真的动心。

在这之前,堂哥先后几次来电话,不厌其烦地说同学如何好,要抓住难得的机会,莫要错过了这么踏实的人。陈平只是"嗯嗯"地附和着,心中却又不愿意这样妥协,尤其是对于自己的爱情,她不愿意将自己活成别人的那种模样。

堂哥在电话里急了:"你到底要一个赚多少钱的丈夫?"

"看得不顺眼的话,千万富翁也不嫁;看得中意,亿万富翁

第四章
自由不羁的流浪

也嫁。"

"说来说去的，你总想嫁有钱的。"

"也有例外的时候。"陈平说这些话的时候，不经意地叹息道。后来这话，她又原封不动地说给了大胡子荷西。

就在博士追求陈平的时候，她在大学图书馆找了份工作以补给日用。家里几次要给她邮钱过来，都被她委婉地拒绝了，博士也想要接济她，同样遭到了拒绝。这在他看来，却是种特别的性格，更加充满魅力，让他更加兴奋，感觉自己的选择和追求是正确的，心中就像有着炽热的情欲。

图书馆的工作忙乱而烦琐，好像永远都有着干不完的活。好在这里是安静的，暂时没有人会来打扰，可以一边工作，一边想些自己的事。结果陈平还是闹了不少放错书、盖错书的笑话。

有天下午，博士又带着食品来到了图书馆。正当陈平吃得有滋有味的时候，他突然开口了。

"现在我照顾你，等哪一天你肯开始下厨煮饭给我和我们的孩子吃呢？"一句话差点没把陈平噎住，她过了老半天才算回过神来。

其实，生活中追求博士的人不在少数，好多女同学就喜欢他的实在，可他却死心塌地恋着陈平，就是不愿意舍弃。

接下来的日子里，两人就这样一如既往地相处着。而博士知道没有希望，也不再说那样的话，还是坚持给她送饭，直到她决心要离开美国。

陈平做出这个决定，更多的还是因为思乡，在外漂泊的日子里，她无数次在梦里见到父母和亲人，一个人的生活确实太孤苦，尤其是来到美国后，她并没有因为新环境而改变心情，相反，那些接踵而至的追随者让她对爱情越发地迷茫、排斥。

博士知道后，几乎一夜未眠，他并没有为自己的付出感到后悔，还是带着笑容送她到了机场。分手是最痛苦的，也不知道陈平为何一次又一次地要感受。

"我们结婚好吗？你先回去，我等放假就回台湾。"真诚的面容下，是一颗充满爱恋的心。可是陈平无法答应，她不敢让自己再去爱谁了，唯一能做的是上前为他用心地理了理大衣的领子。

曾经无数次的说笑，都在渐渐远去。静静地看陪伴自己许久的这个男生，感觉就像凝重的风景。说实话，她并不讨厌他，但自己却也无法留下。

飞机到了纽约，电话又来了，还是博士语重心长的问候。

"我们现在结婚好吗？"

为了结婚，她曾经面对着舒凡痛苦得寻死觅活，似乎为了他可以付出一切。现在，电话那头的他一定也是如此，她感觉自己的心里好像死掉了一样。

青春的叛逆下，一种说不清楚的东西被毁灭了。其实，原本她还有着一些好感，此前她几乎为爱动心了，可是此刻那些好感又不知道怎么全部化成了泡影，就好像他们从来没认识过一样。

第四章
自由不羁的流浪

重返故里

离家四年之后，陈平重新回到台北。就像一只疲倦的鸟儿，又带着累累伤痕回到了安身的巢穴。

眼前的一切全都是新的，之前那种抑郁的环境也不复存在了。蓝天白云下的海岛是鲜活的、亲切的，好像这个世界所有的美好都集中到了这里，一切都是快乐的。原来，家才是人世间最美的地方，胜过世外桃源无数倍。

回家的路是熟悉的，她也没有让家人来接，而是凭着记忆往家里走。一路上的变化是不可思议的，但脑海里浮现出的一个个形象，却让她明白了什么才是简单的幸福。

和亲人的团聚，又一次触动了她柔软的心。父母似乎老了许多，鬓角间也夹杂着白发。她突然喜欢与他们攀谈，不断地讲着外面的各种际遇。父亲坐在一边安静地听着，像个听话的小学生。母亲则拉着她的手，来回地抚摸着，以至于忘记了做饭。

"老太婆，到做饭的时间了。你这是想饿死我们的宝贝女儿啊？"母亲这时才恋恋不舍地起身，一边系围裙，一边嘟囔着。

父女两人自顾自地笑着，旋而又开始了新的话题。这些新奇的话题中，全是她带回的学识和经历。在父亲眼中，她历练成熟了许多，当然也有很多疲惫。

"都二十九岁了，这次回家就不要走了，得考虑一下自己的人生大事。"做父亲的永远都是一脸郑重其事，不过这次说的全是母亲要说的话。

"嗯嗯。"她的嘴里只是应付着，心中并不在意这些提醒。这个在父母眼里的"大龄剩女"，想的却是如何好好享受生活。每天都有许多同学来聚会，大家在一起有说有笑，细述着分别后的思念。

没过多久，她受聘到母校文化学院教授德语。从一所大学到另外一所大学，不同的环境，不同的感觉。尤其是岛上的海风吹得人特别舒服，恍若喝醉了酒一般。出于对家的爱恋，她越发地喜欢稳定的生活了。每天下课走在校园的路上，学生们会恭敬地打招呼，她从骨子里热爱起这样的生活来。

学校分了宿舍，她干脆"不置冰箱，不备电视，不装音响，不申请电话。早晨起床，打开水龙头，发觉清水涌流；深夜回室，又见灯火满室，欣喜感激，但觉富甲天下，日日如此，不亦乐乎！"在德国留学时，她最大的心愿就是能有自己的房子，现在她终于有了属于自己的独立空间。

开心归开心，可她还是喜欢回家陪着父母。走之前的摆设一直都没有改变过，甚至连书架上的书都没有动过。她每次回家连衣服都来不及换，就欣喜地趴在窗户上远望，来来往往的人，高

第四章
自由不羁的流浪

高低低的楼,一下子就穿越到了儿时。她开心得手舞足蹈,就像个发现了玩具的孩子。

这小小的空间,曾给予了陈平太多的梦想,甚至在她心情最为晦暗的那段时间里,只要在这里,她就可以感受到安全。说到房间,德国那次吵架之后,她又在芝加哥碰到了另一件事。

她刚到美国,与两位女学生一起合租了一处平房。结果当天晚上下课,就发现手中的钥匙打不开房门。她反复试了几次,感觉门里面是反锁的,也顾不得影响周围的人,便由轻至重地敲了起来。

时间已经过去很久了,屋里也没有应声,她终于忍不住火起,用力地拍打起来。又过了好久,终于有人开门了。

门开了,同宿舍的两位女生侧身站在门边,借着门外微弱的光线,可以看出她们全身裸露着,"重要的部位还涂着银光粉,在黑暗中一闪一闪的"。陈平没明白她们在搞什么名堂,只能小心翼翼地跟着进去,心里还在赞叹着她们的身体充满青春活力。

屋里的情形让她大吃一惊,"只见一片鬼影幢幢,或坐或卧"。十几个男男女女都光着身体,相互重叠着,惬意地"吸着大麻烟,点着印度的香,不时敲着一面小铜锣。可能是沉醉在那个气氛里,他们倒也不很闹,就是每隔几分钟的锣声也不太烦人"。

如此放浪形骸的行为,陈平哪里又曾见过呢?只是恨不得一把火将屋子烧掉。那晚上,她把自己关在小小的房间里,外面的各种声音她都充耳不闻。也就是在那一夜,她决定要从这种颓废中搬出去。

离开了这间房屋,又得重新寻找房屋,她每天都为着这些生存琐事在烦乱着。有对美国夫妇没有子女,十分喜欢陈平的单纯,愿意将自己居住的别墅无偿转让给她,但条件却特别苛刻,就是要求她在两人活着时不能结婚,要一直陪伴在他们身边。

一桩桩不可思议的怪事,接二连三出现。直到后来,她才算是找到了一间低矮的房子,同住的是两个以色列同学。大家相处还算可以。

·

重新回到父母身边,才真正感觉到家是最温馨的,不会带有任何条件。只有这个时候,她才可以像孩子一样,享受着家的所有温暖,逐渐忘记在外漂泊的那些不快。

从学校到家的距离不远,陈平若是不愿意住校,便会穿过来来往往的人群走回来。父母早早就做好美味可口的饭菜等着她。大家边吃边聊,其他的兄弟姐妹也都乐意听她的故事。

"我给你们说啊,我最近老想着要逃课。"

"逃课?你又不是学生。"母亲接过话茬就问。

陈平只是掩着嘴笑道:"人家现在可是个好老师,你们也知道,学生对于枯燥的课,常常会逃,现在反过来了,老师对于不发问的学生,也想逃逃课。"大家都被她这段话给逗乐了,陈平自己也开怀大笑。

陈平对教授学生是认真的,随着工作渐入佳境,她又热衷起网球运动来。女儿所有的变化,都一一映在父母眼里,他们也私下里偷偷议论着,为这样的新气象而欣喜。要知道,陈嗣庆从年轻时期对体育运动就情有独钟,一直希望子女们能在体育运动上

第四章
自由不羁的流浪

出人头地。现在看到女儿这么投入地训练，便出资为她购置了球衣和装备。为让女儿能够坚持下来，又掏钱买了一辆脚踏车。到了最后，连他自己也忍不住，跑到体育场同大家一起活动。

做母亲的最为开心，从女儿抑郁开始，她把大部分的心思都放在她身上，现在看着父女俩有说有笑，自然就忘记了之前的不快与担心，完全沉浸在其乐融融的环境中。

陈平也觉得自己又回到了少年时代，像父母看护下的小鸟一样无忧无虑，对于父母的话也是百依百顺。工作之余，也开始考虑起自己的婚姻。

对于婚姻，陈平自有主张，她不在乎颜值，不在乎钱财，只要求有感觉。这种性格的人，感觉于她就是一种幸福的共鸣，虽然看不见摸不着，却可以决定一切。

稳定的生活，便意味着必须要有稳定的感情。

没多久后，一位姓邓的画家悄悄进入她的视线当中。他身体偏瘦，有着卷曲披肩的长发，手指修长，看似干枯却又有着与众不同的灵巧。他虽然年龄有些大，但身上洋溢的艺术气息却深深地诱惑着她。陈平当即被他的艺术修养所折服，心中荡起无比的美好来，少女时的梦想也一股脑儿呈现在眼前。也不知道那位画家如何打动了她的心，她突然变得爱笑了，时不时地就会笑出声来。空闲时，还会支起画板，轻描淡写地抒发一下内心的情感。那段时间，她连饭量都有了变化。"母亲看着我吃，她便快乐无比，我便笑称，吃到成了千斤的大肥猪而死时，她必定还在咽气之前灌一碗参汤下去，好使她的爱，因为那碗汤，使我黄泉之路走得更有体力。"

陈平又一次投入激烈的爱情中,在外的艰难让她明白了稳定生活的不易。此时此刻,她只想找个爱的人结婚生子,做一个平凡而又快乐的小主妇。

与艺术家相爱,本身就令人神往与钦佩。画家有着自己独到的见解,温顺的性格中还融合着艺术的知性,从不会发脾气,事事都顺着她的意愿。他的魅力让彼此相处得很舒服。交往越深,崇拜就越发心切,陈平只想着尽快步入婚姻殿堂。没办法,"因为每一张画会召唤我,吸引我,抓住我"。

当她说出自己的想法后,画家欣然接受,并很快在两人常去的咖啡馆里办了一场隆重的订婚仪式。那天来的人很多,大家都在祝福他们,连陈平的父母也被这些个闪闪烁烁的灯光感动了。想到女儿终于可以嫁人了,满脸的喜悦像盛开的花朵。

就在两人积极筹备婚事时,一个年轻女人出现在陈平眼前,不问青红皂白劈头盖脸就是一顿臭骂。面对着一群人的围观,画家却是不闻不问,只是尴尬地低头站在原地。她瞬间蒙了,不明白心爱的人为何会是这样的状态。陈平那种由心底发出的不满,甚至要比远处河流中的泥沙还来得沉重。

原以为遇见了一生中最值得爱的人,原以为一生就可以快快乐乐地延续,现在才知道这一切都是假的。现在她突然冷静了下来,冷静中还带着分外的惊异,就连平时多情的眼神也变成了愤怒和不满。她在想,一个人喜欢另一个人,仅仅是因为容貌?如果有一天容颜苍老了又会如何?望着镜中苍白的脸,她有种很累

第四章
自由不羁的流浪

的感觉，或许实在是太疲乏了。她用力推开簇拥的人流，像个正义的勇士挤了出来，不再去看后面的喧闹。走了两步，又觉得丢了什么，转身顺手拎起旁边的什物，朝画家身上扔了过去。

张爱玲说过，原以为爱情可以填满人生的遗憾，然而，制造更多遗憾的，却偏偏是爱情。现在看来，确实就是这样的。

也不知道她是如何回到家里的，谁也没有去劝慰她，任她痛快地宣泄了一番。既然命运是这样安排的，那就认命吧，何必要用坚强来掩饰内心的脆弱呢？她想。

泪水一直在流，一滴一滴落在手中的银项圈上。她也不知道这项圈怎么就在手上。一想起这项圈，她又想起了父母的好。那年在美国留学，得知他们要去泰国旅游，便打了几次电话过去，希望他们帮忙买几副项圈回来，以后留着嫁人时用。当然，后半句话她没好意思说。

这项圈不贵，但做工十分精细。一回到台北，母亲便讨好她似的，先将项圈拿出来给她。她看了后爱不释手，反复把玩着不愿意放下。一边坐着的父亲忍不住笑了："你这个傻孩子，本来很便宜的东西，结果你当时的几个长途电话费，在台北足足可以买十几个了。"

想到这里，她突然不再暗自神伤了。人生中本来就是有许多本不值得珍惜的事情和东西，只是她不懂得甄别，没有学会放弃。现在才开始后悔当初没有听从家人的劝阻。

"云淡风轻，细水长流，何止君子之交。爱情不也是如此，才叫落花流水，天上人间？"一段让人深恋的感情就这样结束了。

既然命运难以抗拒，那就认命好了。陈嗣庆担心女儿再出意外，为了早些了结此事，也就没有继续在这件事上纠缠不休，连准备好的婚房也白白地送给了画家。

一次次的情绪波折，无休止地折磨着身体单薄的陈平，不但打破了她平静而又充实的生活，也让她朝着自我封闭的边缘靠近。家人不知道如何消解这种伤害，却又不能任由着她陷到绝望之中。因为只要想起那次可怕的自杀，每个人心中就会莫名地担忧。

这个家又重新进入之前的沉闷中。当然，最痛苦的还是陈平，情感的问题已经让她伤得体无完肤。父亲每日里带着她打网球，想通过运动让她淡忘掉所有的不快。

人们都说，解决情感痛苦的最好方法是时间和新欢。球场上，陈平大汗淋漓地奔跑，在球落球起中努力想从情感的沼泽地中爬出来。这个过程是痛苦的，愈是想解脱，却发现愈难。她似乎步入了情感的死胡同中。

打球和工作确实很分散注意力，在短时间内却无法将烦恼拂散。她也尽量不给自己留空余的时间进行思考，只想着让之前的不快过去。既然平静的爱河里突然起了这阵风，爱情的小船已经被掀翻了，那么还是坦然地忘记才好。只有愉快地去面对，才能尽快地走出这片情感的阴影。她明白这个道理。

没想到这边阴影笼罩还没有褪尽，那边又有人来追求了。这是一位球场上认识的德国籍朋友，起先大家只是打球，少有交流。后来顾及她情绪特别不佳，这位高大英俊的外国人，便一直尽心尽力地陪着陈平打球，直到某次无意的闲聊中，才知道两人竟然

第四章
自由不羁的流浪

在同一所大学中任教。

一个颇具绅士风范,一个博学多才,共同的话题让两个人越走越近,她心中的包袱也越来越少。这位教授四十五岁上下,虽比陈平年长十来岁,相处中却处处儒雅,让人感到特别舒服。他的出现,不断地抚慰着陈平心中的伤痕。有一段时间,陈平因故未去打球,他却是风雨无阻每天准时到球场等候。知道这个消息后,陈平顿时又感到了心潮迭起,爱意又涌上心头。

旧伤未好,新爱又来。爱情总是这样,始终让人迷惘。不知不觉中,陈平又开始恋爱了。

大约相处了一年后,教授将陈平带到了郊外游玩,突然站在满是星光的夜幕中问道:"我们结婚好吗?"

结婚?又是结婚。陈平不假思索地说:"好。"

在回应的那一刻,她心中相当平静,倒是那位阅尽人生的教授,却在不经意间红了眼。情到深处,可以不用华丽的语言,可以没有奢华的嫁妆。此刻,嫁人成了一生中最为幸福的选择。一个幸福的家庭、一个温暖的怀抱、一个浪漫的人生。回想在一起的点点滴滴,彼此都十分开心,也懂得了什么是关心和思念。

陈平的心情是可以想象的。在接受了教授的求婚后,心中的花又慢慢地从阴霾中重新绽放,让以前那种了无生机的气象逐渐远去。

毫无疑问,她是漂亮的。至少在开心的时候,看起来充满着温柔。教授深深地爱慕着这个因爱情屡次受伤的女人,她多情的眼神中,有着让人永远也望不透的秘密,就像江海一样深邃。

一切都在按部就班地进行着,好端端的天空却突然下起了雨。花花绿绿的伞影在晃动着,让人看得眼花缭乱。一时半会儿出不了门,谁也不愿把自己淋得跟落汤鸡似的。结婚非常烦琐,好在需要的物什也都筹备得八九不离十了,不用为此事太操心。人也奇怪,紧张的时间一旦要放松下来,反倒有闲余一起吃饭喝茶聊天。

天气刚刚放晴,各家各户就把潮了数天的被褥,一一抱了出来晒,挂得五颜六色到处都是,似乎来到了浆洗旗帜的店铺,又像进了某种奇怪的阵形中,随时还要用心闪躲着以免碰撞。两人就这样又说又笑地行走着,不时地还要留神四周有没有印刷店,结婚在即,他们还要去印刷一些请柬。

说到请柬,这对新人在设计上也是极尽心思。一遍遍的挑选之后,陈平对那透着淡紫色的薄木质地的请柬十分满意,拿在手里反复地看个不停。为了让人留下深刻印象,她又特意要求在艺术化处理方面,能够将他们的名字排列在一起,一面用德文,一面用中文。无论是细节的考量,还是在整体风格方面,这张请柬的艺术设计都足以让人刮目相看。

原本不耐烦的老板竟然也被感动了,他真心为这对新人挖空心思的设计赞叹,便想着早早把这请柬打印出来。一番交谈之后,大家约定好半个月后来取请柬。从位于重庆南路的这家印刷店走出,两人又特地去选购了一些物品,这才心满意足地回家。

无论是谁见到他们,都会送上满满的祝福,快乐、自由和幸福又重新回到了她身上。一想到结婚,陈平全身都充满甜蜜的愉悦。之前,她已经习惯了宅在家里,即便是什么也不做,也不乐意出门去。现在,她不仅开心地去打球,而且还不时地想着去大街上转转。

家人也会不断地催促着她去花园里散步,去周围的风景区享受大自然的乐趣。在那样的环境中,除了可以感受美,还可以调适心情,让自己更愉悦。

所有这些人的主意,在她听来都是正确的。对于之前的愁眉紧锁,她深深地认为那完全是对心灵的摧残和戕害。于是,那颗孤寂得要死去的心灵又复活了。

一抹青润,一剪秋词,一尘往事。人的心情一旦变好,全身都有了力气。陈平的目光变得清澈起来。

第五章 落花时节的重生

异乡故人

大概在半年前,陈平接待了一位从西班牙来的朋友,席间,两人聊到了往事,突然说到了荷西。陈平心里是惦记着他的,他虽然之前爱逃学,说话时却很真诚。屈指算来已经六年,他也该大学毕业,服完兵役了吧?

看着她若有所思的模样,那位朋友并没有立即打断她的思绪,而是在过了半支烟的工夫后,才不失时机地从袋子里掏出一封信来:"这是他委托我带给你的,他希望你一切都好。"

陈平没有接话,而是顺手接过信打开读起来。"过了这么多年,也许你已经忘记了西班牙文,可是我要告诉你一个秘密,在我十八岁那个下雪的晚上,你告诉我,你不再见我了,你知道那个少年伏枕流了一夜的泪要自杀吗?这么多年来,你还记得我吗?我和你约定的期限是六年。"

六年之约?已经过去六个年头了吗?匆匆六年的时光,真的不知道留下了些什么?随信还附有一张照片,上面是一个留着大胡子在海里抓鱼的人。是他,虽然蓄起了胡子,但模样却没有太

第五章
落花时节的重生

多变化,还是以前那么帅气,眼神中透着太多神秘。那一刻,她心中只觉得微微颤了一下。旋而又收敛起神情,笑着将信还给了对方。

"他还好吧?"

"他说会一直等你。"

"过去的都会忘记的,会忘记的。"她若有所思地重复着,又接着说,"还要告诉你一个喜讯,我很快就要结婚了。"

朋友听后,略微停顿了一会才说:"那他肯定会伤心的,但我相信他会一直等下去,至少在心底深处。"

两个人没头没尾的对话,让陈平再次为荷西骨子里的执着感动。至少有一段美好的记忆总是好的,她认为。

半夜时分,一件要命的事情发生了。沉睡在梦中的陈平突然觉得有人在用力抓她,仿佛一松手就会从悬崖上掉下去。等她从惊吓中醒来打开灯,却发现教授满脸苍白,极为痛苦地用手抓着胸口,在十分急促的呼吸中用绝望的眼神在求助。看着他额头上流下的汗,陈平顾不上许多,立即抓起电话就拨了出去,可是等到医生匆匆赶到时,教授已经因为心脏病突发猝然死在了床上。他双眼不甘地睁着,凄惶的表情中带着许多难以言说的遗憾。

"不,不要走,你不要离开我啊,抱抱我吧,我爱你啊。"

天有不测风云,人有旦夕祸福。目睹心爱的人以这种方式离去,她无比疯狂地喊叫着,想要以嘶哑的哭声来挽留。怎么可能呢?任凭她哭得死去活来也于事无补。"再见所爱的人一锤一锤钉入棺木,当时神志不清,只记得钉棺的声音刺得心里血肉模糊,尖叫狂哭，不知身体在何处，黑暗中，又是父亲紧紧抱着，喊着自己的小名，哭是哭疯了，耳边却是父亲坚强的声音，一再地说：'不要怕，还有爹爹在，孩子，还有爹爹姆妈在啊！'"

人生不就是这样吗？一次又一次地让人悲伤。现在除了伤心，她又能怎么样呢？与其活在这个伤心的世界里，倒不如陪伴着教授一同去往极乐世界。

于是，她买来了好多安眠药，一仰头全部吞了下去，然后安然地躺在那张新床上等待着死神的到来。这时候，她已经没有了痛苦，眼前浮现的全是两人在一起的欢娱，多么开心的时光啊，她为这些美好陶醉着。"我不否认我爱过人，一个是我的初恋，一个对我来说很重要的人。另一个是我死去的朋友……也许他并没有我认为的那么好，因为他死在我的怀里，使我有一种永远的印象。而他的死造成了永恒，所以这是个心理上的错觉。"

记忆越来越模糊，似乎有些困倦，她想睡觉了。

能好好地睡一觉也不错，她想。

陈平再也忍受不了命运的残酷打击，感觉自己就像一个被命运不停玩弄的小丑，在众人面前反复地出着各种洋相。是啊，只想求得一个平静而又安稳的生活，这难道也是错吗？回到台北这短暂的一年里，聪慧的她竟然因情感而倍受折磨。然而天不遂人愿，陈平再次从死神手中被抢救回来。她真是欲哭无泪，欲死不能。

一切都不可思议，前不久还在一起谈论着婚礼的筹备，然而如今却已是天人永隔了。面对这残酷的人生还能说些什么呢？难道台北真的是她的伤心之地？

第五章
落花时节的重生

举家吃完了最后一次饭,陈平还是红着眼说出了自己的想法,这也是她吞药自杀后第一次开口。空气中的凝重似乎由浓转淡,大家也渐渐从压抑中活了过来。现在,生命又重新回到她身上,而之前那种生不如死的感受似乎渐渐散去。

"我想离开家出去走走。"她说话的语气不容置疑。这些天里,她简直形容枯槁,脸上看不到丝毫的血色,两眼深陷。这些话更让这些关心着她的人觉得,她与台北是合不来的,至少是有着某种无法调和的冲撞,她在这里不断遭受心灵的创伤。陈平不恨台北,但台北于她却已没有了吸引力,反倒是时时处处都透着无比的伤感。

"出去走走也好,外面的天地,也许可以使你开朗起来。"陈嗣庆知道已经无法用网球将女儿带出人生的困境,出走或许才是最好的解脱。七年前,也是在特别压抑的境况下,她用出走抚慰了自己的内心。七年后,她又面临着这样的抉择。父亲故作冷静地看着女儿,想用这样的坚强为她遮风挡雨。

可是去哪里呢?天下这么大,到底哪里才是自己的安身之所?她趴在窗前沉思着。她也知道家人都在关注着自己的举动。现在,她不想去寻死觅活了,躲在被窝里的苦痛,早已被泪水洗刷得无影无踪了。要说内心中涌动的,那就是对于出走的向往,这个想法已经和火一样,燃烧到了灵魂的深处。

回首这一年的经历,真是有些匪夷所思。当她打算全力以赴爱画家的时候,他却成了让人鄙视的骗子,一切就像一场演出。等到曲终人散时才知道,所有的都是假的。伤害就伤害吧。等她想用心爱教授的时候，又没想到他的福报是如此之浅，竟然一夜之间成了另一个世界的人。想到这些，她眼里就会浮现出痛苦来，这样的神情已经完全淹没了属于她的孤傲，她感觉自己一无是处，似乎生来就是需要人同情的。

还是去西班牙吧？至少那里没有伤心的记忆。这时，她的脸上才淡淡地有了些笑容。很难得的笑容，就像连续阴雨天后偶然出现的太阳，但没有让人好好享受，又没入了浓密的云层中。去了又能做些什么呢？

她慢慢地收拾着散乱的行李。一年的时光实在太美好了，这是在外无法享受到的安逸。然而这个地方是如此不欢迎自己，逼迫着自己再次背井离乡。直到今天，再听"不要问我从哪里来，我的故乡在远方"的曲调时，才会渐渐明白一位女性的艰辛与不易。

又是一夜难眠。

机场到处都是送行的人。陈平用手顺了顺过肩的长发，终于将手挥动起来，送别的家人都不由自主地流下泪水。

"再见了，我的亲们。再见了，台北。"陈平这话中不再带有愤慨的情绪。随着飞机高度的改变，她的心态也在不断地调整着。天空永远都是那么美，蓝天白云一望无际，让人恨不得跳出窗户去上面漫步。云朵是移动的，也是静谧的，变幻着各种形状，让人无法准确形容出它的姿态。她靠着椅子静静坐着，阳光从舷窗外悄悄射了进来，照在她苍白的脸庞上。陈平闭上眼睛，似乎睡着了，其实她又很清醒，只觉得气力在阳光照耀下不断地滋长。

第五章
落花时节的重生

从台北飞往西班牙，需要到伦敦进行转机。没想到在候机大厅做短暂的休息时，又出了件意想不到的事，因为订的票有些问题，英国当局将她视为非法移民拘留了起来。在拘留所里，陈平心情极其郁闷，不但不配合警方，还理直气壮地大声叫嚷着，压根就不在乎淑女的形象。这些年在国外的留学生活，让她更加独立，所以她在坐班房的同时，还不断为自己遭受的不公申诉着。总之，她理直气壮地在警局大闹着，就和当年大闹宿舍一样，把整个警局的人搞得疲惫不堪，最后只好放人了之。

陈平不依不饶，直到警局人员把她恭恭敬敬地送上飞机才算了事。

1972年，二十九岁的陈平重新步入马德里。她顾不上享受故地重游的悠闲，而是很快安排好住宿，为自己找了一份教师的工作。

教师的工作不重，闲时可以出入咖啡厅和酒吧，还可以去淘些喜欢的旧物。这些东西对她来说并不重要，关键有着一种无法言说的乐趣在其中。她的爱好，让她不断地忘记伤心的过往，也带动同宿舍的小姑娘成了追随者。那段开心的时光中，两个人自由散漫地穿行在马德里的大街小巷中。

屈指算来，到马德里已有些日子了，之所以不想去联系他，完全是因为觉得当年自己说过的话有些过分。其实，偶尔一个人发呆时，也会不由自主地想起荷西来。他的可爱、他的执着，还有照片中那一簇茂密的大胡子，更是不时地激起人在异乡重见故人的冲动。

当地的老朋友知道陈平故地重游的消息后，陆续前来邀约探望，宽敞明亮的合租房中天天都有人进进出出，无比欢快的笑声中，她的情绪也在不断变化着。

为了让生活更加充实，她还开始做起了家教教授英文，同时又重新伏身稿纸，为《实业世界》写起了专稿。转眼间就进入了冬季。冬季对于陈平来说，应该有着很多的记忆。

天上飘落轻柔的雪花，就像是野蝴蝶花、草茉莉、野矢车菊。各种花交织着，让人眼前顿时多了许多想象。她手持着艳艳的美酒趴在窗前，用心欣赏着眼前的美好。昏暗的光线中，整个世界纯白晶莹，静得如同是童话世界。学生时期，雪似乎没有这样唯美，反而总是勾起思乡的情绪。她除了学业，还得逃避老师和监舍的看管。现在自然大为不同，每天除了上课外，有更多的时间可以做自己喜欢的事情。

圣诞节前，她到父亲的朋友家中拜访，却没想到迎面让一位西班牙女孩挡住了。四目相对，一种熟悉感扑面而来。

"您是？"

"Echo姐姐，我是伊丝帖啊，你真的回来啦？欢迎你回来。"那天真的笑容很快就让雪也有了温度。

"我是荷西的妹妹。"不待话说完，两个人就紧紧地抱在了一起，在雪地里旋转了好几个圈。等双方情绪平静下来后，她才发现眼前这个女孩已经出落得光彩照人，与六年前大为不同了。

"你还好吗？听说你到了这里，我一直在找姐姐呢。姐姐越来越美了，要是我哥哥知道你回来，相信他一定会幸福得要死。你可

第五章
落花时节的重生

不知道吧,他一直在想着你,得了相思病一样。"铃铛般的话语,清泉一般流进了陈平的心田中,她心里不仅感动,还有着太多的亲近。两个人也不在乎下着雪,手拉着手就在雪地里说开了。

人生总是这么奇怪,那次圣诞晚宴时见到了荷西和他妹妹,时隔六年后,竟然又在这里见面。直到吃饭时,她还给陈平滔滔不绝地说着有关荷西的事,其间还提到了哥哥这段日子里相思成疾。而今,她就是专程为着哥哥才来的。

那顿饭陈平并没有吃多少,她的心思早已牵系在荷西身上了。结束时,伊丝帖又央求着陈平给荷西写封信,要不然哥哥知道后又要伤心了。

荷西妹妹的一席话,听得陈平心里乐滋滋的。她真的心动了,恨不得立刻能见到还有一个月就离开部队的荷西。但女性的羞涩让她又故作矜持,面孔一板就要离去。伊丝帖赶紧抓住她的手,不断地说着好话。

"我早已把西班牙文还给老师了,怎么办?"她故意耸耸肩膀。

伊丝帖急得要哭了:"我帮你写好了。"她说完真找了个地方趴着写起来,这神情深深地打动了陈平,她为荷西有这样一位妹妹感到开心。

信写得很真诚,让人读后又想到了过去的美好时光。正当她陷入回忆不能自拔之际,伊丝帖开口了:"姐姐,用英文在这里留行话吧。"

千言万语,想说的话真的太多了,写些什么才好呢?到最后,她轻快地写下了一句："荷西，我回来了，我是 Echo。"望着这行字，伊丝帖兴奋极了。

也正是从那时起，陈平沉闷的心重新活泛了起来。那种强烈的冲动，不容分说地朝着内心深处涌去，她只感觉全身的每个毛孔都要兴奋起来，充满着温情。

陈平虽然和以前一样倾心用情，但还是多了些许忧郁，她对于荷西的印象只是停留在六年前。然而荷西收到信件的那刻，整个人都变了模样，脸上尽是喜悦。谁能懂得，他为了等到陈平的片言只字，竟然执着等了六年。究竟值不值得，他自己也说不清楚，只觉得自己所有的心思都被陈平诱惑着，以至于茶饭不香。这种发乎心底的情不自禁，仿佛是融化在火焰中的温柔，让她无法抗拒。

第五章
落花时节的重生

荷西归来

英国作家菲·贝利说过："最甜美的是爱情，最苦涩的也是爱情。"荷西被这种奇妙的感觉陶醉了，仿佛醉酒一般失去了判断，思绪完全被这封西班牙语加英语的信占据着。虽说看的是信，脑海里出现的却是她的美，勾人魂魄的美。这美，有着花一样的娇柔，也有着水一样的温顺。

单薄的一纸信笺，写就的是六年的情感，回应着荷西厚重的思念。他已经无法抑制内心的激动，真想结束掉这无味的军营生活，立即见到梦里的女神。

这或许就是自己始终在寻找的幸福吧？

荷西激动得不能自已，匆匆几次下笔之后，总是觉得不能表达情感，不得已又将信纸揉成团扔到一边。为了一封信，他几乎使出了所有力气。也是，虽然这六年间没有任何联系，可他对陈平的情感却是有增无减。现在，她主动来了信，又千里迢迢来到马德里，这无疑是上天给自己的馈赠，怎么也不该错过这个机会。

瞬间，这个对爱情慢热而又坚韧的大男孩，将以往虚无缥缈的情感变成了真实的面对。阳光徐徐照进来，他身上似乎散发出了暖暖的味道。窗外是满地盛放的花朵，充满着向上的希望。

"多少个无助的日子里，我都盼望着你回来，尤其是漫漫长夜中，可是等我从梦想中走出来时，只知道面对的这一切都是空无。"好几次，他独自对着镜子傻傻地练着这些对白，想着怎么用语言表达自己的想法。同时，他又从画报上剪下许多漫画，然后又用心排列粘贴起来。一幅幅图很有意思，含蓄地表达出一个大男孩对于爱情的期盼。最重要的是他还找来了陈平的电话。

电话中，被欣喜笼罩着的荷西表现出忐忑不安，但听到那熟悉的声音后，却又是无比满足。他结结巴巴地欢迎着她的归来，并恳求她等自己结束兵役回来。

陈平任他在电话中说着，最终还是将他回来的日期忘在了脑后。那段时间，她和朋友四处疯玩着，根本就不愿意记挂任何事情。

这天，陈平从外面回来时天已经黑了。还没顾得上洗漱，同室的女孩就迫不及待地告诉她："今天全是你的电话，差点把电话打爆了。"

陈平顺口接过来说："谁啊？平时可没有人找我。"

"是个男人，听口音年龄应该不大。"陈平更是摸不着头脑。

"该是谁呢？"她开始在心底琢磨起来。

突然电话响了起来。

陈平还没有从深思中走出来，同室的女孩已经利索地拿起电话，没说几句话就把话筒递给陈平。

第五章
落花时节的重生

打电话的是伊丝帖，她让陈平赶紧搭车来一下。电话那头显得很焦急，也不知道发生了什么事情，她自然也没有去多问，只是赶紧转身朝着外面奔去。

等进屋刚刚坐定，伊丝帖便让她闭上眼睛，说有一个惊喜要送给她。周围几位朋友也都不停地附和着，增加了屋里的神秘气氛。好多年以后，当陈平想起这件好玩的事情时，她的文字中还带着一种掩饰不住的激动。"当我闭上眼睛，听到有一个脚步声向我走来，……突然，背后一双手臂将我拥抱了起来，我打了一个寒战，眼睛一张开就看到了荷西站在我面前。我兴奋地叫起来，那天我正巧穿着一条曳地长裙，他穿的是一件枣红色的套头毛衣。他揽着我兜圈子，我嚷叫着不停地捶打他，又忍不住捧住他的脸亲他。站在客厅外的人，都开怀地大笑着，因为大家都知道，我和荷西虽不是男女朋友，感情却好得很。"

为了这次相见，荷西等了六年的时间。相逢的第一眼，陈平便被激情给点燃了，顿时为这样的礼物心醉不已。她在荷西怀里旋转着，大笑着，身体紧紧贴着他不愿松开。六年时光，已经让当初那个傻小子，成长为浑身有着男性魅力的强壮男人。过了一会儿，他们静了下来，他屏息望着她，心脏随着呼吸变得起伏不定。同样，她也是如此，一脸的喜悦中隐藏着说不清楚的感情。

六年前，彼此擦肩而过，任一段姻缘化为泡影。如今在经历了万水千山之后，终于又重新相遇了。

"你还好吗？"荷西惊喜地问道。一句平淡至极的话语，却道出了深深的眷恋。人和人不就是这样么？随着长大会面对许多生活中的无奈。确实，能遇见喜欢的人是一种缘分，能否和喜欢的人在一起又是另一种缘分。

陈平只是不住地点头，却不言语，因为她实在无法说清这六年来的所有际遇。他那深邃似海的眼神，让她不由自主深陷其中。荷西就仿佛在读一本大书，反正他们要相爱了，他毫无畏惧。

如果要说马德里是陈平的幸运之地，其实一点也不为过。六年前来这里求学时，她就觉得这里似曾相识，感觉前世好像到过这里，现在再次出现在这地方时，才明白什么都是注定的，根本不以人的意志为转移。而为了来这个地方，她在情感上一直经受着波折和打击，现在总算是风平浪静，一切都是因为荷西的出现。

妹妹伊丝帖是最开心的，她为了哥哥能和陈平相见，一直在充当着"红娘"的角色。当她为这两个人轻轻掩上门时，大家都很知趣，纷纷走到了外屋，把这美好的空间留给了他们。

偌大的空间静了下来，两个人依偎在宽大的沙发中，互诉着离别后的衷肠。那些说不完的话，倾诉着牵系不断的思念，释放着彼此忍受着不联系的压抑。现在一切都好了。

这一夜又是无眠。但陈平内心是安逸而又舒服的。她很久都没有这么开心了，以至于辗转反侧想了许多。

夜是如此之静，风轻柔地吹着，所有的声息都归于平和之中。

虽然一夜没有睡好，但第二日的情绪却依然高涨。在荷西的陪伴下吃过早饭后，她又顺从地跟着去了他的家中。让人不可思议的是，屋子里贴满了放大的照片。照片上的人千姿百态，以不

第五章
落花时节的重生

同的眼光看着她。再一细看,顿时又是一身细汗,原来照片上的人都是她自己。

自己的照片怎么会到这里?她觉得很费解,却又不得不好奇地问。

荷西只是抿着嘴傻笑,等到笑声停止后才说:"你经常把照片寄给你父亲的朋友徐伯伯,有次我妹妹无意中发现,就将这些照片偷偷地带出去放大。时间一久,就有了这些难得的宝贝了。"他一脸正经,脸上却又透着某种得意。

"你家人不说你傻啊?"

"他们经常批评说我发痴、发神经,喜欢的人见不着,贴着她的照片又有什么用?"

面对着这些发黄的照片,陈平心中有着说不出的感动:"你也不好好保管它们,一张张都发黄了。"

"太阳一直晒着它,我把窗帘放下来,可是还会晒到……"

从两个人的谈话中,陈平知道的事情越来越多,她望着墙上的照片露出了会心的笑容。这样的笑是幸福的,带着满足。她真的没有想到荷西竟然和贾宝玉一样痴情。

一张张照片紧密地衔接着,像是一张完整的图画。她甚至感觉到了自己的脑子里面,涌满荷西各种各样的形象,就像是一部在播放着的老电影。四周很静,很适合想象,想象也就无休止地膨胀着,向四处蔓延。于是,她悄悄地伸出手来,想去拉荷西的手,而他此时也是同样的动作。当两只手紧紧地握在一起时,所有的感觉都似火一样燃烧起来,火让所有的烦恼都平静下来,也让所有的向往瞬间都成了贪婪……

一阵深深的亲吻之后，陈平浑身颤抖着问："你是不是一直都想和我结婚啊？"

荷西没明白对方的意思，一时间不知道如何回答。

"不是说六年之约吗？现在我来了，就在你的面前。"这话说得非常明显，而荷西依然没有动，他实在不明白面前这人到底要干什么。

面对荷西的沉默，陈平没有再说什么，她突然觉得自己的这番话有些过分，一个没有任何情感经历的大男孩，根本不应该去接受她这样情感经历波折的女人，也不该去为情感承担不必要的压力。他这样的青春向上，应有着自己的幸福生活。然而荷西面对这中断后又重新激起的情感，还是分外珍惜。在他心里，只有两个爱人：一个是大海，一个就是陈平。

荷西是那种外表粗犷，内心却分外细腻的人，尤其和陈平达到真正的心灵相通之后，更是对于爱情生出了向往和期盼。

同样，这样的向往带给对方的是满足与开心。

现在想起来，如果不是见到了那些泛黄的老照片，陈平内心也不会泛起情感涟漪。随着波纹不断地向外扩散，她越发理解荷西的想法和执着。

也许每个人在结婚前都会有许多想法，当她静静地想这些事情时，才觉着这样的爱越发不同。人的一生中到底有几个六年？而他却情愿用六年的时间来等待。这本来就是虚无缥缈的，然而

第五章
落花时节的重生

现在谁也没有想到就要实现了。如果说这一切只是歪打正着，那么荷西无疑是幸运的，他终于等到了自己喜欢的女人。

荷西一直在不停地忙着。他的身影一直在陈平眼前晃悠着。她又想起了之前两人的对话来。

"荷西，记得你六年前的最大愿望吗？如果我要告诉你，我要嫁给你，会太晚吗？"这话看似若无其事，实际上却饱含深意。

荷西完全被突然而至的问话搞蒙了。他先是停了片刻工夫，而后才惊喜地问道："你说的这些都是真的吗？天啊！一点也不晚，一点也不晚。"他的兴奋已经让他有些不知所措了。

在陈平眼中，他的所有笨拙都是可爱的，甚至还带着男人那种特别的味道。这样一来，她更加喜欢起荷西来，喜欢他的大胡子，还有他说话做事的神态。或许相爱的人都是这样，喜欢一个人就会看他全部的好。

荷西喜欢大海，所以从喜欢上陈平那刻起，就一直视她为神秘的女人。这样的神秘有着大海一样的深邃，有着大海一样的波澜，有着大海一样的广阔美好。六年前遭到拒绝后，他一边在大学学习工程专业，一边喜欢上了潜水。通过潜水，着实可以忘记许多生活中的烦恼，尤其是在静静的水下，享受着水下生命的簇拥和挑战时，那种感觉是特别的。潜水也让荷西更加喜欢户外运动。探险的刺激，更是让这位年轻人变得与众不同。

再次相逢，陈平也感觉到了荷西的变化。学生时代谈的多是学业、人生、艺术，现在他的言谈中全是大自然、天文、星相等。她在心底为这样的变化喜悦，也为有这样一位愿意等待爱情的纯情男孩而动心。

所以,当荷西抓起她的手,来触摸他那坚实的胸口时,陈平又一次被他打动。顿时感到一股暖流从心底涌起。

六年来,原来荷西一直坚守着当年的承诺,而自己却沉迷于一个个情感旋涡中。

突然,她无法控制自己的情绪,在沙发上号啕大哭起来。正在收拾东西的荷西吃了一惊,转过身来看刚才还在发呆的陈平。

"当时你为何不坚持?你要是坚持和我谈,我还是一个好好的人,一个躺在你怀中的小女人。可是现在都过去了六年,我的心早已经碎了好多次了。"她抓着自己的头发使劲地拽,以此来发泄心中的不快。

"没事的,心碎了我会用胶水把它粘起来,细心地加以呵护。"

"粘起来也会有缝隙的。"陈平说完若有所思地发着呆。荷西是爱陈平的。虽然他不谙世事,但对于情感的专注,却足以让周围的每一个人感动。陈平的哭闹,只是让他感到了无比的满足。这满足是难得的,也让曾经惶恐的荷西渐渐懂得了爱情。他是如此深爱着陈平,以至于可以为她献出自己宝贵的生命。回想这过去的六年,他真是寝食难安,时刻思念着心上人,明知道希望渺茫,但他还是执着地等到了这一天。

一切都在变化,荷西不但变得高大起来,学识也十分渊博,两个人在一起有了更多的话说。

马德里的天空格外空旷,不时有身着白羽的鸽子盘旋着飞过。树木长得郁郁葱葱,各色的花儿闪烁着光芒,顿时让整座城市看

第五章
落花时节的重生

起来平静安详,犹如油画一样充满想象。这一切很温暖,陈平的心情一天天好起来。刚来这座城市时,她还郁郁寡欢,现在她已经慢慢从那样的不快中走出来,为自己眼前的幸福兴奋。

除了用心陪伴陈平之外,荷西最大的兴趣就是自己的工作。工作之余,他也会给陈平带回来一些漂亮的野水仙、野雏菊等,花儿看上去很美,风吹来还会发出沙沙的声音,就像是两个人快乐的心情。他们已经同住在了一起,不时地会谈些以后如何的话题。

所有这些都给陈平的生活态度带来了很大的变化。

《实业世界》杂志的用稿量越来越大,陈平从开始的游刃有余变成了疲于应付。生活是有压力的,这无形的压力让她心事重重,脸上也浮现出了淡淡的忧郁,严重时还会导致失眠。有一天荷西休息,满脸喜悦的他带着陈平去公园里玩,两人一边走一边聊,但荷西很快就觉察到了她的不开心。

"你好像有心事呢,是不是最近陪你少了?"荷西可不愿意心上人有任何不快,赶紧发问。

陈平不语,走了许久才说最近的工作压力有些大,本来不想出来玩,因为稿子还没有完成。这篇稿子要求比较高,截至出门前一个字也没有写出来,心里焦急得不行。虽然人出来了,但晚上注定要"开夜车"了。

荷西自然特别心疼她,可一时半会儿又没有好的办法。他也明白,如果以后要结婚,赚钱过日子都是自己的事情,他也在不断地给自己加压,想尽快多赚钱来养活未来这个新家。

"要不别写了，干些自己喜欢的事情好了。何必给自己那么大的压力呢？说实话，我也不愿意去和这些乏味的文字打交道，真的没有一点意思。"他轻轻地拍着她的背，想通过这样的方式来化解压力。

"我也很迷茫，有些无所适从了。"这是陈平的心里话。此前，她从没为工作的事向谁诉过苦。现在有了依靠，所以一股脑儿就全部说了出来。

远处，有位花匠正在忙碌地浇着花，清凉的水喷洒在盛开的花束上面，点点滴滴中弥散出淡淡的青草气息。日子虽然很累，但这样的生活却很惬意。突然间，陈平被这样的生活情趣所感染，她希望自己也能够过上无拘无束的田园生活。这段时间以来，她一直伏着身子在为文字而努力着，似乎好久没有关注外界的这些事物了。其实，做一株小草又何尝不可？与其成天为生活而这样辛苦，倒不如让鲜活的心灵四处行走。

那天的行走中，她想明白了以后的路，于是心情逐渐好起来。走到当年经常坐着聊天的那条长椅子前时，她硬是拽着荷西再休息一会，并将手中的小食品拿出来，喂给面前蹦蹦跳跳的小麻雀。这些小生命是无忧无虑的，它们根本不在乎人世间的烦恼，时不时还不避讳地卿卿我我。而身边的荷西也是满脸喜悦地陪伴着，用心地喂着它们。

天色渐渐暗下来，起身回家的时候，两个人的手早已紧紧握在了一起："把你的心给我，我们换一下吧。"

第五章
落花时节的重生

拥有爱情

这是一段平常而又幸福的生活。

陈平那颗流浪的心，终于为自己找到了爱的归属。而荷西也不再迷茫，全心全意地陪着这个六年前就喜欢的女人。生活是平淡的，他们不需要花前月下的浪漫，也不需要山盟海誓的承诺，彼此间只是用心来坚守着眼前来之不易的一切。

远方的父母时常会收到女儿的来信，他们对于陈平在外的生活基本都了解，尤其是女儿情绪的变化，更是让他们悬着的心渐渐有了着落。

这天，他们从信中得知女儿准备去撒哈拉沙漠旅行。此前，女儿也在谈话中说起过，真正要落实到行动时，虽然有担心，可是开明的父母还是特别支持。

行走荒漠的打算，其实早在留学时就已经滋生。有了爱情的加持后，她更想早日实现这个愿望。记得刚来到马德里这座城市时，她无意中听人说起了撒哈拉沙漠，便从美国《国家地理》杂志中找到了关于它的介绍。细心读过之后，陈平就像是无意中发现了一位心仪已久的朋友,她不由自主地向往起来,如同带着某种记忆一般。那时候,她就想着自己一定要去体验荒漠。于是,她又从图书馆里借来相关的书籍,贪婪地阅读着,生怕自己一不小心就会错过什么细节。

在对于荒漠的向往中,有着千奇百怪的想象。女人就是这样,对于无法征服的事物,总是心存着太多的好奇,让她不顾一切想朝着那荒芜而去,然而由于时间、经费等原因一直无法成行,陈平想把自己交给那片陌生土地的想法便成了奢望。而且经历的事情实在太多,对于沙漠的向往便开始变淡了。但只要想起来,那种骤然的、原始的记忆便像欲望一样,开始不断地折磨着她。

也没有人可述说,陈平只能在心底深处将这股火焰不断地熄灭。说实话,她不能自制了,只觉着荒漠的诱惑带着一种无法拒绝的力量,似乎她不举手投降就不能让自己心平气和。一片荒漠,就这样一直折磨着陈平,等待着她早日来到。现在,由于爱情的到来,她的向往又开始膨胀了,仿佛她满腔的热情都是为了远方的未知,为了想象中的博大,为了荒芜中的壮美。

为着这片沙漠,陈平好几次从梦中惊醒,就仿佛有一种魔力在紧紧地抓着她。"不,我一定要去,一定要去。"她茫然地望着窗外,感觉有一股奇异的力量在包围着她,在冥冥中引导着她。她努力要从人来人往的都市中走出来,去往那处很少有人涉足的荒漠。她重新躺下,决定复活节后就去撒哈拉沙漠。

陈平有条不紊地准备着出行需要的物资,她打算此行要在沙漠待上个一年半载,以满足内心迫切的期盼。转眼间,冬天又快

第五章
落花时节的重生

到了,荷西这天兴冲冲地来找陈平,并且特别高兴地告诉了她一件事情。

"我们准备去爱琴海玩潜水,你也一起去吧?"荷西的言语之中带着诸多喜悦,就像在说早已经商量好的事。他十分希望能和陈平一起,分享充满浪漫的海上航行。

陈平对这个建议十分感兴趣,她内心中始终充满了探寻和猎奇的愿望,但说到最后她却又耸耸肩膀,做出一副无可奈何的样子。

"实在是对不起,你这个计划说得太晚,我得去撒哈拉沙漠。这些年,它一直萦绕在我梦里。"

荷西的笑容顿时凝固在脸上,突然间不知道说什么才好:"认识那么久了,你从来不顾及我们的感受,现在你又走,好吧,你走,永远不要在一起好了。"

陈平也觉得自己有点自私,不该这么直接拒绝他的邀请。她静默地看着荷西的表情变化,突然驯服地不再多说一句话。她觉得他眼神中那束灵动、坚毅的光正在消逝。重新见面后,荷西一直讲着如何喜欢大海,对潜水这项运动更是特别热衷。现在自己作为一个知心朋友,却毫不在乎他的梦想,的确十分残酷。

"一个弱女子,为什么非要到荒漠里去呢?"荷西还是带着不解的口吻问道。只是不待回答,他又傻呵呵地笑着说:"其实,挑战荒漠我也喜欢。"发了一顿牢骚后他又一想,陈平本来就是个随性的人,她决定的事很少会改变。与其费尽心力去转变,不如顺着她的心思。

陈平并没有在意他态度的转变，只是轻描淡写地笑了笑，心里却想，自己怎么能改变一个人的梦想呢？

告别陈平回家的路上，荷西心中已经有了新的想法。他决定放弃之前的航海潜水计划，陪同陈平去开创新的天地。起初他也很纠结，可是十分奇妙的灵光一现后，他竟也生出对沙漠的渴望来。悠远的驼队，清脆而又浑厚的驼铃，在黄沙四起中朝着远方而去。一位身着轻纱，遮挡着脸庞的女子正在沙漠中翩然起舞。而在她的身后，是令人澎湃不已的孤独和分不清天地界线的黄沙。

荷西要被自己的想象感动了，他恨不得立即就出现在那片沙漠上。当清晨的第一缕阳光洒向沙丘时，可以面对着朝阳，行走在这片少有人烟的地方，寻觅各种快乐。可以在这个与世隔绝的地方，两个人和和美美地生活在一起，不用与人争吵，也不用在意别人的眼光。

如果说如火的沙漠是陈平的梦想，那么澈蓝的海水就是荷西的向往。水火原不交融，但为了表达自己的爱意，荷西心甘情愿地把身段放得很低，低得如同一粒不起眼的沙砾，然后学着印第安人嚼着柯叶，毫不犹豫地孤身前往茫茫大漠之中。

远方，永远都潜藏着诱惑，虽然会有诸多想不到的艰辛。所有这些突然心生的想法，催促着荷西想要动身。他并没有如实告诉陈平，只是在心中想将这次大漠之行，视为难得的惊喜送给陈平。当荷西到达地图上的这个点时，才知道这里根本就见不到细腻金黄的沙子，相反那一眼望不到头的荒凉，却时时处处彰显着当地的贫穷落后。战争带来的种族纷争和灾难，在这里表现得尤

第五章
落花时节的重生

为突出，人们都在为生计奔波着，还要担心随时可能丧命。

来到城内的小镇，简陋的建筑和稀少的人口，让人无法与这座中世纪建成的小城联系起来。街道上很少见到妇女，到处是三五成群的汉子，穿着花花绿绿的民族服装，留着络腮胡子。荷西并没有因为环境而止步，而是迎着一天到晚吹个不停的风，费尽心思在磷矿公司里找了份赚钱的工作。那些日子里，他白天要下到深井里去采矿，再把矿石运送到港口，晚上还要绞尽脑汁想各种办法，把小屋子布置得温馨舒适，尽量让陈平到来后住得舒服一些。

沙漠的日子其实十分艰苦，日照时间长，温度特别高，甚至还可以看到石头被晒裂的情形。但这一切让荷西心中始终乐滋滋的。

荷西所做的一切，陈平并不知晓。在马德里，她独自做着奔赴大漠的准备。从马德里出发前，她意外地收到了一封从阿雍城寄来的信。陈平清楚，阿雍城位于撒哈拉沙漠附近，有谁会知道自己的旅行计划呢？拆开信的那刻，她真的为荷西的做法感动了，只想赶紧就动身去那片广阔的沙漠。

准备远赴沙漠前，陈平与几位女伴一直开心地疯玩着。她虽然不舍得这些好友，却又牵挂着远方的荷西。思前想后，她还是决定选择出行。

第二天，朋友们都上班了，她用心收拾完宿舍的卫生，又采撷来几束鲜花插在花瓶中。等到一切都安排妥当后，她才提笔写下留言：亲爱的，我要去沙漠结婚了，珍重也不再见。

记得荷西去往阿雍城的前一个多月,他找到了陈平:"上次你问我是不是还想结婚,我想确实是的,虽然知道你有时性情不好,但心地却不差,吵架打架都可能会发生,不过我还是想结婚。"

陈平不说一句话,只是静静地听着。

"六年来,我想得很清楚,要把你留在我身边。现在你终于回来了,要是不和你结婚,我害怕自己会痛苦地死去。结婚吧!"荷西认真地说着这些话,那茂密的大胡子显得他特别有男人味道。

"你可想好了?"

"如果有来生,我也会娶你做妻子,让我们重新有一个不一样的人生。"

飞机起飞的一瞬间,陈平放下了所有的羁绊,一心只朝着世界最大的那片沙漠而去。云朵是纯白的,不停地变化着,就仿佛是海浪、是水波、是流动的沙,是极为迫切的心情。

等她见到荷西时,不由得愣住了。眼前这个蓄着大胡子的男人一脸焦黑,穿着宽大的花格衬衣,破旧的牛仔裤。可爱的形象就似刚出土的文物,身上还沾满晶莹透亮的黄沙。彼此间也没有太多客套,也没有嘘寒问暖,他只是用力地去抱她,而后才伸手要去帮陈平扛行李。

这些天来,荷西经受着难熬的热天气,每天都如同生活在火炉中。只有到了晚上,这鬼天气才会稍微好些。风一直在吹,夹杂着粗粗细细的沙砾,但一点也不觉着凉快,反而愈吹愈热,让人恨不得想找处水潭跳下去。

为了心爱的人,又何必在乎这些外在的困难呢?荷西一直就

第五章
落花时节的重生

这样想,而陈平也懂得。是啊,若不是为了实现她的心愿,这个大胡子肯定正在海洋中畅游着,根本没必要在沙漠里受这样的罪。想到这里,她的眼睛突然有些酸涩。

辽阔的沙漠,无边的荒凉。虽然陈平抑制不住内心的激动,任凭太阳火辣辣地暴晒着,她还是兴奋地朝着沙丘跑去,寂寞的沙子便流动了起来,从高处往下流,散发出滚滚热浪。此时,她只想着如何满足和征服。毕竟,这片胜似情人的沙漠已经让她望眼欲穿了。"举目望去,无际的黄沙上有寂寞的大风鸣咽地吹过,天,是高的,地,是沉厚雄壮而安静的。正是黄昏,落日将沙漠染成鲜血的红色,凄艳恐怖。近乎初冬的气候,在原本期待着炎热烈日的心情下,大地化转为一片诗意的苍凉。"

激动的心情是无法描述的。茫茫一片黄沙,见不到任何的建筑,只有成群的骆驼和山羊。

"沙漠,我终于见到你了。我爱你的荒凉和辽阔。"

站在一边的荷西顺口说道:"沙漠,已经被你抱在怀里了。"陈平点着头,整个身体却已经进入了荷西宽大的怀抱中。阳光把他们染得通体透亮,风把他们紧紧包裹。

"我们不用等到下辈子在一起,珍惜当下是最好的。"荷西平淡的语言中透着对于爱情的执着,让心高气傲的陈平从心底感到被征服了。人们常说大爱无形,而她此时只想静静地依偎在他怀里,不管天有多热、风有多大。

这个世界上,什么才是真正的爱呢?

荷西什么也没有说，他放弃自己的爱好，甘愿在沙漠里等待爱情的到来。这样的爱是感人的，至少可以让人相信付出是值得的。

从机场到居住的地方还有不短的距离。车一直在开，路两旁的沙不停地流动着，在车前形成了一道十分奇异的景观。陈平出神地看着窗外，她简直太喜欢这里的荒凉了，恍若来到了奇幻的境界里。这样的想法是奇怪的，但她还是做好了长期居住的准备，所以出发前除了带日常的换洗衣物外，还带来了很多书籍。一路上，两人不停地说着各种新鲜事。

经历了这些年的风风雨雨，陈平早已经不是那个情窦初开的小姑娘了。尤其是面对爱情时，更是有着自己的独特想法。一路上，她既在看风景，也在用心观察着大胡子的表现。

好不容易等到有零落的建筑出现，周围也陆续有了人的踪迹。两人穿过一排排的帐篷，在一个圆形的拱门下面，是一条长廊，后面带着两间小屋。陈平知道这就是所谓的新家了。天南海北走了这么久，似乎就是为了来到这里。现在，她激越的心情终于平静了下来。

房屋看上去十分破旧，多数地方业已脱落了墙皮，就仿佛用沙子堆起来的。再推门进去，又是一片黑洞洞的长廊，眼前什么也看不清楚，似乎来到了前世。荷西拖着行李走在前面，陈平四处张望着，亦步亦趋地跟在后面。

对她而言，居所更应看重的是内在，毕竟外观再好也只是别人欣赏的。望着前面那个黑黢黢的背影，她只想知道他究竟吃了

第五章
落花时节的重生

多少苦，付出了多少累。她上前紧紧地抱住了他的腰。荷西一开始没反应过来，待明白过来后，他立即伸出双手横抱起陈平。陈平也不造作，直接用右手环住了他的脖颈。在这个遥远的家里，没有任何华美的摆设。但是，她从高处看过去，却对这间小屋的前景充满了希望。天气很热，享受着浪漫的公主抱，她没有丝毫想下来的意思。

房屋似乎带有魔力，隔绝了外界的所有嘈杂。这样的环境，适合让人亲近。她就那么惬意地半躺在柔软而有力的怀里，像小猫一样蜷缩着身体，两只长腿悬在臂弯外，不时还撒娇地摇动几下。

荷西终于抱得美人归，但从来没有想过会在这个不毛之地。他幸福地看了看怀中的女人，眼神又透过窗户望了出去。窗外是一条路，直接朝着沙漠而去，真实而又坚定。风还在吹着，他的心绪却已经盛开成了一朵花，而那些起伏的沙丘，一如娇媚的躯体，在风沙的冲刷中越发呈现出美来："这是我们的第一个家，我抱你进去，从今以后你就是我的太太了。"

这样的感觉实在太奇妙了。她突然有些羡慕生活在这里的撒哈拉威人了，可以长年累月地感受大自然的残酷和奇妙，可以生生死死都身处沙漠的怀抱中。现在，陈平终于找到了自己的幸福。

沙漠让荷西更加真实而纯粹，也让心中有着小资情调的陈平更为平和。经历了纠结和彷徨之后，她已经可以放弃一切身外的东西，来换取稳定的婚姻生活。

"这一切都太简陋，要委屈你了。"

"哦,我很喜欢,我们可以慢慢来布置。"陈平随口说的这句话,后来却让她受尽了苦头。虽然这些于她而言,是磨难,但也是难得的幸福。

为了收拾好这个小家,陈平自己掏钱买来了锅碗瓢盆以及床垫等用品。每天荷西要去上班,她就在家精心布置着,直到这个家越来越温馨。在阿雍城,所有的开销都高得惊人。她就像变了一个人,亲自去扛煤气,亲自去远处提水。而荷西也同时兼了几份工作。他们都懂,眼下所有辛苦的付出,都是为了六年前的那个梦想。

第五章
落花时节的重生

缔结良缘

沙漠虽然贫瘠，但用心营造的小日子却如神仙般快活。毕竟就要结婚了，这可是人生中最值得期待的事情。

其实，开心之余，陈平心里也有很多苦恼。第一天来这里，漫天黄沙的贫瘠就给陈平留下了深刻的印象。要想在这里生活下去，就得了解沙漠的性格。白日里火辣辣的热浪跑远了，顷刻间又换成了深入骨髓的冷。从窗户望出去，茫茫黄沙似乎成了皑皑白雪，让人忍不住浑身发抖。所谓的家里要啥没啥，真不知道荷西是怎么度过这些夜晚和白天的。屋子几乎没有摆设，只有几张破席子。睡觉时，她只能躺在睡袋里，而荷西则把自己裹在毛毯中。两个人就这样相依着度过整个晚上。

说实话，那一夜真的很难挨，可现实就是这样。但陈平没有多想，而是毅然决然答应和他结婚。第二天天一亮，她精心打扮了一番，就要到镇上的法院去申请结婚。

荷西由衷感动。此前陈平一路辗转奔波，从遥远的台北来到西班牙，又从繁华的马德里来到偏僻的撒哈拉，如今心甘情愿成为沙漠的居民。所有这些，荷西都看在了眼里，尤其是当她催促着自己一起去办理结婚手续时，荷西更是暗下决心要爱她一辈子。

荒凉的景致下，两人有说有笑地走过一间间房屋，来到了政府办公楼前。由于不是一个国家的人，手续办理起来便特别烦琐，因为要涉及中国台湾、西班牙、葡萄牙等地的办事机构，只有等批复文件到了阿雍城才可以办理，整个流程需要一段时间。

现在看来，不在这里住也不行了。荷西工作的地方距离家有数百公里路程，为了陪伴陈平，他努力挤出时间搭车回来。白天，已经习惯了孤独的她便会收拾家，尽量使家里井井有条。纵然再苦再累，她都会咬紧牙关。很快，她就同当地人混熟了。大家都对这位看似弱不禁风的女子刮目相看。那二三十斤的水桶，陈平都可以扛回来。日头很烈，她全然不在乎，常常是汗流浃背，累得躺在床上喘不过气来。

这也就罢了，只是花费些体力。但买菜的事情就麻烦多了，排队不说，还要眼睁睁看着当地妇女不停地插队。在大家眼里，她就是一个外乡人，欺负也就欺负了。没别的好办法，陈平只能耐住性子等。好不容易轮到自己，却已经没有什么菜可以挑选了。不买也不行，买吧又尽是残枝败叶。好在卖菜的人每次看着她受尽欺负，便会将常用的菜收拾齐备给她留着，然后还会帮她送到车上。

陈平很感激，她并不去埋怨身边的每一个人。渐渐地，她和卖菜的这些人竟也熟络起来，慢慢就成了好朋友。也不知道怎么她又认识了当地外军军团的司官，虽说已经退休，但影响力却是

第五章
落花时节的重生

不减。在他的关照下,陈平经常还可以坐着军车去附近的沙漠里兜风,领略荒漠里的特别风景。如此,她才有机会深入沙漠腹地,去探寻与众不同的风光,有时因为路程远,一群人还会在沙漠里支起帐篷,唱歌聊天看星星。极目四望,闪闪烁烁的星光夺人心魄,让人一下子就被迷住。在沙漠里行走,有时还会遇见当地的游牧民族,他们快意地驰骋在沙漠中,挥洒着生命的激情。

陈平为这样的情景感动,也越发地迷恋起沙漠来。"只有在深入大漠里,看日出日落时一群群野羚羊飞奔的美景时,我的心才忘记了现实生活的枯燥和艰苦。"她觉得,用六年的时间能寻到爱情,能找到这处可以放纵自己的沙漠,确实很值得。她从来不会隐瞒自己的收获和喜欢,每每有任何的感受都会说与荷西,而且也会带他一起来感受大漠风情。

结婚的手续一直在办理中。为了让婚礼更加体面些,荷西又开始加夜班以图多赚钱。两人见面的机会越来越少,陈平只能学着适应这样的生活。有几次,她都想把父母给的钱补贴到家用中,荷西不说,但神情中却透着反对,她也只好作罢。沙漠中的生活完全与世隔绝,除了电灯,凡是用电的设备都是"聋子耳朵",只是摆设。既然这样,陈平只能待在四处透着热气的屋子里,找个地方开始写作。这样的感觉是美妙的,甚至能够让人忘记一切烦忧。

荷西回家的次数越来越少,人也越来越黑,尤其是那丛大胡子,看上去也带着些沧桑。只要他一回家,陈平就会撒娇,想尽一切办法不让他走。荷西也不想来回奔波,可是为了赚钱,还得继续这样的状态。为了不让陈平伤心，荷西只能早早上路，可就算这样，平时睡得很死的陈平也会跟着爬起来，依依不舍把他送到门口，然后又飞快地爬上天台，直到他的身影看不见为止。

有好几次，荷西回头都看见陈平还傻傻地站在天台上眺望，那颗坚硬的心就变得柔软起来，顿时就有一种想哭的感觉，但他还是坚决不再转头，坚定地朝着矿厂而去。也有那么几次，他原本坚定的立场垮塌了，也不管公司会不会扣自己的工资，就沿着原路跑了回去，嘴里不住地喊着："Echo! Echo!"

渐渐习惯后，她可以忍受没有衣柜、洗澡只能擦洗的生活，但唯一不足的就是写作时没有桌子，只能找块板子放在腿上。

办法也想过不少，但在这里太难实现，木材在这个地方贵得出奇。其间也想说给荷西听，却又怕他多心，只好继续坚持着。只是随着她对文字喜爱程度的加深，对桌子的渴求也越发强烈起来。没事的时候，她就到镇上的店铺去转悠，想从中淘到便宜货，可每次都是失望而归。

沙漠的生活状态就是这样，所有这些都是陈平自己选择的，她也无话可说，直到有一天她在镇上的木材店发现一批用以包装的长木箱要扔掉，便想尽办法让老板考虑一下自己。老板倒也大方，二话不说就给了她几块木板。

喜出望外的陈平连连道谢，然后找来毛驴车赶紧往回拉，生怕老板突然变卦。这一路上，她的脸上都洋溢着喜悦。木材有了，如何打造成需要的家具还是问题。荷西在家的时间不多，一个女人家又无法把它们拖到天台上，又担心可能会丢失，只能想办法

第五章
落花时节的重生

守着，结果把自己折腾得不轻，徒增了不少烦恼。

荷西回来后，看到这些木板也是喜不自胜，又是做滑轮，又是拆铁条，忙得不亦乐乎。陈平在一旁看得眼花缭乱。等着简单的草图设计完，真正显手艺的时候到了。

荷西和陈平都不懂木匠活，但他们硬是凭借着自己的想象，陆续加工出了书桌、茶几、衣柜等家具来。一件件的家具，饱含着浓浓的爱意，也见证着两个人白手起家的坚韧不懈。这个小家越发有了感觉，前来观瞻的人也就越来越多。这个时候的陈平是开心的、满足的，她终于可以舒心地趴在桌子上写作了。

人就是这么奇怪，艰苦的环境总是可以磨炼人的意志。那些日子里，陈平最喜欢写写画画，常常陶醉在自己的世界里。

过了一段时间后，陈平才知道这些木板都是从西班牙运来包装棺材的。无奈归无奈，陈平又舍不得将其扔掉，也顾不得想那些晦气的事情，好在大家的注意力都不在木板上，也就没有放在心上。陈平更关心的还是结婚手续的进展。

功夫不负苦心人。三个月后的一天中午，当地法院来人通知，手续已经审理通过，从次日下午六点半起，就可以举行结婚仪式。那一刻，她有些不敢相信自己的耳朵，明明刚才还在等待，现在就盼来了幸福。马上就要结婚了，似乎还有好多事情没有处理。她一会儿照照镜子，一会儿又趴在窗前，心神不定，不知道如何是好。但她很快就决定过几天举行结婚仪式。

好消息要分享给最重要的人。想到这些，她觉得赶紧要把这消息传给荷西，同时也要告诉父母。父母担心了这么多年，现在终于可以把自己嫁出去了。相信他们听到这个消息后，一定也会和自己一样开心。

就像突然发现了宝藏一样，陈平也顾不得气定神闲地写信了，她催促着自己赶紧出门，一是要想办法拦住一辆磷矿公司的车，通知荷西请假回来结婚。一是搭车去镇上，想法发电报通知父母。关键时候，陈平还是很能沉住气，她一边盘算婚礼的事宜，一边抬腿出门去办事。运气还算不错，刚刚出门就见到了一辆磷矿公司的车，正掀着沙尘欢快地奔驰着。她认识这种特有的车型，便远远地招手叫停。

问清楚情况后，陈平便递过去一包烟，拜托司机通知荷西："让他请假回家，明天和我一起准备结婚。"司机是个小伙子，人不错，只是半天没有明白陈平说的话。

"明天回来准备结婚，荷西自己都不知道啊？"他很不解地问起来。

"不知道，他不知道，我才定下来的。"这话说得陈平自己也有些不好意思起来，听得司机更是云里雾里。但他还是答应，一定把这个消息传给荷西。

荷西得知这个消息后，也是兴奋得不得了，匆匆忙忙就往家中赶。"我要结婚啦，要去结婚啦"的声音传遍整个厂区。六年的时光，终于换来了幸福花开。他恨不得肋下能够生出双翅膀，早些飞到爱人身边，尽情去享受那人生中的美妙。

当天晚上，两个人为了郑重其事告别单身，专门去了沙漠里唯一的电影院，看了一场电影《希腊左巴》。说实话，没有什么

第五章
落花时节的重生

节目可选择，电影演的啥内容也不知晓，两个人只是需要这样的仪式感，虽然简单得不值一提，但这样的方式足以让年轻人感到满足。说是看电影，实际上两个人却在窃窃私语，商量着如何筹办婚礼。

婚礼一旦进入倒计时，似乎要做的事情就很多。陈平要去买水，怎么说也要美美地泡个澡。然后还要做个简单的发型，换身别致的衣服……女人的事情本来就多，现在更是烦琐得一塌糊涂。荷西要联系教堂，要准备礼物，要修剪胡须，等等。看来也是一大堆的事情在等着他。

陈平不是贪慕虚荣的人，她现在只想一心一意同荷西过日子。条件虽然简陋，但精神世界却很丰富，完全可以满足自己的需求。经历过那么多的往事，她觉得一切都是浮云，而荷西的本分实在，以及对于爱情的付出，才让她愿意安安心心走进婚姻的殿堂。

人活在这个世界上，重要的是要做好自己，就算缺少那些个身外的功名利禄又能怎么样呢？她从未因为身边的任何一个人有利可图，就厚颜无耻地贴上去。当年，有位追陈平的"富二代"，要给她送车送房，都被她婉言拒绝。她认为，爱情不是激情冲动，也不是基于物质利诱，而是两个人彼此用心，相互依靠。在沙漠这几个月的生活中，他们承受着昂贵的房租，面对着各种困难，还得学会在荒漠中活下去。他们如同生长在沙漠恶劣环境下的植物，以其坚韧不拔创造着希望。

第二天一起床，两个人一阵忙乱。这个人的发型还没有收拾到位，那个人的衬衣还没有熨平。最关键的是还没想好要准备什么样的礼物送给对方。

从家到教堂,需要四十分钟的路程。一切准备停当后,两人才不紧不慢地朝着镇上走去。

"你可别后悔嫁给我。我现在是一穷二白。"

"当初可是你要我嫁给你的,现在把我骗到沙漠不管了。不可以的。"陈平一本正经地说。

这样的调侃是幸福的,也让两个人越发想结合在一起。然而等他们走进法院时,却被办事人员一身正装搞得不好意思起来。再看他俩,陈平着淡紫色细麻长裙,头发用皮筋束着。荷西是蓝色的宽大衬衣,牛仔裤,脚上配的是露趾头的凉鞋。这些衣服都不是新的,感觉不像在结婚,却似临时拼凑起来的演员。

公证现场。

年轻的法官问道:"你愿意做荷西的妻子吗?"

"我愿意。"陈平一脸虔诚地回答道。她头上戴着阔边的草帽,由于一时间找不到鲜花,临出门时便用手从厨房抓了一把绿菜,又特别细致地别在了帽檐上,顿时就有了浓浓的田园风情。

"你愿意做陈平的丈夫吗?"法官有板有眼地问。

"我愿意。"荷西看上去特别滑稽。他的大胡子特意修剪过,但还是可以看出乌黑发亮的胡楂来。在陈平看来,这样的婚礼虽然简单,但是脱俗出新,反而容易让人记住。所以,她并不在意这些,只是默默地享受着爱情带来的欣喜。

时间过于仓促,陈平没有给荷西准备任何礼物。荷西虽然没有可以拿出手的礼物,但还是别出心裁地表达了自己的心意。婚

第五章
落花时节的重生

礼上,他郑重其事地递给陈平一个纸盒。等她慢慢打开时,差点没被吓掉魂魄,好在她很快镇定下来。原来纸盒里面盛放着一堆头骨,雪白的骨头完整地铆接在一起,可以很清晰地看出是骆驼的头骨,两个眼眶黑洞洞的,一对大牙齿紧紧地咬合着。

看了片刻,陈平旋而笑了。只要是心上人送的礼物,怎么看都是好的,都是可以让人开心的。她的笑容是那么美,美成一朵花深深地印在荷西心底。他这时才轻轻地喘了口气。从此以后,这件礼品就被视为宝贝,一直跟随着她没有离开过。"这副头骨,就是死,也不给人的,就请它陪着我,在奔向彼岸的时候,一同去赴一个久等了的约会吧。"

婚礼特别简单,程序化的仪式很快就结束了。想着这样就成了结发夫妻,陈平心中因为情感所受的伤痕渐然抚平了。还有什么比结婚更值得记忆的事情呢?

总之,这两个人结婚了。经过六年的等待,他们终于走到了一起。

婚后生活

所有的生活，在外人看来都是光鲜幸福的。

仪式一结束，这两个人就着手准备去度蜜月。公司还专门为荷西涨了薪水，批了半个月的婚假。虽然没有见过女婿的模样，陈氏夫妇还是尊重了女儿的意见，希望他们能够幸福地生活。

沙漠里的蜜月，其实没有多少选择，但经过陈平的安排，顿时就有了趣味。他们租车直接沿着沙漠往西走。

车行大漠，自有一番情趣。越是无人涉足的地方，越是充满他们的笑声。这笑没有丝毫造作，完全是心灵的放飞。等待了这么久才来的幸福，谁会不珍惜呢？

无论是从车窗看外边的风光，还是亲自感受沙漠的真实，都在满足着陈平的沙漠情结。她就像个孩子，全身心都投入旅行之中。来到撒哈拉沙漠有段日子了，但等她眼下开始横穿这片大沙漠时，才真正知道沙漠有多大，自己有多渺小。这样的震撼，让她更加明白大自然的瑰丽，明白不同地域的文化差异。

车经过了阿尔及利亚后，又辗转着回到西属撒哈拉沙漠。成

第五章
落花时节的重生

天看沙漠,陈平并不厌烦,相反还让她那颗自由的心,更加贴近这片神奇的土地。仿佛步入了另一个世界,车行到每一处,都有着不同的感动。在陈平眼里,常年居住在这里的人,单纯而质朴。"他们根本就不知道什么是名,也无所谓利;他们就是沙漠里的一种产物,跟沙漠里的一块石头,一朵仙人掌上的小花一样,属于大自然。他们从不抱怨冷,从不抱怨热,也许知道世局,但并不关心。"或许简单才会闪烁出另一种美来,反正从沙漠的土著居民身上,她在尝试着发现和感受另一种美。

一路上,小两口构想着以后的幸福生活,想象着如何把这个不起眼的小家,用心打造成为沙漠中的"宫殿"。陈平相信自己有这个能力,当然她也相信老公会给予她全部的支持。小两口依偎在一起谈论着,也不在乎随行司机的眼光。现在看来,沙漠中的时光是如此之美,而司机也是别出心裁,由斯马拉直接插到了新内加地界,而后又沿着另外一条小路,来到了西属沙漠下方的维亚西纳略,最终到达阿雍城。

这一路风尘仆仆,吃不好睡不好,强烈的紫外线把人晒黑了许多。彼此互望,相互调侃,更觉人生中有许多值得开怀的地方,最重要的是弥补了两个人此前分多聚少的缺憾。

不待从神奇的旅行中走出,平凡的家庭生活又要重新开始了。陈平应该是有心理准备的,但还是对于荷西的工作心生罅隙。

"老公,你要是不上班该多好,我们就可以天天在一起了。"

荷西一边收拾工作服,一边憨笑着说:"不工作,就没有幸福的生活。"

"你就不可以留下来陪我吗？就一天。"她带着撒娇的口吻说。就在几天前，陈平还嘱咐荷西要好好工作，赚钱来改造这个小家。但女人就是这样多变。

几天后，陈平终于耐不住一个人在家的寂寞了，把正要出门上班的荷西拦住了。

"今天就不要上班了，我要你留下来。"陈平很认真地说。

"别闹了，一会就赶不上去公司的班车了。"荷西说完就要出门，没想到陈平转身拿来一把菜刀，横挡在门前，满眼含泪地说："你今天要是去了，我就拿刀杀了你。你就知道上班，我在家要去提水，要去换煤气，还要抢在物价上涨前去采购，这到底是什么样的生活？"陈平刚才还好好的，说着说着突然就翻了脸。荷西能做的只有安慰，紧紧地把她拥在怀里，并轻轻地拍着她的背，想尽快让她烦躁的情绪平稳下来。

荷西走后，陈平就后悔了，为自己犯傻的举动感到懊悔。确实，一个人在家里，难免会有许多寂寞无聊，也不知道该做些什么。为克制因脱离文明社会而带来的坏情绪，她不断强迫着自己做事情，生怕大脑闲下来就会生出吵架的事情。如此一想，她就完全像变了一个人，很快就从娇惯的都市女，成了操持家务的主妇，以此来修正自己的小孩子脾气。

这个世界就是这样，只要你愿意用双手来创造，就会有意想不到的收获。就如刷墙，也不知道陈平怎么想的，从邻居处借来涂料，就开始认真地涂抹起来。之前，她哪里又干过这样的事情呢？白色的泥灰如同雨下，大片大片地滴落在头上、脸上，甚至

第五章
落花时节的重生

有粉尘落进眼里。她哭不出来,一个人也不知道哭给谁看。想到这些,反而让自己的举动给逗笑了。

刷墙是个技术活,也是个体力活,但在陈平眼里,却是个彻头彻尾的艺术行为。她随心所欲地刷着,把自己的天赋都刷到墙面上。这就是她精心打造的神奇世界,她也相信荷西一回家就会被感动。

荷西确实也发现了家中的变化,墙壁上斑驳的泥灰,恍若小孩子初学画画时的手笔,再看歪躺在床上的妻子,全身上下都沾满泥灰,已累得沉沉睡去。他也不愿打扰她休息,又接着在墙上涂抹起来,把之前的那些涂鸦一般的痕迹全都均匀地刷了一遍,这才去做晚饭。等到陈平醒来时天已经黑了,可她还是迫不及待地拉着荷西要看自己的成果。荷西顺从地跟在后面,不断地夸赞着陈平的变化。

这样的表扬陈平是受用的,她听得乐滋滋的。在以后的艰苦岁月里,她把所有心思都转移到居家过日子上面。还记得第一次走进这个房子时,家徒四壁,甚至连水泥地面也是坑坑洼洼,稍不小心就会崴了脚。陈平每次都是小心翼翼,生怕会把自己摔倒,她也一直想改变这样的状况。

现在机会终于来了。她通过邻居买来一批用沙子做成的空心砖,然后又找来工具,开始动手要给家里铺地。这样的想法对于她来说,着实有些太难实现,但她还是尝试着将一块块地砖铺得平平整整。陈平天生就有着艺术天赋,看到家里逐渐大变样,她特别满足,对着镜子不住地傻笑。为了让这个小家更温馨,她又买来几块厚海绵垫子，分别砌放在靠墙的地方，又动手缝了带有花边的单子，竟然制成了一个简易的沙发。做完感觉还真是不错，软软的，可以躺可以坐，特别舒适，一下子提升了房间的品位。陈平还专门给父母亲写信汇报了此事，听得老人又激动又伤感，更多还是为女儿长大而欣慰。

荷西原以为这位"女神"娇生惯养，见到这些巨大的变化后，实在喜出望外。在他的表扬下，她继续发挥自己的聪明才智，把所有能用的材料都恰如其分地加以运用。周边的朋友和邻居听说陈平心灵手巧后，更是三天两头过来参观，她干得更加起劲了。

小家一天天在变美，这样的变化有目共睹，乐得荷西在人面前说话时也是底气十足。没想到的是，这样的改变却无意中唤醒了陈平之前的爱好，她重操旧业，又开始捡拾起破烂来。虽然别人议论纷纷，但陈平不顾不管，捡得开心惬意。尤其是发现中意的破烂时，更是会乐上个三五天。在他们的小家里，所有的破烂都派上了用场。汽车轮胎披上垫子，就成了抢手的座椅。各种形状怪异的瓶子，一旦经过精心装饰，再插上不同的野花，就沾染上了艺术的气息。就连各种各样的海报也有了用途。这个时候的陈平就是一个神奇的魔法师，可以把棉纸变成漂亮的灯罩，可以让废弃的动物皮毛，经过处理后变成漂亮的靠垫。

这变废为宝的手艺，每天都会吸引来一群家庭妇女，她们在陈平的带动下，也开始穿梭于臭气熏天的垃圾场，卖力地翻寻着需要的垃圾。荷西从来不管，他只是享受着这一切变化。种种变化，不仅仅吸引着四周的邻居，无意中也让一名当地国家通讯社

第五章
落花时节的重生

的记者大开眼界。

有一次通讯社的记者在经过这里时汽车抛锚,捡垃圾的陈平看到那人遇到困难时不知所措,便及时腾出手来帮忙。一下午的工夫,两人竟然变成了好朋友。记者听到陈平的故事,一开始还不相信,直到亲眼见识过之后,才对这位弱不禁风的女子佩服得五体投地。那完全是一个多维的奇妙世界,小小的居室中,她让人见证的何止是艺术,更是她对于这个家、对于沙漠的爱恋。

"这些都是你的手艺?"记者虽然见多识广,但还是被这精心的设计触动了。在这其貌不扬的房屋里,他领略到的是一种中国智慧,一个女人内在的优雅。

有段时间,她为了把家里收拾得更加漂亮,竟为了几株花草,把目光投向了当地的最高长官家里。她觉得这想法无伤大雅,便趁哨兵交接之际来到总督家里。花已经到手,她本来可以安全脱身,不料想突然来了雅兴欣赏花园,结果让哨兵抓了个正着。

陈平还未开口说话,恰好荷西从这里路过。他见到妻子身陷麻烦,便奋不顾身前去同哨兵交涉。两个男人越说越复杂,而她又插不上嘴。好在哨兵知道这位因捡垃圾而大名鼎鼎的中国女孩,待弄清情况后,便客客气气地送他们出了花园,同时还将那几株花送给了她。陈平则盛情邀请他和他的朋友,有时间去看看她的手艺。

一场虚惊,又结识了一位朋友,让陈平多了些许生活的阅历。说到阅历,捡破烂还会捡出灵异事件来。

一天午后,陈平不知不觉来到了一处坟地旁边的垃圾场。天气太热，大家都躲在房屋里避暑。只有风比较热情，把垃圾吹得四散开来。她也顾不得这些了，只是低头用心翻找着，对弥散的臭味也不去躲避。翻着翻着，差点撞到一位撒哈拉威人身上。她还没反应过来，那人就从宽大的衣服中掏出了几个雕像，要扔到垃圾堆中。陈平只看了一眼雕像就喜欢上了，便等着捡。结果那人似乎犹豫起来，她也没有任何顾虑，径直上前讨要。说是讨要，其实和强要没什么区别。

那人的面目始终没看清楚，但他终究大度地把这些雕像全部奉送。待到要说感谢的话时，眼前空空如也，四处也见不到一个人影，雕像却完好无损地放在眼前。

这一切就像做梦一样。带着无比的疑惑和惊恐，她赶紧抱着这堆宝贝离去，到了家里，还感觉恍若在云里雾里。

捡破烂生出许多故事，也让陈平很快成了当地的"明星"。可她并不满足于这些，除了继续保持着捡破烂的爱好之外，又开始精心照顾起荷西的饮食起居。都说想要拴住男人的心，就必须先要拴住他的胃，陈平看起来大大咧咧，其实内心也有不为人知的秘密。

说到做饭，陈平始终不太擅长，对此最担心的还是父母。为儿女操了一辈子的心，最后的关注点还是落在会不会做饭上。在以往漫长的岁月里，做饭是中国女人必须具备的基本素质和技能，从少女时代就要被迫学习各种食物的制作，只有这样才能勤俭持家。

母亲每次来信都会叮嘱，时间一长，虽说老生常谈，但她多多少少还是会照着去做。要说做饭，其实并不怎么难。第一次下

第五章
落花时节的重生

厨，陈平动手做了顿西餐，她想改变自己，也想把丈夫培养成一枚吃货。

陈平决定动手之后，立即长途跋涉去市场上买来各种食材，然后凭着记忆照葫芦画瓢。沙漠里的土豆比较多，土豆饼自然是首选，她把土豆放入锅中煮熟，再用力捣成泥，放上鸡蛋、盐巴、胡椒面，而后又加入适量的面粉，同时拌上葱末，倒入油中，煎成金黄。土豆饼让她看到了希望，后面陆续又尝试着完成了黑胡椒桂花蜜汁煎小牛排、什锦吐司比萨等，虽然做得不正宗，但这样的尝试让她的兴趣越发浓厚。

随着这些美食问世，有心的陈平还把制作过程、心得体会一一记录在小本本上。母亲看到女儿变化如此之大，经常通过航空包裹寄来各种食材。这些东西堆放在小小的厨房中，不时地惹得朋友们前来蹭饭。大家品尝着这些可口的饭菜，嘴里不住地称赞，并把这小屋叫作"中国饭店"。

"中国饭店"，记录下一位新娘的变化。现在做饭是陈平喜欢做的事，尤其是看着大家大快朵颐，她心中美滋滋的。

最有口福的莫过于荷西了。本来还纠结于如何陪好她，却没想到一系列的变化让人有些摸不着头脑。为了让荷西感受到中国女孩的不同，她想尽办法为他变换着花样。单是普通的粉丝，在陈平手中就可以翻来覆去，做成各种美味。这些让荷西大开眼界，他哪里知道中国本就是个美食大国，任意一道菜都胜过沙漠中的单调。

有了美食，调皮的陈平还会为老公编撰一个个故事来下饭，常常听得荷西目瞪口呆。不过荷西从来不会停下筷子。美食要比艺术更加吸引人，经过大家的口口相传，荷西的上司也忍不住想一饱口福了。他接连几次都借着问询工作之由，顺便说到了"中国饭店"的事。荷西非常开心，当场邀请他和家属来品尝妻子的手艺。

生活就是这样，原本是不起眼的一对夫妇，现在却成了大家热捧的对象。那天的饭吃得大家兴致高昂，一道道菜也是出尽了风头。临分别时，那位上司还依依不舍地邀请陈平来公司工作，成为公司的一分子。后来，这件事还被她写进了一篇名为《中国饭店》的文章中。没想到文章却成了软广告，惹得公司的员工以各种理由蹭吃蹭喝。看着这些人吃得满脸流汗，"我很高兴我有了归宿，我太幸福了，许多人一生只活一次，但我活了许多次不同的人生，这是上帝给我的礼物"。

第六章 一声叹息风流去

最美人间

"我本来亦不是一个温柔的女子,加上我多年前看过胡适写的一篇文章,里面一再地提到'超于贤妻良母的人生观',我念了之后,深受影响,以后的日子,都往这个'超'字上去发展,结果弄了半天,还是结了婚。"陈平在一篇文章中写道。她幽默而又风趣,甚至还带着调侃的意味。

荷西越发离不开陈平了,不仅仅因为超凡的手艺,更重要的还有她对于生活的向上态度。在陈平的悉心打理下,这个家发生着翻天覆地的变化。对于烧菜,她是全身心投入其中,想尽办法做着各种可口的美食。沙漠中的单调生活,在陈平一双灵巧的手中变换着花样。平凡的生活多了乐趣,她也变得更加迷人。

荒凉无比的沙漠,让陈平的心情好到极致。随着与周边邻居的关系日益融洽,她自是越发喜欢这个偏僻落后的地方了。这个时候,她渴望流浪的心完全被小小的家拴住了。为了尽快融入,陈平还不断地改变着性格,就像顽石一样努力磨砺着自己,像花草一样修剪着枝叶。

第六章
一声叹息风流去

"墙在中午是烫手的,在夜间是冰凉的。电,运气好时会来,大半是没有电。"条件格外艰苦,但这也是陈平心态最为平静的时期,她的心情就像湖水一样不再为风雨所动。

有了家,就有了牵挂。荷西上班以后,陈平就开始动起来,把简简单单的家务事,当成天下最快乐的工作。周围的撒哈拉威人也开始对这对夫妇好奇起来,搞不懂他们为何会那么多手艺,甚至谈论中视这些人为天外来客,有着一般人不具备的神奇魔力。于是,便有热心人偷偷来观望,也有人带着强烈的好奇心拜访。陈平每日里要不停地面对各种各样的问题,还生怕说不到点子上。

有些人懂了,开心而去。有些人依然不懂,反复来问。就连附近的山羊也赶来凑热闹。

当地的房屋建得很有特色,由于沙漠地带常年少雨水,平整的屋顶上便开了个四方的大洞,主要用于采光。这个洞曾经带给陈平好多想象。"我就望着那个四方的大洞,看灰沙静悄悄地像粉一样撒下来。"确实,那个大洞完全就是天然的降沙口,不论你把屋子收拾得多干净,总会有沙灰从上空纷纷扬扬落下来,不一会儿在地上就形成了小小的沙堆。每次打扫这些细沙时,她总是会忍不住唉声叹气,可一旦看到镜子中那个无奈的可爱形象时,又会悄声安慰自己。

原本日子就这样一天天过着,然而这天,屋顶上慢悠悠走过来一只长胡须的山羊,探头探脑朝着四方洞中看。沙发上睡觉的陈平猛地一抬头,吓得灵魂差点出窍。她用牙使劲地咬住手,不让自己出一丝的声音。山羊不住地用蹄子刨四方洞的墙沿，沙灰便争先恐后往下掉。她一边抬头往上看，一边吓唬着山羊，想让它早些离开。然而它就是不走，还故意摆出"能奈我何"的模样来。

陈平既担心墙会垮塌，又担心羊会从高处掉下来。一个人六神无主，不知道如何是好。最后这只羊还算知趣，注视了陈平一段时间后，无聊地离开了。一场虚惊之后，荷西回来了，他听说这样的趣事后，先是和妻子开了会儿玩笑，然后又按照她的要求，在四方洞上加了层玻璃。

有了玻璃后，陆续还有羊过来，有时是伸头往下看，有时是蜷卧在上面享受阳光。陈平别提有多后怕了，好在没有掉下来，要不然得多吓人。陈平慢慢地才知道，当地人都把羊圈在屋顶的平台上，平时方便挤羊奶喝。由于房屋都紧挨在一起，平台便平整地连在一起。家家户户之间也不设防，大家可以互通有无，利用空地。只是没想到，山羊也会对这位中国新娘生出好感来。

为了防止山羊再跑过来骚扰，荷西又在房屋的连接处砌了围墙，想着这下可以一劳永逸了，结果调皮的山羊们也是铆足了劲，一只只迈开前腿就轻易跳过来，就仿佛这里有丰盛的水草一样。没办法，荷西开玩笑对邻居们说，下次要是有羊从屋顶上掉下来，我们可就烤全羊吃。邻居们才不在乎，因为谁也没有见过有羊会从四方洞中掉下去。

说的也是，那么大的一只羊，怎么会从小小的洞中掉下来呢？就在大家热心讨论这个话题时，真有一只羊傻傻地掉入了四方洞中。那羊也不知道为何，先是踢碎了上面的玻璃，伸头就往洞里

第六章
一声叹息风流去

钻。陈平看得瞠目结舌。

碎玻璃渣掉得到处都是,点缀在浮起的沙尘中,像极了遗落在沙漠里的珠宝,闪耀着星星点点的光芒。望着这一地乱糟糟的景象,她又不能立即就去收拾,头顶上方那只傻羊正在用心折腾着,非要尝试一下高空自由飞翔的感觉。陈平急得要疯,她准备爬上平台去把那只羊给拖出来,可是还不待出门,它已经重重地摔了下来。幸好这羊并没有死,狂叫了一阵子后,才努力爬了起来,开始满屋子找出口。眼看着精心收拾的家,就让这个不速之客给糟蹋了,陈平气不打一处来,恨不得暴打它一顿。但是人家不理不睬,我行我素。看着看着,陈平气也消散了,竟开心地大笑起来,笑声把小羊吓得纹丝不动,警惕地观察着周围。

一只羊掉了下来,不久后又掉下过一只。陈平真是无语了,只能把玻璃换成了透明有机瓦。听说有羊从四方洞掉下,好多孩子便来了兴趣,兴冲冲地围上来,也不管陈平在家里干什么,伸着脑袋就四处乱看。小孩子是天真的,但陈平却让这些孩子折腾得够呛,又没有别的办法,只能随时和动物一样,接受着大家的指指点点。这样的日子有着太多无可奈何,但自由的心灵却是放飞的,毕竟生活就是这样的。

除了羊之外,天台上还经常会有撒哈拉威女人来晾衣服。大家在一起,免不了要聊天。由于生活习俗不同,她们有时会来借陈平的东西用,每次都是有借无还。陈平起先还会硬着头皮催要,对方却表现出匪夷所思的样子,背地里还指责她太不够意思。内衣裤属于私人物品,她们也是不管不顾,从天台直接收回去就用,几天后才会无所谓地还回来，说什么被风刮落在地，现在捡了送回来。陈平常常气得无语，只能自己长个心眼，把这些小衣服晾在家里面。

陈平常常被搞得哭笑不得。这些事虽不愉快，好在她性格不错，周围的人都喜欢她，视其为好朋友。谁家里要是宰杀了骆驼，首先就会想到给她来一盘。谁家里有好吃的，也会给她送过来。她们骨子里的小气与大度，竟然是如此浑然一体。对于骆驼肉，她开始还是拒绝的，看到那大块大块的肉，她多半是恐惧，后来尝试着吃了些，慢慢也就接受了这种独特的口感。

一件件小事，看起来不可思议，想起来却是妙趣横生。

抛开这些与人打交道的事情，陈平最喜欢的还是陪着心爱的人，一起驾车去沙漠深处追逐梦想。在寂寥无人的世界，可以对着一丛芨芨草发呆，也可以对着一处沙丘出神。生活原来是这样的美好。再看看荷西，以前那个喜欢写情书的男孩不见了，生活的负担已将他变得更加结实黝黑。她靠在他宽大厚实的肩膀上，看着大漠落日的余晖，顿时就从心底升起苍茫的壮美来，颇有"走马川，雪海边，平沙茫茫黄入天"的气势。陈平对茫茫大漠有着一种特别的情怀，从前她从来没想过自己会依偎着心爱的人看落日，而且还是在这单调的黄沙中。

那真是可爱的一天。他们一直行走在路上，好不容易有时间停了下来。光线在变暗，生命力强盛的草却依然醒目，像沙漠的眼睛。这种绿，忍受着沙漠的炎热，用生命守护着这片荒漠。这些绿色也像极了只身来到阿雍城的陈平，虽然没有花枝招展，却

第六章
一声叹息风流去

给荒凉增添了生机,彰显着生命的蓬勃向上。

"这绿色真的是太奇妙了,除此之外还有什么能代表生命呢?到处都是死亡的面目,到处都是奄奄一息。"

"我们的爱情就像这绿色,充满着生命力。"荷西不善言辞,有时说话却特别让人感动。

温度渐渐降下来,他只觉得有双手紧紧地抱住了他的腰。一股子温暖的感觉顿时在身体中流动开来。"要是一直在一起该多好啊!"说到这里,他们带着捡来的乌龟化石,起身朝车上走去。一到晚上,沙漠的温度会降到零度以下,不尽快离开的话就很危险。

车在沙漠中撒欢地跑着,依稀还能够看到以前留下的车辙,就那么朝着远处延伸过去。窗外一片肃杀,死气沉沉的没有任何生机。离开迷宫山越来越远,却不知道怎么就开进了一片湿地边。

"你来开车,我下去看看地形。"荷西说着,就停车下去,刺眼的车灯照射得很远,望过去还是沙漠。陈平跟着荷西的足迹小心翼翼驾着车,生怕有任何的闪失。刚才还觉得浑身凉飕飕的,现在却又让汗水湿了后背。

"荷西,荷西,快停下!"陈平还全神贯注地开着车,突然发现荷西身子一斜,人没有倒下,但明显少了多半截。再一细看,他身后竟然冒起了一连串的泡泡来。

荷西手忙脚乱,身子往下陷着。陈平顾不得许多,赶紧从车上跳了下去。"但是荷西已经踏进这片大泥淖里去了,湿泥一下没到他的膝盖,他显然吃了一惊,回过头去看,又踉跄地跌了几步,泥很快地没到了他的大腿,他挣扎了几步,好似要倒下去的样子。"陈平彻底慌了,可是她没有任何的办法,只得到车上去找寻工具,然而什么也没有。

荷西知道自己没救了,只能让她回到车上去。温度越来越低,他连说话也变得结结巴巴。陈平想死的心都有了,可她不能看着心爱的人就这样消逝在泥水中。

"我不,我不要你死!荷西,我爱你!"她的话听起来像是告别,软弱无力。她恨自己,为何出发前不阻拦他,非要跑这么远寻找乌龟化石。如果不出来,他们现在还在温馨的小屋中喝酒聊天呢。

荷西还在招手,示意她赶紧到车上去。

"不,不要!我们要死在一起!我不能没有你!"陈平泪流满面,她彻底要对自己的人生感到绝望了。这时,一束光线射了过来。

陈平像打了鸡血,也不知道怎么就爬上了车顶,放开嗓门大声喊叫。旋而又从车顶爬下来,疯狂地按着喇叭。深夜里,这求助的声音颤抖着,带着无尽的希望。就连荷西也变了态度,催促着陈平想办法。

灯光由远至近移了过来,从车上下来了三个撒哈拉威男人。这些人一见陈平顿生歹意,根本就不在乎现在泥潭中的荷西,任凭他发着怒。

荷西眼睁睁看着这幕,无奈除了破口大骂外,束手无策。陈平同这帮坏人周旋着,好不容易上了车,一脚油门下去,便似风

第六章
一声叹息风流去

一样开得远远的。她也不知道自己是如何甩掉这帮人的，等她熄掉灯光，关掉发动机，坐在驾驶仓里发呆时，才惊觉自己这辈子可能再也不会见到荷西了。车里的哭声由高到低，是那么悲切，是那么伤情。等她哭够了，又赶紧开车去找荷西，怎么能将他一个人扔在这里呢？就是死，也要把他带回温暖的家中。想到这里，她来了精神，又一路摸索着返了回去。

荷西还在，稀泥已经涌到胸口，他脸涨得通红。见到陈平安然归来，他一颗悬着的心才落到肚子里。

"还好吗？亲爱的。"他四肢被牢牢困住，真的难以想象是什么样的滋味，说起话来也是气若游丝，命悬一线。

"我要救你，一定要把你救出来！我们还要生宝宝！"陈平说到做到，她想尽办法总算把他从稀泥中拽了出来。从泥淖中爬出来时，荷西就像走了回鬼门关，全身有气无力，躺在车边再也不愿移动身体。

过了许久，他似乎养足了精神，这才说道："还要来沙漠找化石吗？"

"要。你呢？"

"我也是。"

"什么时间？"

"明天下班。"荷西说着就哈哈大笑起来。

这便是生活，先是用惊险赶走开心，然后又在经历种种惊险后再次开心。开心是一种生活状态，而惊险却让这两个相爱的人，重新领略了爱的伟大。即便是荷西身体沉没了，爱情的意义和价值也同样让人感动不已,更何况他还死而复生。

"这是承诺,还是笑话?"陈平思考了一会儿问。

"我不知道,我希望只是爱。"天已经非常冷了,他脱去身上的湿衣服,又从车里找来毛巾擦了擦,顺手捡起一件衣服套在身上,然后驾车朝家的方向驶去。现在还是火热的夏天,他们已经在这里一年多的时间了,以往都是按部就班地生活,只有今天,把以往规律的生活方式打乱了。远处的光在变白,越来越白。刚才的黑暗却像被水冲走了,渐渐越来越弱,直到无法看见。之前的一切,就像做了一场可怕的梦。再看陈平,她修长的睫毛下是一双紧闭的双眼,和着温柔的气息熟睡着。

路从来没有这么颠簸,他处处小心地开着车,只怕会搅扰了她的沉睡。那完全就是一个梦,好像一丛沙漠里的绿色,有着欢快、有着向上、有着无法言说的美妙。他伸出手去触摸她的脸和身上柔软而温暖的皮肤。车此时恍若行在水里的舟船,来来回回荡漾着,让人迷醉在阳光初升的早晨。

迷宫山之行,让彼此间的感情升温,也让温暖生动的接触成为轻柔如细雨的记忆。雨水浇灌下的绿色,温润而有生机。陈平带着这种猎奇心理,继续在阿雍城周围发掘着各种未知。

比如沙漠中洗澡。在这里,肥胖的女人是受欢迎的。平日,这些女人都喜欢用布把自己遮得严严实实,恨不得把全部都包裹起来,只留下一对眼眸。怀揣好奇,她穿着泳衣走进了洗澡堂。就见这里的每个人都用扁平的石头,使劲地朝着身体上刮,一条条黑水便沿着峰峦一般的身体流了下来。言谈中才知道,这里的

第六章
一声叹息风流去

人很少洗澡，大多数都住在帐篷里。

澡堂里的气味很重，陈平草草冲了几瓢水后，就觉得身体有些发冷，便要穿衣出去。老板娘奇怪还有这样破费来看洗澡的人，便推荐她去海湾看当地人如何"洗里面"。

荷西便带着她去观看。结果差点吓个半死。一个女人躺在沙漠上，身边有个大水罐，皮带一头接水罐，一头插入女人体内，然后就打开罐子里的水往里灌海水。等三大罐水灌完后，女人起身到不远处开始疯狂腹泻，泻得直不起身体来。

海边的安静，被这样的洗澡方式打乱了。到处都是臭烘烘的，惹得一群群的苍蝇狂飞乱舞。海水不断地向沙滩上涌。

开车回去的路上，陈平用那双很大的眼睛不断地观望着外面，其实她还在琢磨一件事，就是要把这里的一切都记下来，不论是用心还是用笔。她要告诉那些没有涉足沙漠的朋友，这里是如何的有趣，如何让人难忘。时间到了 1976 年 5 月，陈平用心书写的《撒哈拉的故事》如期出版。这是她的第一本书，后来连续多次再版，风靡一时。

从这本书开始，她真正意义上重新捡拾起了写作，并一直坚持到生命结束，或许是为了这片内心喜欢至极的沙漠吧。她又给自己起了个笔名叫三毛。

生命孤独

快乐的日子总是特别短暂，对于成为家庭主妇的三毛来说，更是如此。

从被称为三毛那天开始，陈平快乐得就像无比轻盈的风。她每天最开心的事，莫过于回复天南海北的读者来信，介绍撒哈拉沙漠的情况，她乐此不疲，完全陶醉在自己的小世界中。

好多时候，她都在想如何幸福地在沙漠中生活下去，和荷西一起过优雅别致的生活。虽然生活中会经历太多意想不到的事情，可这些终究都是浮云，细细想起来却有着太多乐趣在其中。

屋子里的绿植越来越多，它们努力地生长着，在沙沙的声音中簇拥着，那声音说不清到底是流沙还是在拔节。但切切实实带给了这个小家非凡的生机。三毛靠在简陋而有情趣的沙发上，沙发已经有些时间了，现在看来像一朵盛开的花。皱巴巴的坐垫，如同重重叠叠的花瓣，柔柔的，厚厚的。来来往往的人常常坐在上面，开心地谈论着各种各样的事情。毕竟，她心情是愉悦的。

第六章
一声叹息风流去

不知不觉,已在沙漠边缘住了近两年的光阴。阿雍小城的印象,清晰完整地铭刻在她的脑海深处。从来这里的第一天起,她就将自己视为当地人,与当地人一起快快乐乐地生活着。现在想来,那些个蓝眼睛的当地人并非冷酷、险恶的,他们充其量只是生活在不同的世界,让人敬而远之罢了。春天过去了,炎热的天气越发热烈起来,沙漠还是那副模样,无情中又有着乐趣。周边早已跑遍了,两个人就像沙漠里的地鼠,没事就会开着车出去兜风、探险。可以说,她与这里的一草一木都有联系,她将它们视为生命中不可缺失的部分。

荷西把手轻轻地放在她肩上,极其轻微地抚慰着她。这些时日的变化,他都看在眼里,感动在心间,他为心爱的人能够在这艰苦环境中无怨无悔而欣慰。这段时间他回家少了,由于西班牙、摩洛哥和阿尔及利亚等国交恶,把矛头都对准了处于交叉地带的撒哈拉沙漠地带。公司里也在不时地动员,要求大家配合好军队撤离重要物资。

荷西是公司里的骨干,自然要时刻待在公司。这种情形之下,他还是会想办法回来看三毛,生怕有个意外。每次回来的路上,他都会看到墙壁上有许多极端的标语,血腥的字眼和着鲜红的颜色,让人一下子感到了时局的动荡。三毛却不在乎这些,每次荷西说起来这些事,她都觉得与自己无关,就像听别人的故事一样。

自然,她是单纯的。过惯了太平的生活,也就想不到社会局势的复杂,依然一门心思扑在这个小家上。这天午睡起床,她出门想买些日用品,隔壁家的小女孩笑盈盈地跑过来,要给她唱首歌。

三毛很开心,这些年流浪漂泊的日子里,她很喜欢小孩子,也希望能快些有自己的宝宝。

"唱吧。"她满脸含笑。

小女孩一本正经地站好,温柔细气地就唱开了:"先杀荷西,再杀你。先沙荷西,再杀你。"三毛听得毛骨悚然,小孩子唱完后,还跑过来抱三毛。小孩子自然什么也不懂,可成天只痴迷于家务的她,终于感到了时局的变化动荡,平静的沙漠生活也将要掀起大的波澜。

本来要出门的好心情没有了,她只想转身"回到家里成一统,任尔东南西北风"。此时,只有家是温暖的、安静的,让人处于一种梦幻的状态中。可是,开门的瞬间,她又发现了自己家的墙壁上,也重重地书写着血色大字:西班牙狗滚出我们的土地!

那一刻,她的心情变得特别不好,甚至不知道自己是怎么回到家里的。门反锁了还不放心,后面还要放个桌子,窗户也不敢开了,让窗帘把一切都隔绝起来。这样一番布置后,心底才算平静下来。只是没了心思看书写字,坐卧不安也不知道做什么,索性侍弄花草。

经过了解才知道,西班牙的国力近些年来不断衰弱,对于撒哈拉威殖民地的控制力度也是大不如前。生活在沙漠边缘的人民和善勤劳,但他们骨子里却渴望着自由,希望能够解除与西班牙的关系。于是,各种复杂的关系就交织在一起,一方是当地政府组织,一方是善于打游击战的地方武装,双方为自己的权益边谈边打。平静的沙漠更加火热起来,常常看到各种各样的队伍你来

第六章
一声叹息风流去

我去，相互攻击。开始当地武装还只是仇视西班牙人，到最后就无所谓哪里人了，看到谁就枪杀谁，吓得当地人都不敢上街。本来就偏僻的地方，因了这些情况变得更加凄凉。

三毛决心不卷入这些争斗。在她看来，无论谁来领导这个地区，都是和她无关的。可如今，她已经不知不觉地被纳入对立的势力圈中，一想起来就觉着可怕。面对浓浓的敌意，她只想尽快脱身离去，虽然她对这座小城市有着别样的感情。这里让她找寻到爱情、组建了家庭，如果没有这些争端，她还会有一堆宝贝。只是这些现在都成了臆想。

没办法，生与死、爱与恨本来就相互缠绕在一起。想到这里，她又有些释然了。不是吗？就在前不久，深爱自己的荷西有了艳遇，这些都是她不曾想到的。

那是有一次三毛和荷西一起去卖鱼，走到一家酒店门口，自己偷懒想休息，就让他提着一条鱼走进去推销。没想到多半个小时过去了，荷西还没有出来，她忍耐着，等待着，直到实在没耐心再等下去，这才径直进去想看个究竟。

没想到有个漂亮女孩正在摸他的脸。女孩温柔的手细细地触摸着，荷西却没有任何表情变化，完全就是一只呆瓜，又似乎进入了沉睡的状态。她站在门口没有说话，只是静看着事态的发展。那个女孩无比镇定，那只手随心所欲地游走着，仿佛在为他驱散烦恼。他到底在想什么？三毛脑袋里乱乱的，她实在看不下去了，猛地在寂静的大厅中喊了一嗓子："卖鱼，五百元一斤！"说着将手中的鱼狠狠地摔在桌面上。

两个人从陶醉中清醒过来。

"你不可以乱涨价,你先生刚说的五十元一斤。"她一副底气十足的模样。荷西有些着急,忙把三毛拉到一边说:"你别闹好不好?我马上就要将鱼卖掉了。"

三毛瞪着荷西不说话,但眼神中透露出的意思却是,你胆敢再让别人摸脸,我就和你断绝关系。至于鱼,别说五百元,你信不信我卖到五千元一斤?

原本是要为爱厮守,现在却要牺牲爱情来换取利益,三毛一怒之下又将另一条鱼拎了回来,转身出了大厅。荷西只能不解地紧随其后。没想到,三毛转身挥手就打。

她也知道这件事不是荷西的过错,只是因为眼前这条鱼引发了不快。

"你喜欢她?我给你自由好了。不就是孤独者的自由吗?"三毛故作笑容,心里难受得要死过去。她是那么爱荷西,谁会愿意有人来沾染自己喜欢的人呢?

"没有,只是想赶紧把鱼卖掉。"

原来她和他都是这样的不容易。可她那张嘴却是不饶人:"你是卖鱼还是卖身?"

荷西不语。

事情没过去多久,一位叫蜜娜的邻居又出现在三毛眼中。蜜娜是当地的美人,有事没事就跑到三毛家里来聊天。起先她还中规中矩,说话做事都比较小心,到后来却慢慢对荷西生出了感情来,以至大张旗鼓要约他出门去。

第六章
一声叹息风流去

荷西很尴尬,但还是巧妙地把彼此的界线划分得很清楚,尤其经历过一次这样的事情后,他开始对所有示好的女人都提防着。三毛十分满意荷西的做法,等到蜜娜结婚时,还专门和荷西一起到婚礼现场,送了一块漂亮的布料祝贺。

艳遇是一场美丽的梦,但这梦让三毛这个小女人辗转反侧,绞尽脑汁想着各种对策。

想到这些生活中的碎片,她心情好了许多,毕竟在和女人们斗智斗勇的过程中,她胜出了。

有开心的事,足可以滋养一天的好心情。荷西最近回来很少,三毛一个人在家操持着。随着夜幕的降临,她又开始了担忧。这样的日子没头没尾,也不知道何时才能结束。但她也明白,仅仅活着是不够的,人还需要有阳光、自由和芬芳。

眼下的阿雍城里一片混乱,西班牙出动了警察开始设卡盘查,各种装备着武器的车辆四处在巡逻,轰鸣的发动机破坏了往常的寂静。很快,政府开始在这里实施宵禁,街道上很少能够见到行人。大家的生活变得越发不方便,枪声也紧接着出现了,时不时就会火爆地来上一阵子,像从天空中疯狂砸下的冰雹。事后,就会听消息灵通的人说,哪里发生了枪战,场面是如何血腥。又说联合国派驻的调停组也来到小城,为争取和平来回奔波。各种消息甚嚣尘上,各种猜疑四面涌来,让生活在阿雍城的人们烤在了火炉上。

战争让夜越来越漫长了,黑暗吞噬了小城,就连沙漠上空的圆月也不常看到了。整个城市没有了灯光，如同陷入沙漠中。只有设防的部队可以被清楚地看到，他们的驻地灯火通明，站在任何地方都可以一览无余。

荷西中途回来过一次，大致说了事情的严重性，并提出要一起离开沙漠。纵然再爱这片土地，但战争已经将这里染红，三毛也感到了厌烦。把美好的事物活生生地粉碎给人看，这定然是个残酷之举。三毛眼里充满幽怨，她的心简直要碎掉了。

小城的美好从此不再，只剩下战争的硝烟夹杂着沙尘，炽热的温度晕染着焦灼的氛围。本来就扎眼的建筑，现在因为这些标语的衬托，显得更加丑陋了。再远一些的沙漠，虽然还保持着原样，但是绿色早已少了许多。

还有留下来的价值吗？三毛这段时间反复地问自己。现在，荷西的话正中她意，她楚楚可怜地躲进了荷西的怀抱。空气中传来淡淡的花香。一切都在萌发中，也就是从那天晚上开始，她决定要离开这个熟悉的地方。

"你一定会难过的。"

"肯定会。一个住惯的地方就像爱人，经历了辛酸和苦痛，只要能紧紧地握住，到死也不肯放弃。"陈平这一番话，既表达了自己对爱情的坚贞，又折射出环境的诡谲多变。

1975年10月17日，经过一段长时间的斗争，国际法庭做出了西属撒哈拉享有民族自主权的裁决。面对这样的决定，有人欢喜有人悲，战争的出现，让这些常年生活在大漠里的民族，从与世无争变成了习惯争斗。只有七万人的小城，到处都弥漫着山雨

第六章
一声叹息风流去

欲来的恐慌。这时候,一直觊觎阿雍城这片沙漠的摩洛哥,却不甘心接受这样的现实,公开向全世界招募志愿军,要和西班牙决一死战。这样的形势下,西班牙政府只能赶紧疏散当地的妇女儿童。三毛起先还对时局心存希望,不相信会再起硝烟,现在看着一大群记者从世界各地蜂拥而来,她知道没有缓和的余地了。

三毛的邻居们也都先后升起了摩洛哥国旗。面对生死,面对数以百万计的志愿军,人们纷纷放弃了自己先前的主张,以求得生存的机会。就连那些扛着武器的游击队,也放弃了抵抗。

荷西无法回来,叮嘱三毛赶紧离开阿雍城。作为当地四名外籍女子中最后撤离的她,将阿雍城的一片狼藉深存在了心底。为缓解巨大的压力,她又开始抽起了烟,有时一天会抽上三四包。烟一根根地燃烧着,烧掉的是烦躁,是压抑,是对一个地方的念想。

从战争的中心仓皇逃出,两人一路惊心地选择了丹娜丽芙岛居住。重新见到了久违的蓝天白云,心情别提有多好了。两个人放松身心看着大海,喝着红酒庆祝重生。三毛每天惬意地写文章赚钱,荷西自由自在地在水下作业。无比明亮的光线里,这对夫妻是幸福的,尤其是在穿越了生死之后,他们对于活着的每一天都是格外珍惜。

海风吹来,带着微微的咸涩袭向全身,宽松的轻纱便飞扬起来,甜甜的笑容中便有了按捺不住的兴奋。她干脆光着脚丫从屋里跑出来,无比喜悦地呐喊着,向大海跑过去,与浪花共舞。

荷西被陈平的快乐感染,也跟着奔跑起来,手里还提着一包刚搜罗到的漂亮贝壳。贝壳在不停地互相撞击着,那绯红的砗磲、别致的玫瑰千手螺、优雅的鹦鹉螺发出了各色悦耳的声音。

"好美的贝壳，一起环岛游吧？"两个年轻人心血来潮，便拍板决定了从明天开始，雇船去挑战梦境一般的大海，就像当初驰骋迷宫山一样。如果说，当初沙漠里的惊险刺激是为了满足三毛，那么对于热爱大海的荷西来说，环岛游确实是三毛送给他最好的礼物。现在，他们和游鱼一样，完全陶醉在水天相连的恬静中。海水有着翡翠一般的颜色，用手轻轻地捧起，立即又变得清澈通透，妙不可言。

大海与沙漠竟然如此不同，同样彰显着博大，大海是以包容来表现一望无际，而沙漠却用开阔来表达无限辽远。见过了大海和沙漠，三毛深感震惊的同时，只想这样单纯地开心下去。

幸福日积月累，每每回首时，总有着太多感怀。同时，三毛也会莫名担心幸福会不会像流沙一样逝去，像海水一样流走。当然，这些瞬间即逝的念头，她又怎么会记在心里呢？

结婚六周年的时候，荷西送给三毛一块老式的罗马表。为了等他回来同庆结婚纪念日，三毛一直等到了天黑，心里七上八下，直到他忐忑不安地出现在自己面前，又小心翼翼地掏出一个精致的盒子。

"这是我加班赚来的礼物，请不要介意价格。"三毛分外感动，可当他想起荷西的辛苦，又不由自主地流下了心疼的泪水："我们要永远在一起，分分秒秒都不分离。答应我好不好？"荷西木讷地只是点头，他不明白三毛最近为何动不动就会莫名地流泪。

第六章
一声叹息风流去

女人心,细如针。现在看来三毛或许早有预感。纪念日过去没多久,一个不幸的消息就传来了。

荷西潜水时意外丧生,一个热爱大海的人就这样离开了人世,离开了一直深爱着的妻子。三毛一遍遍地喊着荷西的名字,可是逝去的终究不会复生了。

荷西的尸体从水里打捞上来时,整个身体都是肿胀的。面容未改,阴阳两隔。三毛不敢相信自己见到的这些都是真的。迷宫山大难不死,还以为可以就这样白头到老……

人生中的分离,永远都写满悲伤。

"埋下去的,是你,也是我。走了的,是我们。我拿出缝好的小白布口袋来,黑丝带里,系进了一握你坟上的黄土。跟我走吧,我爱的人!跟着我是否才叫真正安息呢?我替你再度整理了一下满瓶的鲜花,血也似的深红的玫瑰。留给你,过几日也是枯残,而我,要回中国去了……"当三毛颤抖着写下这行话时,心已经成了碎片,就那么散乱地抛撒在海边。

滚滚红尘

荷西突然离去，让沉浸在幸福中的三毛再次变得一蹶不振。她再怎么也不会想到一个如此热爱水的人，会以这样的方式和自己分开。充满着烟火之气的滚滚红尘，顿时给人一种飘摇的匆匆之感。

等待了六年，相处了六年，如今所有的一切都变得虚无缥缈起来。三毛不懂，人生中为何总有那么多伤悲。一个人的时候，她也无法静下心来，香烟始终缭绕在身边。就是在这样云里雾里的环境中，三毛时而清醒时而混乱。就在前不久，双方的父母还分别来到他们这个小家，同小夫妻俩说了许多体己的话，只是想不到老人们的愿望还未实现，却得面对这样的噩耗。

难道这一切都有预兆吗？

六年前，三毛已经有过一次撕心裂肺的感觉，用泪水和爱情埋葬了一个安定而稳重的男子。从此，命运无常就成了潜藏在心底的阴霾，始终或隐或显伴随在周围，让她不敢面对接踵而至的幸福。这样的想法，三毛从没跟任何人说起过，她实在不愿意把

第六章
一声叹息风流去

自己的脆弱展示给别人，来换取他人的同情。

记得送父母离开阿雍城去欧洲旅行时，三毛反常地表现出对荷西的不舍，荷西也是有着太多说不出的眷恋。虽然只是短暂分别，给人的感觉却像是生死别离。那天，三毛一行乘坐着小型直升机都起飞了，可他还是站在原地不停地挥手，拼命地挥着。三毛感动得眼泪都漾出来了，又不想让父母和周围的人看见，就把脸紧紧地贴在舷窗上。

上次环岛游也是，大家无意中就说到了生死，三毛说笑着问荷西："如果我现在死了你如何办？"

荷西不假思索地说："那我就一把火把这船烧了，生生死死就在这水里了。"

甜蜜时光里的玩笑话，荷西却回答得郑重其事。当然，他清楚自己没有了三毛，活在这个世界上也没任何意思。同时他也发现，最近两人谈论的话题全和生死相关。他也曾告诫自己水下工作时要规范，并提醒三毛在家也要注意安全。三毛又何尝没有这样的感觉？自从她的文字受到热捧后，有不少的报纸杂志都来约稿，其中台湾的《读书人》更是在书信中采访道：假如你只有三个月的时间可活，你会怎么办？

这个奇怪的问题让三毛无法回答。她不想生命的期限只有三个月，还有好多事情在等着她去完成呢。然而荷西对这个问题也很好奇，不停地催问她。她也不理，只是熟练地包着饺子。待一大盘饺子呈现在眼前，她才抬头去看荷西。荷西见妻子终于有了空当，又是一阵催问。

"就只给我三个月的生命,没人给你做饭不怕饿死啊?我才不想死,不想死!"她想起了那次死里逃生的经历,心情立即变得糟糕起来。荷西见状知道闯了祸,也顾不得洗手,上前就去抱她。

"我不想死。"

"你不死,你不会死的。"一滴滴泪水落到荷西粗壮的手臂上面,有些凉。荷西不停地重复着这句话,像中了邪一般。

这样一来,三毛反倒担心起荷西来,她柔声细气地安慰着:"好好的,我们都要好好的。"

"可是我们要怎么样去面对生死呢?"荷西一脸茫然。

"要等到我们很老很老,老得都走不动路时,穿上新衣服躺在床上,然后一起闭上眼睛说,一起去吧。"很浓重的话题,最终让三毛巧妙地化解开来,可死亡的气息似乎越来越浓了。她很是烦躁不安,却又不知如何是好。

等三毛的脸离开舷窗,她掏出镜子补了补妆,立即变成了一脸喜气的三毛。旁边坐着一位着装精致的中年妇女,见到三毛转身坐好,便礼貌地凑上去打招呼。

"太太,那是你丈夫吗?感觉你们好恩爱。"

三毛听到这些才释然,原来爱情就是这样啊。她收起小镜子,理了理着装,才微微欠身回答。

"我丈夫不想让我去旅行。"她说着就忍不住要笑起来,赶紧用手捂上了嘴巴。

第六章
一声叹息风流去

"小夫妻从来都是这样。"对方说着,很自然地递过来一张名片,定睛一看,上面竟然写着"××的未亡人"。

三毛原以为自己看错了,仔细一看确实没错,只是心里有种不祥之感。也不知道是飞机颠簸,还是手有些颤抖,那几个字一直在眼前剧烈地晃动着,由心而起的恐惧不停地向她袭来。三毛知道,当地死了丈夫的妇女,通常都会在名片上这样写,如果不是最近一段时间陷入生死的怪圈中不能自拔,她本是不会在意这些事情的。

"缠着我已经几年的噩梦又紧密地回来了,梦里总是在上车,上车要去什么令我害怕的地方,梦里是一个人,没有荷西。多少个夜晚,冷汗透湿地从梦魇里逃出来,发觉手被荷西握着,他在身畔沉睡,我的泪便是满颊。我知道了,大概知道了那个生死的预告。以为先走的会是我,悄悄地去公证人处写下了遗嘱。"就在三毛觉得自己会出问题的时候,荷西却先一步撒手人寰。空荡荡的屋子,突然没有了他的声音,感觉是如此静寂。窗外的海水还是那么碧蓝,她却少了以往生活中的欢笑。

三毛的心脏一直有毛病,时不时就会发生绞痛,经常到医院也找不到确切的理由。虽然不是多么严重,但还是会影响到日常的生活。为此,她经常会推掉朋友间的各种聚会,想多些时间陪荷西。荷西也是个工作狂,常常加班加点,从1977年2月到尼日利亚的拉格斯后,就在一家私人公司做水下测量打捞工作,水下工作风险系数大,岛上雨水又多,为了多赚钱,他每天的工作时间长达十六个小时。她清晰地记得,与荷西分别三个月后的那次见面。以往粗壮的荷西瘦了许多，就连茂盛的大胡子也少了生机。最不可思议的是，三毛无意中还看到了荷西病中的日记，上面写着某年某月，患初期疟疾，病假两日，药费自理，薪水扣除。迫不及待地继续往下翻看，发现他几乎就没有留给自己休息的时间。

从沙漠逃亡出来，谁也没有想到会是这样的结果。荷西也为此后悔过，与其每天和骡马一样拼命地工作，还不如待在战争中心，虽然担惊受怕，至少还能享受高工资的待遇。现在，贫穷的生活条件，残酷地折磨着好强的荷西，也让她在面对荷西时深藏内疚。没有好的办法，只能是埋头工作，换回可怜的尊严。

面对现状，三毛也是焦急地想着办法。谁不羡慕闲适的生活条件呢？看风景、划船钓鱼，享受日光浴，想想都觉得滋润。在沙漠时，可以驱车数万里，一览沙漠风光。即便是刚来到海边时，也有时间周游群岛。现在惬意的日子没有了，经济疲软，工作并没有想象中那么好找，谋取高收入的工作更是不易。无奈之下，三毛只好提笔给蒋经国先生写信，请求他为荷西在台北谋求一份工作。

不久后，蒋经国亲笔回信，信中坦言无法满足需求，台湾不需要类似的工种。这样的打击，让自尊心极强的三毛羞愧难当，变得神情恍惚起来。有天匆匆行走在路上，她只顾着想找工作的事情，却没想到迎面撞上飞驰而来的汽车。真是屋漏偏逢连阴雨，家里更加愁云密布。

第六章
一声叹息风流去

三毛还算没有大碍，只是骨折。痊愈出院后，下体仍时有出血现象。荷西不放心，又带她去医院进行了复查，才知是车祸引发的一系列妇科后遗症。由于当地医院条件简陋，无法治疗。面对医生的诊断，还有巨额的医药费用开支，三毛又急又忧。为了尽快恢复身体，她只能飞回台北进行治疗。

一连串的现实问题，紧紧地压迫着这两个人，让他们无法喘过气来。三毛的烟抽得比以前要凶多了，经常抽烟不但让她的肤色发生了变化，而且性情也开始变得多疑、神经质起来。尤其夜半时分经常会从梦中醒来，说荷西会丢下她不管。更可怕的是，她说自己感到了死亡的来临。

她睡眼蒙眬地嘶哑着嗓子，用手紧紧地抓住荷西，生怕他会抛弃自己。"一直都以为是我，一直预感的是自己，对着一分一秒都是恐惧，都是不舍，都是牵挂。"为了让三毛的精神状况得以恢复，荷西只好辞去工作回家照顾她。日子越发拮据，幸好三毛的创作渐入佳境，笔下生花，写出了一系列好作品，可以赚取稿费，来养活这个家。

三毛笔下的生活是丰富多彩而又刺激的，吸引着世界各地的华人。这些她当时并不清楚，只是默默地在烟雾的刺激中努力写着。随后《中国饭店》《结婚记》等作品由台湾的皇冠出版社以《撒哈拉的故事》为名结集出版，接着《雨季不再来》《稻草人手记》《哭泣的骆驼》等书籍也陆续得以出版问世，甚至成为供不应求的畅销书。在台湾，三毛的名字慢慢为人所知，她笔下的故事也吸引和感动着千万读者。

飞回台北治疗期间，三毛享受到很高的礼遇，闻讯而来的记者一批接着一批地采访她，那些热爱三毛故事的读者也想尽办法找到医院，希望她能签名留念。那段时间，三毛的情绪才有所好转，她像孩子一样，乐于看到这样的场景，喜欢这样热闹的气氛。

医院也专门将她安排到一处僻静之所，因为担心会招致其他病患的投诉。没想到，一起住院的病友们听说和三毛在一起，争相送她水果和补品，赞誉她年轻有为。荷西傻傻地开心着，为着自己心爱的人。

随着身体日益康复，三毛的活动越发多了起来，每天都有不同的人来请她吃饭、讲座，把她视为偶像。荷西也不说话，就像保镖一样紧随周围。拼命写稿，为三毛赢得了意想不到的荣誉。一次活动中，三毛无意结识了作家徐讦先生。虽未曾谋面，但先生的长篇小说《风萧萧》却早已深深地植入心底，她一度曾为这样的作品架构和文采赞叹，她的创作风格也受其影响。饭局中，两人越说越近，大有相见恨晚之情，老作家抓住这位文坛新秀的手久久不愿放下。都说文人相轻，在这个世界上，其实有个能够懂自己的人并不容易。

饭局结束后，徐先生激动地要让三毛认自己做干爸。三毛也乐意顺水推舟，便行了礼节，送了礼物。三毛身体复原后，并没有立即离开台北，而是怀揣着好心情去台湾各处采风旅游。荷西没有心情游玩，早早回到岛上去找工作，他也知道，养家糊口才是第一要务，只要三毛心情好，想怎么乐就怎么乐。徐老先生也

第六章
一声叹息风流去

去了法国巴黎,他和三毛都十分珍惜这份感情。

又是一段快乐时光。

岛上,荷西困窘到连饭也吃不到嘴里。到后来,就什么也不去在乎了,随便和一个只有四个人的小公司签了用工合同,工作的地点也到了尼日利亚。公司有两个是老板,剩下荷西和另外一个负责潜水。荷西为了赚钱,玩了命地工作着。工作的流动性非常大,可以说哪里需要就要到哪里去。可是没想到恶毒的老板为了获取最大利益,不仅扣押了他的护照,还克扣薪水和奖金。荷西不擅长语言表达,只能数次找到老板苦苦哀求。老板才不理会,每次都是假装答应,事后就会翻脸不认人。无奈之下,他只能把这些委屈说给三毛听。三毛一听气就不打一处来,便早早结束了观光旅游,飞到荷西身边。她生性不羁,两次找到那位黑心老板,指着鼻子就开口大骂。不管怎么说,他们总算发狠要到了一小部分的收入。面对着这来之不易的收入,两个人伤心得相拥在一起痛哭。他们实在没想到,现在连生存都成了问题。辞去这份工作后,荷西又在附近的丹娜丽芙岛上重新找了份工作。

这就是患难夫妻。虽然面对的都是些微不足道的小事,但这样的经历不断加深着彼此的感情。不管怎么说,他们精神方面是幸福的,两颗放逐了许久才结合在一起的心,更渴望着能早些结束流浪。有个安定的归宿,对他们来说才是最重要的。

日子始终按部就班地过着。自有了稳定的工作后,他们又重新开启了幸福生活的模式。时间很快就到了除夕夜。

新年钟声即将敲响,1979 年马上到来。终于结束了所有烦琐的事情，可以心平气和面对眼前的一切美好了。丹娜丽芙岛海岸边已经聚集了不少庆祝新年的人，大家兴高采烈地欣赏着一朵朵盛放的烟火。忽明忽暗的火光，时而照亮海岸，时而映衬脸庞，两个人终于心无旁骛地依偎在了一起。生活的压力在无形中摧残着他们，也只有这个时候，开心才会冲淡所有的不幸。

"为我们未来幸福的生活，一起许十二个愿望吧。"听到让她许愿的提醒，再想到之前发生的一系列不快，她赶紧学着荷西，虔诚地举起双手。钟声每响一下，她就默默念诵一句。脸上写满了难得的幸福。

等钟声的余音轻轻落下，荷西拉着三毛的手开心地祝福道："新年快乐，祝福宝贝新年快乐！"

手和手紧紧相牵，像是格外害怕分离一样。一种不好的预感再次从心而起，但又很快从心间飘过。对于死亡，三毛是无所畏惧的。

所有不好的预感，终究都成了悲痛的现实。当三毛惊闻噩耗来到拉芭玛岛时，并没有见到荷西的尸体。一群人正在打捞着。她突然有些欣然，希望这只是一个误会，于是便跪在沙滩上，祈求上帝用自己的生命来换回荷西。那漫长的一夜，只有大海在悲鸣。

这次，三毛没有那么幸运了。不吃不喝两天后，荷西的尸体从大海中被捞了起来。她疯狂地扑了上去，拼命地晃动他的身体，已经僵硬的身体再也不会说笑了，他把所有的时光和欢笑，都这样无情地带走了。沙漠里的神仙眷侣，海滩边的王子公主，

第六章
一声叹息风流去

两个人祈祷的白头到老,承诺的一生一世,原来都无法逃脱命运的安排。

海水开始涨潮,荷西再也不会如同灵动的游鱼,在海浪中穿梭翻滚了。呆呆地守着他的身体,三毛只有沉默,之前两个人总是有着说不完的事情,现在都消失不见了。也不知道哭晕了几次,但灵是一定要守的。三毛知道,荷西没有走远,也不会走远。那些日子里,她的眼泪都哭干了,心早碎得没有了形状。

荷西入土的时候,不足三十岁。三毛请匠人打造了一个十字架,又独自拖着来到墓地,算是送给荷西的最后一件礼物,此后的日子里风风雨雨就这么陪伴着他。"那个十字架,是你背,也是我背,不到再相见的日子,我知道,我们不会肯放下。"她很想随着荷西一起死去。"我要独自把坟挖好,一铲铲泥土和着我的泪水,心里想,荷西死在了他的另一个情人的怀抱里——大海,应也无憾了。"

起初不经意的你,
和年少不经世的我,
红尘中的情缘,
只因那生命匆匆不语的胶着。
想是人间的错,
或前世流传的因果,
终生的所有
也不惜换取刹那阴阳的交流。

来易来去难去,
数十载的人世游。
分易分聚难聚,
爱与恨的千古愁。
……

第六章
一声叹息风流去

最后赴约

天人两隔,没有了荷西的陪伴,三毛像傀儡一样活着。

又是无比凄凉伤心的一天,三毛痴痴地在墓园一直坐到黄昏,直到守墓人前来催促她,才算回过神来。黄土依稀散发着清香的味道,弥散在静寂的环境中。夕阳西下,散淡地照着沉重的十字架,那十字架颜色越发黯淡,像极了荷西的肤色。常年浸泡在水里,他给人的感觉刚武有力,尤其那黝黑的皮肤,更是彰显着男人的力量。

四周开始变暗,林立的松柏幽幽暗暗,不时还有奇怪的声音传来。三毛没有感到害怕。平日里,她相信风水说,也知道待在这种地方很晦气,可是今天她实在不愿离开。因为她怕墓地的那扇铁门一旦关上,荷西一个人在这里会害怕、会孤单。

父母闻讯也赶过来帮忙料理后事,他们看上去明显憔悴了许多。大家都默默地做着事情,都没有太多的话要说。其实,他们才是最伤心的。女儿已经经历了两次这样的别离,纵然再坚强,这次的打击也未必能挺过来。送别那天,三毛疯狂地哭,似乎想用眼泪来唤醒荷西，大家都劝不住她，葬礼也一度被迫停下。大家都被她的真挚感染，悄悄地拭去泪水。父母也上前去劝说，可是没有任何的效果。悲恸不断触及着三毛。"哪怕手断了，脸丑了，都无所谓，一定要把我的荷西还给我。"由于太过悲伤，被迫给她注射了镇静剂。

从前拮据的生活，有着别人无法体会到的乐趣。那时候，荷西捕捉到的鱼总是多得吃不完，就会大大方方地送给邻居们一起分享，还会把一些漂亮的贝壳、海螺分给周围的小朋友。生活的压力着实很重，可自由的心一如既往。而这，也是三毛所看重的地方。因为她知道，这贫穷的生活终究有一天会过去，就像乌云遮不住蓝天。也正是基于这样的想法，她才用心爱着荷西，陪伴着他从沙漠到海岛。

原本是充满着希望的幸福之地，最终却成了伤心之处。她欲哭无泪，想把这一切都完全忘记，只是这些都已经深深地融入血脉中，一时半会儿又如何能够抹去呢？现在，她更多的是懊悔，觉着自己当初不该让荷西承担太大的压力，如果不是为了拼命地赚钱，他或许还能说说笑笑，开心地陪伴着自己。三毛恍若掉进了无形的黑洞中，只是不停地往下坠，好像永远没有尽头。她只能伸手乱抓，想让自己停下来，可是没用。

没有了牵挂，三毛也只能随着父母回台北去。可是回去又能干什么呢？一路上，她都在思索着这个问题。说实话，此时的她也不知道为谁而活，如何活下去。中学时代的梦魇又出现在脑海中。血不停地流淌着，流了一身一床一地，看到这些，她嘴角露出了欣慰的笑容，不由自主地朝着血迹扑了过去。

短短的时间内，她几次飞回台北，可这次的感觉与之前是大不同的。然而，前来欢迎三毛回家的读者热情却是依然不减，人头挤着人头，身体挨着身体，鲜花连着鲜花，三毛就像来到了演唱会的现场。无数的闪光灯在闪烁，或明或暗的光束碰撞着、交织着，把忧伤的三毛包裹得严严实实。她只能无奈地面对，并不能去解释什么。要是有荷西在就好了，还可以和往常一样伸手来挽他结实的胳膊，她不无单纯地想。

面对着这些素不相识的朋友，三毛只能强装笑颜，哪里还有心情来写作呢？不论怎样，她的出现成了台北媒体争相报道的热门话题。

爱人逝去，往事如烙，回忆成殇，徒留在世间的三毛对这些扑面而来的名利，早已不会动任何心思。悲痛一次次地朝她袭来，三毛没有任何勇气活在这个世界上了。回到台北的第一个晚上，她又梦见了荷西，说他如何孤独，如何想念她。三毛头一抬，一大把安眠药就吞了下去，她躺在舒适的床铺上，就等着在奈何桥上与他相见。慢慢地，头就开始变得眩晕起来，各种各样的场景都出现了。恰好母亲进屋有事，发现后立即送医救治。

从死亡边缘被拽回来的三毛，没有大吵大闹，也没有表现出任何感激，她此时死意已决，只想着再次寻找机会，完全就像走进了死胡同中。母亲紧紧地抓着她的手，生怕她会消失掉一样。

"孩子，别再犯傻了。你真要有个三长两短，父母该怎么活下去啊？"做母亲的几乎是苦口婆心规劝了，可女儿哪里听得进去，任凭是谁也拉不回头。没办法,一向不爱说话的父亲开口了。

"你再做这样的事情,那你便和我是仇人。世代都是,因为你要杀死我的宝贝女儿。"说到这里,老人已经是老泪纵横。

三毛明白父母的苦心,人生中每次出现大的波折和困难时,从来都是他们默默地陪伴在自己身边。是的,他们已经无法保护和改变自己的一切,能给予的就是陪伴。关爱如同春雨,不断地滋润和抚慰着她伤痕累累的心房,想努力让她从阴影中走出来。

这是一种怎么样的爱啊?爱得又是如此默默无闻。许多陌生的读者朋友闻讯后都来信安慰,好多人还找到地址上门劝说。面对着一个个因文字而相识的朋友,她慢慢地感觉自己并不孤独。

最感人的是作家琼瑶,得知噩耗后,立即致电三毛:Echo,我们也痛,为你流泪,回来吧,台湾等你,我们爱你。三毛由衷感激这些朋友。她清楚地记得,从中学时代起,自己就对琼瑶作品爱不释手。每天都利用各种时间如饥似渴地读着,为其中人物的命运担心着、纠结着。两人真正意义上接触,其实还要感谢皇冠出版社的平鑫涛。他看好三毛的做事风格,更看重她创作上的发展势头,便在三毛第一次回台湾时,邀请她来出版社见面,没料想琼瑶当时也在,于是便顺势介绍两位畅销书女作家认识。

从倾慕到成为朋友,从素不相识到时常谈论文学创作,三毛的人际圈子在不断地扩大着。琼瑶对三毛也很看好,时常给予帮助。三毛离开台湾后,她的家人还因有事几次找到琼瑶。

现在,因荷西逝去,三毛重新沉浸在伤痛中,琼瑶这位大姐

第六章
一声叹息风流去

又及时疏解她郁结的心情,并接二连三地邀请她到家里吃饭聊天。三毛不愿去,她几次自杀未遂后,又陆续有过几次绝食经历,最严重时竟然饭菜不能下咽,只靠输液维持生命。病室内随时都飘散着刺鼻的消毒药水味道。光从窗户中照射进来,有种温暖而空洞的感觉。

躺在病床上,她不停地摇晃着手中的表,木然而有所思地盯着腕上那只老式女表发呆,嘴里还不时地念叨着:以后的每分每秒都不能忘记我,让它来帮我数。荷西,这可是你亲口跟我说的,现在你却狠心地扔下我不管了。一旁陪护的家人听得心里发酸,却又不知道如何安慰才好。墙壁是白的,床单被褥是白的,三毛的脸色也是苍白的。那苍白中便是无处排遣的忧郁。

琼瑶又不厌其烦地打来电话,电话中她还是继续开导着三毛,希望她能和文字中一样坚强。"你来我家,这里只有你和我,你来哭、你来讲、你来闹,随便你几点才走,你来,我要跟你讲话。"

天气越发地晴朗了,三毛很快走出医院,当她抬头看蓝天白云时,才知道自己因为伤心,错失了好多景致。现在,整座城市都透明,闪烁着各样的光泽。她鼓起勇气照了照镜子,终于要开始收拾自己了。父母静坐着看她所有的变化,又为她准备好一束艳艳的花。

三毛打算出门了,她还特意换上一袭黑衣,让琼瑶明白拒绝见面的原因。经过这段时间的折磨,她已是心力交瘁,好久没有面对过艳丽的颜色了。红色的花、苍白的脸、漆亮的黑衣便相互交错在了一起。她用心嗅了嗅花香，把自己置身于茫茫人海、滚滚红尘中。

这个夜晚，注定是难忘的。

三毛确实好久没有这样开口说话了。自从荷西走后，她变得越发沉默起来，不再喜欢漂亮的衣服和首饰，也不去追求华丽的生活。她更愿意让自己俯身在书海，来完成心灵的对话。琼瑶知道她心里的想法，极力开导和劝慰她不要草草结束自己的生命，两人几乎要聊到天亮，可她始终拒绝回答，以至于最后僵持在了一起。

三毛听到类似的话太多，只觉得整个世界就要垮塌下来。可她又不能不听，她无法辜负琼瑶的心意。迫于无奈，她只好作了承诺："陈姐姐，我答应你，我不自杀就是。"原以为这样就可以结束了，琼瑶却不依不饶，她那不怒自威的眼神，带有不容辩驳的说服力，她用一种比爱情更能感化人的感情，把三毛死去的心重新激活了。虽然心存抵触，可三毛最后还是完全接受了她的开导。琼瑶用柔和的语言，细雨丝丝地滋润着她，似乎要进入她的骨髓中，将那些沉淀在血脉中的记忆拂去，使眼前的她脱胎换骨成为一个全新的三毛。

那是一种不由分说的友爱，火一样地点燃着她。

"你要回家对父母讲，说我爱你们，我不自杀，我保证。"火辣辣的逼迫，让三毛所有的防线都随之决堤，她只能缴械投降，好像一个做错事情的孩子。

三毛常常奇怪，倔强的自己为何就在这束火焰面前屈服了。

第六章
一声叹息风流去

"那个夜晚,我心里在喊你,在怨你,在恨你——陈姐姐。"人刚到家,还没有来得及坐下休息,电话响了起来。琼瑶的声音又传了过来。直至听到满意的答案她才说:"好了,现在可以放声哭出来了。"

在一个极其平常的夜晚,三毛突然长大了许多,她听着琼瑶的开导明白了许多道理。就在这之前,她一直以为死亡是爱情的归宿,就像荷西逝去,自己的心也要跟着埋葬。现在,她在挣扎中知道了,死亡的只是过去的美好,而未来的美好来自活好当下的每一天。她不假思索地"写了一封信给你,说了几句话——陈姐姐,你要对我的生命负责,承诺不能反悔,你来担当我吧!"信匆匆写好,反复读了几遍,终究没有再寄,她凄然地将它撕碎抛撒在风中。

想想年迈的父母,尤其是他们操持荷西葬礼时的疲惫身影,她从自杀的念想中逐渐开始退缩。老人们已经失去了半个儿子,现在如若再失去自己,又该怎么活在这个无情的世间呢?

她总算从伤感中醒悟过来,一场梦就这样灰飞烟灭了。她从镜中心平气和地看着自己,想要看清楚自己的内心。一个人重新充满对待生活的勇气时,定然是非常耐看的,有着花朵一样的美丽。她开始这样静默地想,想努力改变镜子中那个憔悴的三毛。

太阳升了起来,那些深沉的绿摆脱黑夜的包围,逐渐被闪耀的光亮装点起来。窗外,又是新的一天,不远处的树林蜿蜒曲折,沿着海岸线铺陈过去。三毛端坐着,不再呆呆地望着窗外。随着窗户打开,鸟儿清脆的声音伴随着清香的气息很快传了进来。

又可以书写那些奇妙而又刺激的生活了。这时候，她就是世界上最心灵手巧的裁缝，运用文字随心所欲地将各种故事串联起。现在想想，若是没有这些文字，她也不会受到那么多读者的热捧，不会在短暂的生命中，书写出那么多风靡世界的大作。细细地翻阅这些书，字里行间写满了爱。为了爱，"我们会放弃、会沉迷、会不顾一切地飞入火中燃烧。"其实，她在创作时，就是一只奋不顾身的飞蛾，在灰烬中，用一生的颠簸来完成生命状态的记录。

情绪一天天在好转，面对着各种热情的邀请、讲座、采访，她实在有些勉为其难。她想到了逃避。休养了三四个月后，她打算再次离开父母，回到之前生活过的地方。这也是她的心愿，对于一个习惯流浪的人而言，她更喜欢外面的花花世界。

听了这个想法后，父母建议她绕道去东南亚几个国家走走转转，开阔视野，收集写作素材。这一路确实很开心，她边走边玩，朝着加那利那个普通而又寂静的家而去。一切如旧，有的只是睹物思人的心痛。她顾不得收拾家，而是先到墓园去看荷西。

在这个世界上，有一种相遇，不是在路上，而是在心里；有一种感情，不是朝夕相处，而是默默无闻。三毛用纤细的手指，轻轻地擦拭着墓碑上的浮尘，又用油漆把十字架涂得油亮光鲜。她细致地完成这件事，就像是同荷西在低声细语。

"荷西，我走了。我特别想和你聊聊天，可是现在这个愿望却成了奢望。在结婚以前，在塞哥维亚的雪地里，已经换过了的心，你带去的那颗是我的，我身上的，是你。埋下去的，是你，也是我。走了的，是我们。我们说好的，明年春天和你的父母去台湾旅游,为何只留下我伤心呢?"

在她看来,荷西没有埋在土里,而是化在了无边无际的大海里。虽然天气逐渐变冷,但她知道,自己不能这样无情地离去。于是她用手从坟包旁边抓了几把黄土,用心地放在袋子里,而后又把脸贴到冰凉的墓碑上。那彻骨的凉,让她想起了荷西的大胡子,又黑又扎,一丝丝直往心里去。

三毛自然是不舍的:"我爱的人,不忍留下你一个人在黑暗里,在那个地方,又到哪儿去握住你的手安睡?"纵然有千万个不愿意,三毛都必须一个人面对这种伤心的孤独。

爱情就是这样,即便是阴阳两地,也无法阻隔。

远去雨季

一个人的日子,总是渴望风轻云淡。

一个人的文字,给了很多人一个流浪远方的梦。

这时,富有才情的三毛又热衷起研读《圣经》来。说是喜欢里面的文字,其实更多的是想通过参悟,来寻找心灵的净土。也正是在这种精神的滋养下,她让自己在旅游与行走中活得更加明白。每日里,她有滋有味地书写着文字。闲暇时,也会去海边看不断涌来的海浪,任海水渐渐湿了衣服;也会去墓地守护荷西,静静地对他讲过去的、现在的故事。

1980年的夏天,岛上一片火热,海水也被炙烤得来回翻滚。三毛身体每况愈下,健忘的毛病折磨着她,让她对周围的一切事情都厌倦起来,简直是厌倦得要死。考虑到父母年事渐高,三毛带着对情感的惧怕,打算返回台湾居住。自从有了这样的想法,如何处置房屋和家具,便成为当下紧要的事情。

三毛是性情中人,做事从来都是不急不缓。说到离开,让她无法放下的,还是这屋子里盛放的各种记忆。她不舍,也无法忘

第六章
一声叹息风流去

记。但她知道,转身这一去将是今世不会相见。

三毛不慕时间风物,不争凡尘冷暖,不惧人生悲喜,只为了和花儿一样纵情绽放。对于爱情,她是至真至纯地坚守。对于记忆,她情愿享受世俗的孤独。她是如此热爱这个世界,最终却又郁郁寡欢地在爱与美中凄苦。

不管怎么说,房屋是要转让的。当售房广告见报的那一刻,她又为此后悔不已,久久地待在屋里不愿出来,生怕有人来破坏这里的摆设。但是很快就有人前来看房洽谈,三毛心不在焉地注视着屋里的一切,一遍又一遍细细地回想着。那沙漠玫瑰石,见证了生命中的惊险离奇,那破旧的摩托机车,上面还留着以往的欢声笑语。这里的每一件摆设,或多或少都有故事,都承载着最为瑰丽的梦想。一时间,她没有勇气来面对她跟荷西共同的记忆了,那是他们历经六年打造起来的精神宫殿啊。

在这个狭小多情的世界里,三毛用爱演绎着人生的传奇,用落拓不羁的情怀追求着人性之美。荷西的话又响在耳边:人生若想快乐,只要随心而行。是的,生命不在于长短,而在于是否痛快地活过。就像眼前这间破旧的屋子一样,不论它在这个岛屿上存在多久,都记录着曾经的美好。

最终,房屋半价出售,家具送人,书籍送人,还有摩托、轿车都统统送给了身边的好朋友,自己最喜欢的罗盘、潜水塑像,给了荷西生前最好的兄弟。和东西一起送出的是曾经的爱恋,是离合聚散。没有了家具装扮的家,空荡荡的像深不见底的海,她无神地站在地板上,看着遍地的脚印伤感起来。此前,这擦得锃亮的地板，是她最引以为傲的地方，她自己从不会穿鞋踩在上面。现在如镜的光亮黯淡了，处处都看不到生机。

"到底跟荷西是永远地聚了还是永远地散了，自己还是迷糊，还是一问便泪出。"直到从屋里走出来，周围的变化才让她有了些兴趣，沮丧的心情逐渐散去。她只带着一直深爱着的荷西和一堆信件远去了。她心里无时无刻不在想着他，否则就会压抑得活不下去。

台湾相关部门也几次打来电话，邀请她主持 1981 年度广播电视"金钟奖"的颁奖典礼。终究无法拒绝，她只得带着浓浓的乡愁早早回到台北。

从此，一个人的隐居生活结束了，在外漂泊了十四年的海外生活也告一段落。

未等放下满身的伤痛，竟又有不少慕名者前来疯狂追求，并表示愿意放弃家庭和事业。好心的朋友也心疼她，不时地介绍些优秀男士和她见面。三毛对这些十分排斥。更多的时候，她喜欢对着荷西的照片发呆，在这样的对视中，不断抚慰着心中的悲痛。衰老似乎比以往来得更快了些，她觉得自己已经累得无力承担。

好在她是个有主见的人，又开始重操旧业，在大学当起了老师。大约是十年前，在台北文化学院，她为学生们教授德文。现在，她又来到这里，却教授起了写作。上课是有意思的事情，常常会有学生过来旁听，教室里被挤得水泄不通。这位畅销书作家从来没有架子，很快成为大家喜欢的"青春偶像"。下课后，少

第六章
一声叹息风流去

男少女们就会蜂拥上来,不是求签名留念,就是请教创作方法和技巧。三毛又不愿偷懒,一堂课会准备许久。"差不多四小时课,总要看十五本书,不能说是消遣了,起码要去找,但也不一定用。也许那课堂已经准备了很多东西。"然后还要尽心去批改作业,批语一不小心就会达到和习作一样的数字。忙的时候,她连家都回不了。除了上课,还有个人和单位邀去文艺讲座,经常累得疲惫不堪。

新结交的朋友纪政,算是体育界的名人。他就特别欣赏三毛的认真。每每看着她为学生呕心沥血的情形,就恨不得劝说她辞掉工作。身体虽然吃不消,同孩子们在一起却是开心的。其间,她也有过想休息的念头,不等她主动提出来,身体就因为透支报警了,她只能前去美国做短暂疗养。

纪政不忍心看三毛为喜欢的事情那么拼,就通过关系,为她联系到《联合报》的资助,去中南美洲旅游半年。此时,到处都兴起了"三毛"热,无数的读者为她清新的文字着迷。三毛也在逐渐拓宽写作风格,将以前擅长编故事的套路,转为了真实行走的记录。她笔下自由自在的生活,动人心魄的爱情,唯美惊险的海外世界,都在深深地吸引着每一个人。这些文字,就是她人生历程的回忆和记录,有时读起来连她自己都会为之动心。所以这个机会,三毛自是不愿意错过。

对她这个习惯走在路上的人来说,陌生的地域总会让她有着更多期待。确实如此,无论是粗犷的中世纪城堡,还是少有人烟的乡镇,一路上都给她留下了太多的记忆。在墨西哥的一座博物馆参观时，一座面目狰狞的神像引起了她的注意。以前就喜欢淘各种宝贝，这种少见的神祇自然就吸引了她驻足观赏。导游见状上前，介绍说是为祈求风调雨顺而供奉的自杀神。

三毛听到自杀不由得来了兴趣。她是个有着自杀情结的人，也一直以来被自杀情结所困扰，现在听说这座城市里竟然还有这样的神，又想起了学生时代自杀的举动来。在她看来，自杀只是一种快速结束生命的手段，根本就不会让人感到恐惧。于是，她便静静地注视着，玻璃框内灯光四射，显得是那么严肃和神圣不可侵犯。第二天，她离开前又专程去拜了神像，等她再从高处看这座博物馆时，突然被周围的荒草触动了心思。好大的一片废墟，与金碧辉煌的建筑形成了鲜明的对比。一边是寂寞，一边是喧闹。

飞机到了洪都拉斯后，三毛一边取行李，一边低头想着自杀神的事，不料却差点撞到一个人身上。她抬头看去，原来是一位着制服执勤的军人。说来也奇怪，三毛看他时，对方居然露出了不易察觉的笑容。虽然只是淡淡的笑，却也激起了她的好感来。那年冬天的奇遇，至今还深深地藏在心里，也不知道他现在过得怎么样，过得好不好。她又重新细细品味了一番，这才朝着海关走去。

这个国家人不多，随处可以见到外国人的身影，生活的节奏似乎也很慢。当地人像极了在广场上闲庭信步的鸽子，自由自在，无忧无虑。没事的时候，她就坐在椅子上看远处教堂前人来人往，看小摊贩，看流落街头的乞丐，有时也会递上一块钱币。天气不

第六章
一声叹息风流去

热,三毛最喜欢去的还是各种旧货市场,通过了解当地的风俗,来熟悉这个神秘国家的文化。

人还未到巴拿马,那条宽大的运河已经映入眼帘。似乎所有的城市,都有着不同的风格。至少巴拿马在消费水平上紧趋美国。好在三毛并不喜欢那些外在的绚丽,只是浮光掠影地走走看看,就这样同美籍摄影师米夏一起,一路走过了哥斯达黎加、哥伦比亚、厄瓜多尔、巴西等国家。这趟神奇的行走持续了半年时间,虽然苦难艰辛,但依然有着太多难忘的故事。最紧要的是,三毛每离开一处,就会给台北的报社发回有趣的游记。读者们几乎每天都在期待着新报的出版,想尽快一览中南美洲那些国家的风情。连载结束后,这些文章很快结集为《万水千山走遍》。三毛回到台湾后,又举行了专题的演讲会,将路途上的那些精彩故事娓娓道来。

听到可以回大陆探亲的消息后,三毛立即从全岛的欢呼中静下心来,着手准备回大陆的工作。其间,她千方百计找到了居住在上海的张乐平先生,并随信一封,大意是从小就看他的作品,长大后也以三毛为笔名进行创作,特别感激他给了她一个丰富多彩的童年。年届九十的张乐平非常意外,知道了其中的故事后更是乐不可支,竟然不顾年迈,艰难起身画了一幅三毛头像赠给她。

从此,两人就开始了书信往来,随后三毛于1989年4月回到上海探望老人。记忆中的旧事物已经很难寻觅到了,这也是她自1945年离开大陆后四十多年来首次回家。没想到两个素不相识的人，竟然十分投缘。相处的几天中，大家亲近得就像是一家人。走的那天，老人潸然泪下，嘱咐她要多保重。三毛也忍不住泪流满面，拉着老人的手久久不愿松开。

接下来，她又回到老家祭祖，一一见过故友乡亲，对生养自己的这片土地充满崇敬之心。或许是心有所系，她在一段时间内数次前往大陆，并努力完成了由林青霞主演的《滚滚红尘》的剧本。两人兴奋地讨论剧本的故事情节，三毛还因吃酒，不小心摔断了三根肋骨。虽然意外受伤，可她并不在乎，以执着的态度，每日里趴在荣民总医院的病床上坚持编剧。在林青霞的记忆里，"她把剧本一页一页地读给我听，仿佛她已化身为剧中人。到了需要音乐的时候，她会播放那个年代的曲子，然后跟着音乐起舞"。倾注了心血，就会有回报。当林青霞用绝佳的演技演绎出这段感人的故事时，不仅感动了真诚的读者，也斩获了第27届金马奖最佳女主角。站在炫目的台北大剧院的领奖现场，她激动地对观众说："没有三毛，我不会得这奖，是她成就了我。"

灯光闪耀的背后，还有着不为人知的故事。三毛离别荷西之后，又有了新的感情经历，于是在千万人的关注下，书写出一段凄美的传奇故事。

1990年3月，三毛无意从《台湾时报》上读到几篇关于民歌之王王洛宾的文章，得知他遭受了二十七年的牢狱之灾，依然从心底流淌出唯美动听的歌。三毛一时兴起，立即托人找到他的联系地址，随团只身飞赴新疆拜会已经七十多岁的老人。那些天，这一老一少骑车穿行大街小巷，在尘土飞扬中享受着别样的温情。

第六章
一声叹息风流去

也不知是因她从小听着他创作的这些民歌长大,还是感怀于他的才华和不幸,想用后半生去抚平他内心的伤痕,为此,她还剪下一缕青丝,悄悄地夹在两人一起弹唱的乐谱中,权作定情的信物吧。此时,三毛四十七岁,王洛宾七十七岁。现在看来,真有着"一缕青丝一缕魂,一缕悲切一缕尘。一缕青丝为君剪,一缕青丝缠君魂"的意味。

可能是优美的民歌征服了她,也可能是老人的精神感动了她。这个才气斐然的女子在短短三个月的时间内,写了十五封书信,来倾诉心中的爱慕之情。待到八月下旬,三毛跟随《滚滚红尘》剧组,沿着丝绸之路从西安、兰州、敦煌西行,再次来到新疆。这样的远足满足了她流浪的梦想,也饱览了祖国的大好河山。当然,她此行还想再见到王洛宾,因为她的心早已留在了西域。三毛此行还带来了简单的行李,包括一套西藏女孩的服饰。

理想总是太美,一个性格外向,一个向往孤独,一个豪放,一个拘谨,终归无法生活在一起。半个月后,三毛终是黯然告别老人而去。

其实,四月时,三毛还曾想见心中极爱的大师级作家贾平凹。当她在西安机场下了飞机时,兴冲冲的情绪突然全无,便干脆在广场上发起呆来。那一刻,说不清这是一种怎样的心境。但她还是选择了华丽地转身。或许是三毛更喜欢相见不如怀念的感觉,或许是三毛认为这样的做法过于冒失,便临时改变了主意。她想,"贾平凹就住在这个城市里,心里有份巨大的茫然,抽了几支烟,在冷空气中看烟慢慢散去,而后我走了,若有所失的一种举步"。

留下了一地飞散的烟灰，和或明或灭的烟头。

三毛虽然只读过贾平凹的两部作品，却反反复复地读了二十来遍，她从中读出了某种孤寂，以至于"胸口闷住已有许久"。素昧平生的两位作家，通过书信隔海交流，感受着彼此作品中的真诚。次年元月，新年钟声刚刚敲过，三毛带着新年的愿望，给贾平凹写下了新年的第一封信，说她打算春夏之交来西安，"到了不必陪了游玩，只想跟您讲讲我心目中所知所感的当代大师——贾平凹"。

无论是王洛宾风靡一时的中国民歌，还是贾平凹轻灵飞扬的文字，都见证和凝结了三毛与他们至深至纯的友谊，让有着最从容最自由性情的三毛充分地彰显出了自我。她原本就是个简单的人，想哭的时候就哭，想笑的时候就笑，既有着顽皮可爱，又有着美丽潇洒。这一切都出于自然，不求深刻，只求简单。

1991年1月2日，三毛因为子宫内膜肥厚住进台北荣民总医院。母亲全程陪伴着她。女儿这些年来的种种经历，让她始终有着操不完的心。好在手术非常顺利，家人这才渐然放下心来。她一边收拾着身边的东西，一边催促母亲回家休息，劝慰她不要因操劳过度影响身体。晚上休息前，母女俩又开心地聊了聊三毛的病情和以后的其他打算。

4日清晨，母亲起床做饭，突然接到医院传来的噩耗：三毛自缢身亡。无比沉痛地放下电话后，声音嘶哑的缪进兰已无法哭出声来，父亲陈嗣庆也陷入了极度悲伤之中。无论别人怎么劝说，他都无法接受这个现实，一直抱着女儿不放，并亲吻着女儿，希望她能够再活过来。在看着女儿送走了一个个心爱的人之后,他们最终又看着心爱的女儿凄惨离去。

  品一世流年,醉一曲笙歌。望一眼浮华,念一人倾城。不知道是谁写出如此唯美的句子,但辗转轮回中,一切都似注定,而三毛这个奇女子仍在孤独中惊艳了岁月,在千回百转中刻画着不老的容颜。